遠空——國分直一，跨越時空的回憶與學問探索

目次

II

對學問的感受——珍藏的故事

推薦序

陳有貝（國立臺灣大學人類學系教授）

國分直一先生跨越二戰前後，是臺灣考古學研究在二十世紀最具代表性的人物之一。他的學識廣博，著書浩瀚，一生對於學問工作充滿著熱情與堅定意念。本書記載了國分先生的生平故事，是我們認識這位對學術嚴謹，對人謙讓溫和之學者的最佳典例。

國分先生對於臺灣考古有很多著名的論述，諸如臺灣史前文化的北方來源說、東亞的地中海，或是對海上之道的新論等，無論後世是贊同或否定，其至今之影響力全然無須懷疑。除此之外，若再回顧臺灣考古百年多以來的發展歷程，國分直一先生的治學態度、研究方法更是值得現在的我們深思與反省。以下略舉一二。

從事所謂的考古研究向來不必特立獨行，惟懷抱著堅定立場，從客觀獨立的角度，勇敢挑戰當代所謂「主流、權威」的說法是不可欠缺，國分直一先生便是這樣的一位人物。例如今日我們都耳熟能詳國分先生的「臺灣史前文化北來說」，並理所當然的接受這個學術主張，不過當時要大膽地提出這樣的說法，事實並不容易。一九四〇年代，臺灣屬日本國的領地，正當日本政府積極想將臺灣同化為其一員之際，於此種政治氣氛下，前述的北來說反而是連結了臺灣與東亞大陸的關係，與政府反向而行。

其實，考古學說一向受到國家政治與社會氛圍的影響，這種現實從以前到今日也沒有停止過。例如從戰後到一九八〇年代以前，中國與臺灣的史前關係就是一個主流議題；到了九〇年代以後的臺灣考古學便轉向臺灣為南島語族起源地的論述，這些議題風向的背後都不能說沒有政策作用的影子。問題是作為一個學術研究者，自身有沒有勇氣面對外在壓力，秉持學術立場，不應聲附和？國分先生的學術勇氣永遠值得我們學習。

第二點是國分先生橫跨多領域的研究方法。此點顯然是受到當時非常興盛的日本民俗學概念的影響，這門學問的開拓者柳田國男，強調以多面向的比較研究，串聯各種資料，最終聚焦於務實的人文議題。有人認為柳田氏因此不認同考古學的研究，其實這是他對多數考古學過度流於泛論空談的批評，尤其是反對以西方理論垂直式的指導研究。而上述的理念，似乎都能由國分先生所實踐！他在南方經歷了各地進行田野調查，以實際資料為基礎，綜合多種學科，落實於人文論述。觸及議題往往包括考古、語言、歷史、民族與文化人類學等，處處展現他自始以來過人的豐富組織力。

今日的學術潮流無疑是走向專業化，但是這種僵硬化的學科分類是否讓人忘卻了學問的本質與意義？例如我們都知道臺灣考古學就是原住民的古代史，但是卻因學科間的高牆而難以直結他們之間的關係？

再偉大的理論、學說都會隨著時代遠去，但是如國分直一先生般的治學態度與縱橫學科的方法，其價值應該會長存不變吧！

本書的譯註者邱鴻霖教授為國內知名的考古學者，專攻古代人骨學與考古學，活躍於臺、日兩地。他過去於日本九州大學獲取博士學位，而日本九州這個地方是包括國分先生在內之多位與臺灣研究相關學者的所在重地，傳統以來便和臺灣學界有著最密切的聯結。所以，無論於感情，於學術，邱教授譯注本書必定是最有心得與感觸，也是最能將書中的精華以最貼切的中文呈現於讀者。願以此祝福臺、日的學術交流可以因此而更上一層！

推薦序

陳偉智（中央研究院臺灣史研究所助研究員）

國分直一教授（一九〇八至二〇〇五年，以下省略敬稱）被稱為「全方位民族考古學家」，臺灣既是他成長與受教育的地方，也是他一生學術研究的出發點。於東京出生後不久，國分直一即隨父親工作來到臺灣，在臺灣南部長大。臺北高等學校畢業後考上京都帝國大學（一九三〇至一九三三年）國史科，畢業後回到臺南高等女學校任教，此後直到一九四九年中返回日本，早年生活都在臺灣。臺灣也是其學問研究的起點，包括考古學、民俗學與民族學。

就讀臺北高校時，國分受到臺北高校學長鹿野忠雄的影響，對博物學與臺灣的原住民文化產生興趣。京都帝國大學畢業後，回到臺南第一高女任教時，受到臺南第一中學前嶋信次、臺南第二中學金子壽衛男與臺南師範學校翁長林正等同輩教師的影響，一同從事臺南及周邊區域的文史調查，並與地方文史工作者如石暘睢、吳新榮等人交流。在臺南的調查成果，出版了《祀壺之村》，至今仍是研究平埔族群歷史的經典名著，而早年臺南周邊平埔族調查資料，也成為一九八〇年代以來當代西拉雅族文化復振運動的重要資源。

在臺南任教時，國分直一參與了臺南中學教師以及學生們的博物學同好會，從事周邊地區的博物學調查旅行，發現了許多地質、古生物與考古遺跡。在臺灣南部的調查，是國分直一考古學的原點。從臺南周邊的歷史與民俗研究，再到考古學，史前史的研究，國分直一逐漸摸索出結合了民族學、民俗學與考古學的民族考古學方法（ethnoarchaeology）。一九四三年轉任臺北師範學校後，他也常帶領學生在北部的基隆、淡水河岸、桃園臺地與海岸區域的農村、漁村從事考古與民俗調查

除了帶領學生從事田野調查外，他也受到當時臺北帝國大學的教授們的指導與影響，例如醫學部金關丈夫教授，以及文政學部土俗人種學教室的移川子之藏與宮本延人教授，也因此得以接觸並使用臺北帝國大學的研究資料。國分也參加了金關丈夫提倡的《民俗臺灣》，此後更與金關丈夫成為日後長期的知識伙伴，在戰爭末期與戰後初期的臺灣，以及返回日本之後，共同參加許多的研究調查計畫。

戰後，國分直一以留用日籍教師身份先後在臺北師範學校、臺灣省編譯館，以及臺灣大學史學系工作。他在臺灣編譯館整理戰前的臺灣考古學與民族學的資料，轉任教於臺大史學系後，則負責整理接收自臺北帝國大學土俗人種學教室標本室的民族學標本室的圖書與標本，並在史學系開課教授臺灣考古學。在臺大任教期間與戰後從中國來到臺灣的學者交流，積極吸收當時中國考古學的成果，見證了戰後初期臺灣高等教育的轉型階段。

一九四九年國分返回日本後，曾擔任一段時間的高等學校教師，之後歷任下關水產大學、東

京教育大學、熊本大學等大學教授，在大學中開設歷史學、考古學、文化人類學相關課程，晚年任教於下關的梅光女學院大學至退休。

國分的學術生涯從臺灣開始，返日後擴展其研究區域，其田野工作地根據其晚年自述，雖然「集中在東中國海地域」，但南至「呂宋島、臺灣、西南諸島」，北至「鄂霍次克海沿岸」。如此廣域的田野工作視野，事實上與國分從臺灣時代發展出來的跨域文化比較研究的問題意識有關。國分沒有學科邊界、多學科綜合的學風，也反應在其後來主持的亞洲比較民族文化研究刊物《えとのす Ethnos in Asia》，強調綜合民族、民俗、考古、人類學的風格上。

二〇〇五年國分直一去世後不久，人類學家安溪遊地與博物學家平川敬治共同編輯了國分直一傳記在二〇〇六年出版。這本書分為兩部分，第一部主要是國分直一在戰後初期留用日籍教師間的同人刊物《回覽雜誌》中撰寫的回憶錄。第二部主要為安溪遊地與劉茂源教授對國分直一的口述歷史訪談，另外也收錄了數篇國分直一自己撰寫的生平回憶散文。全書內容就國分直一一生經歷來看，大部分是關於其臺灣時代的回顧。這本在第一部標示著「克服閉塞時代：學問的自傳」一書的出版，除了表現國分直一在養成期的學思歷程外，也透過他的所聞、所見與所感，呈現了戰前日本逐漸走向戰爭的緊張氣氛以及總動員國家的狀態，更反映了其所經歷過的從一九一〇年代到一九五〇年代的臺灣社會與歷史。因此很值得介紹給當代臺灣的讀者，除了瞭解國分直一外，也透過國分，看到那個時代的臺灣。

書的第一部的主要內容，整理自國分戰後初期發表在《回覽雜誌》的回憶錄。一九四七年七月到一九四九年八月回日本前，國分在臺灣大學擔任史學系副教授。當時，《回覽雜誌》此一同人刊物的成員，大部分是臺灣大學的留用日籍教師，包括矢野峰人、宮本延人、早坂一郎、森於菟、金關丈夫、立石鉄臣、松山虔三、池田敏雄等人，這些人戰前也都曾經參與過《民俗臺灣》，因此風格多少有所延續。只不過戰後的《回覽雜誌》同人誌的性格更強烈，由成員投稿，輪流編輯，從封面到內容都是手工製作，內容有詩、散文、插畫以及回憶錄等，相當多元。從一九四六年七月到一九四八年十月，兩年多的時間共製作了十五號。根據金關丈夫之子、考古學家金關恕教授所言，金關丈夫一九四九年返回日本時，將所有的雜誌帶回並收藏在家中，在他去世後，就將這些資料轉交國分直一。

國分直一一生的學術研究與蒐集的資料，豐富有如專門圖書館。他去世後，透過本書編者之一安溪遊地教授的協助，家屬將其畢生收藏捐贈給臺灣大學。目前國分直一教授的藏書已編目上架，在臺大圖書館五樓特藏的臺灣資料開架區暨綜合資料區與金關丈夫教授的藏書並列，提供讀者閱覽。而其手稿、日記、田野筆記、書信等文件，也已陸續整理，並透過臺灣大學數位典藏圖書館「國分直一文庫」公開於大眾。至於考古標本，則由臺灣大學人類學博物館設立「國分直一贈藏考古標本」專藏，分為「石器、陶器與其他標本」，供學界與社會查詢研究。

曾有學者指出，戰後初期臺灣考古學發展的特點主要為「資料的引繼」與「臺灣人研究者的養成」，並指出戰後初期資料的持續整理與小規模的發掘調查，使之後的臺灣考古學研究能比較順利地展開。本書第二部分進行訪談的劉茂源教授，曾是國分直一在臺北師範學院的學生，日後甚至繼承了國分直一的大學教職。國分直一更早在臺南任教時，啟發了文藝少年葉石濤的考古夢，除了學生之外，國分也曾指導民間考古學者陳春木先生與王三派校長等人。至於國分直一在一九四七至一九四九年擔任臺灣大學日籍留用教授期間，更是協助建立了臺灣的考古學與人類學的學術傳承，培養了戰後第一代的臺灣人類學家與考古學家。

國分直一一九四九年離開臺灣前，曾在一篇文章中寫著：「如今，我將離開臺灣，沿著海岸，沿著河川追踪著先史遺跡的十餘年的過去，將成最好的回憶資料。」今日雖然國分直一已經去世了，他的遺澤，以及他的藏書、文庫、標本，也都回到臺灣來，回到了作為國分直一學術原點的臺灣。這本回憶錄中文版的出版，恰恰好可以帶領我們認識國分直一如何從這個原點展開其人生與知識的旅程。

譯註者序

邱鴻霖（國立清華大學人類學研究所副教授）

人類學、考古學與歷史學是講究時間與空間脈絡的學科，強調體察與尊重不同時空脈絡下所孕育的文化與知識。那麼，深入理解一個時代知識的論述背景，試著認識學者所處的時代環境與生命歷程，是建構學術基礎的過程中不可忽略的態度。

臺灣人類學與考古學界眾所景仰的國分直一先生仙逝於二〇〇五年，本書於二〇〇六年旋即出版，是國分先生晚年的口述訪談紀錄，由安溪遊地教授、劉茂源教授與平川敬治教授訪談、彙整，合併日治時期國分先生所編撰的《回覽雜誌》中的散篇，依時序合輯而成。這本書可說是國分直一先生的自傳，是真實的故事，也以像是小說般的情節鋪陳了國分先生與臺灣半生緣份的一世牽絆。

國分直一先生對臺灣考古學、沖繩南島文化與民俗學的重大貢獻著名於日本學界，猶記得本書在日本出版那一年，筆者走到哪裡都有日本師長特地告知這本書的發行，當時正處於留學生的學習瓶頸與經濟壓力之苦而自怨自艾之際，這本書的出現對筆者來說可謂一記「當頭棒喝」，因為相較於國分先生在時代困境的輾壓下，對知識的探求與研究工作仍努力不懈，筆者的處境就顯得無病呻吟而自覺慚愧。

國分直一先生博學宏觀的學問體系與敘事風格，讓本書充滿了知識性與深刻的時代感，因此在中文譯註的原則上，筆者試著將一般大眾較不熟悉的學術專門用語、歷史人名、日語專有名詞、歷史事件、舊地名等加以譯註，並在原著照片之外加上少部分筆者踏查拍攝的影像與相關的舊照片，希望引導臺灣讀者更快進入國分先生及其學問的世界。本書中，國分先生面對自己的一生經歷，以清新、細膩又不失幽默的敘事方式鋪陳，內容卻蘊含著國分先生對臺灣文化在驟變時代中的深刻觀察，毫無壓力感地描述了實際上漫長、辛苦且沉重的生命歷程與大時代思維的轉變軌跡，舉重若輕的筆觸與學術涵養令人感受深刻並得到鼓舞。而如同小說般的敘事風格，發生在臺灣各地熟悉的地名場景中，特別令人感到親切而療癒，筆者因而在心中種下譯註此書的想法。然而時隔十多年才完成本書譯註，心中有愧，卻不敢推諉於歸國後在教學與研究工作上的繁重。回想起來，反而是因為每一次的拜讀，總會被書中的內容帶到另一個令人著迷的時空之中，追隨著國分先生的思緒，去查找翻閱其他線索，等到回了神，卻也荒廢了翻譯與註解這件事情。

學術上，筆者受到「國分學」的滋養，但也深刻地感受到若只讀了國分先生的學術文章，難以真正認識國分先生細膩思路的形成背景與脈絡，必須透過本書中國分先生自述生命與學術歷程的文字。筆者身為臺灣考古學的研究者來譯註這本書，自視為一種學術責任與對國分先生的尊崇，無意在譯註之外做畫蛇添足的評論，希望能逐字逐句保留本書的原汁原味，保有讓讀者自己體會的空間。國分先生的知識體系是世界的，串聯起臺灣、日本與世界的思想潮流，他所留下的考古學第一手資料、民俗紀錄、文學與精闢論述的背後，交織著使命感、命運、天賦，與大時代所賦予他在臺灣與日本的身心靈成長背景，統合了一個時代的考古學知識體系，並提出未來的願景。

近年有學者用「不是灣生的灣生」來形容國分直一先生，筆者認為實有必要考量國分先生的真實生命經驗、自我定位與學術構築歷程。國分先生或許料想不到日語「灣生」這個專門詞彙，會與熱愛臺灣畫上等號。在本書與其他國分先生的著作中，國分先生的自我定位就是住在臺灣的日本「內地人」，他甚至曾經誤認為戰後國民政府的留用，是一種對敗戰國人的懲罰與利用。國分先生一生熱愛臺灣無誤，他以世界南島研究的視野來看待臺灣，將臺灣的歷史與文化藉由自己的研究拉到世界的舞台上，絕不是被媒體標籤化下所曲解的「灣生」情懷可以形容。

二〇一八年本書日文版的主要編者安溪遊地教授夫婦訪臺，筆者受邀一同前往新竹、苗栗、嘉義、高雄等地，踏尋國分先生在書中所提及的二二八歷史事件場景、童年故居與考古遺址，深刻感受到日本人類學者對國分先生的尊崇，也對這份臺日關係的延續傳承有深厚的期待。這本書的內容不只是國分先生的臺灣研究經歷，敘事背景的鋪陳中刻劃了日治時期臺灣的歷史事件、風俗民情與民族誌記載，當然還有國分風格的幽默與文學性。筆者認為極具中文譯註的價值與歷史意義，希望讓中文讀者也能一起傾聽國分直一先生述說刻劃在他生命中的臺灣，作為一個時代的證言與歷史記憶的延續。

由衷感謝聯經出版公司發行人林載爵先生對於本書的高度重視，與總編輯涂豐恩先生的協助。感謝在翻譯與文書處理上給筆者諸多協助與建議的林廷威先生。不能忘記的是給予筆者指導鼓勵並促成版權轉移的原編著者安溪遊地教授。最後，讓我們一起細讀本書，進入國分直一先生的世界，遙望著「遠空」誠摯感謝國分直一先生把他的「人與學問」（本書日文版之原書名《遠い空：國分直一、人と學問》）奉獻給了臺灣，我們才得以站在他的肩膀上開拓更寬廣包容的視野，並繼續深耕對臺灣歷史與文化的認識。

最後，還是要為遲誤許久的譯註工作與出版印行向國分直一先生與臺灣的讀者致歉。

日文版序

金關恕[1]（大阪府立彌生文化博物館館長）

我們所尊敬且敬慕的國分直一老師在二〇〇五年一月十一日結束了他九十六歲的生涯。對於學問，老師渾身充滿著熱情，而且總是保持謙虛的態度，也經常傾聽後輩的意見。即使是再小的一個謎題，為了將它解開，無論多辛苦也從不覺得厭煩——不，不能說是辛苦，對老師而言是非常開心的事。跟隨老師一起做田野調查時，他不畏酷熱及嚴寒，專注於調查研究的樣子感動了我。老師留下了回顧四十一歲以前，也就是前半生寫實的紀錄，曾跟隨老師的先進們將其解讀並

1 金關恕（一九二七—二〇一八），臺灣日治時期著名體質人類學者金關丈夫教授次子，日本著名考古學者。生於京都，幼年曾隨父親居住於臺北市。一九五三年畢業於京都大學文學部史學科考古學專攻，曾任天理大學名譽教授、大阪府立彌生文化博物館館長，著有《彌生的習俗與宗教》（學生社，二〇〇四年）、《彌生文化的研究》全十卷（共同編著，雄山閣出版，一九八五—八九年）與其他著作。譯註者於二〇〇九年九州大學留學期間曾由業師田中良之教授引見金關恕先生，他聽聞是來自臺灣的留學生，第一句問候語便是「食飽未（臺語）」，席間還提到懷念滷肉飯與建國中學旁的植物園，三兩句話就聯繫起原本陌生兩方的深刻感觸。

且再加上老師生動的解說，集結成冊出版。筆者接受辛苦完成本書的安溪遊地先生與平川敬治先生的邀請撰寫這篇序文。要在老師的自傳裡寫序文，我真的可以做出如此僭越的事情嗎？但想到老師與我們一家親子兩代有著深厚的交情，對於我們家族而言是很特別的人，就未必是無禮而冒犯了老師。

身為人類學者而相當熱衷於臺灣原住民與華人體質形態及系統的家父金關丈夫，首次與國分老師一起進行的調查是在一九三九年，在西南部的二層行溪[2]南岸、大湖遺址發掘的時候。家父在寫給老師的古稀紀念論文集的序文裡寫下：「當時我感受到意氣風發的博士對於臺灣先史學[3]與民族學的熱情，我覺得找到志同道合的同志了。」自此之後，老師與家父結下了深厚的友誼，不論在日本或臺灣，進行了許多次共同研究與調查。家父突然過世的時候，老師急忙從山口縣趕來我家時甚至放聲大哭，回想起來，彷彿是昨天的事情一樣。對於自己當時因葬禮準備而分心，以致無法像老師那樣天真的放聲表達感情，我感到非常的慚愧。

隨著日本戰敗，居住在臺灣的日本人幾乎都被遣送回祖國。但是少數的學者與技術人員接受在此設立的中華民國臺灣省的新政府邀請，多留在臺灣幾年，協助研究、教育與技術的工作。國分老師與家父也留在臺灣四年，繼續進行臺灣考古學、人類學與民俗・民族學的研究調查。國分老師的活動的成果，陸續以報告或論文的形式發表，初期跟考古學相關的文章主要集結在《臺灣考古誌》（法政大學出版局，一九七九年）與《臺灣考古民族誌》（慶友社，一九八一年）前者由譚繼山先生翻譯成中文，加上副標題「光復前後先史遺跡考證」，由臺北市的書局發行[4]，在蓬勃發展中的臺灣考古學界中，也被認定為追溯學史必讀的書籍，至今仍被傳閱。後者應該是收錄了老師最早期的論文〈在小崗山所發現之史前時代遺物〉（《民族學研究》第五卷四號，一九三九年）修改插圖後的文章。此外，也收錄了刊登在《東洋史研究》（第十一卷二號，一九五一年）的〈戰後臺灣歷史學界與民族學界——以中國內地來臺學者的活動為主〉。如果要認識日治時期結束後、國民黨接收初期，隨著現在被稱為「外省人」的一批知名考古學家遷移來臺，考古學轉型、成為全新學界的過程，這些研究都極為重要。

國分老師在戰後最初的那段期間，隸屬於臺灣省立編譯館。那是個規模龐大且有許多目標的機關，其中一個就是臺灣研究，也就是「在強化以接收日本文化為目標的翻譯群，同時將日本時代未完成的研究接續進行到一定的程度後，將其成果提供給學界為主要目的。」但是，在一九四七年二月二十八日發生反抗政府的事件（二二八事件）後，編譯館改組，老師被分派到臺灣大學民族學研究室[5]。大學中培育了立志研究考古學與民族學的陳奇祿、宋文薰等今日世界級的學者。一九八三年我到北京參加學會見到張光直教授，他也說：「我上過國分老師的課。」說明老

---

2 今日的二仁溪。

3 日文中的「先史學」意同中文「史前考古學」。

4 一九九〇年初版，武陵出版有限公司，ISBN：957-35-0163-5

5 日治時期的「土俗人種學講座」，一九四五年改制為歷史學系下的「民族學研究室」。

師在教育上成就了相當大的功績。

國分老師讓家人先回國而自己獨自留在臺灣，我們家也是長男與身為次男的我先回國，老師搬來與家父、家母和三男金關憙同住。我拜託弟弟寫了一些當時的回憶，希望得到機會另外發表，弟弟告訴了我老師是如何地專注在工作上、多麼的深愛著夫人；在二二八事件發生的時候，如何從南部的民俗調查現場死裡逃生返回臺北。此外，老師對於美食、收藏品、音樂等嗜好和流行事物完全沒有興趣，家父也曾讚嘆：「從來沒見過可以如此集中全心全意投入研究的人。」但是只有電影例外，戰後居住在臺灣的期間，老師好像經常帶弟弟去電影院。但我印象中國分老師不是那麼常去看電影，也不記得曾經和老師討論過電影；或許就是和弟弟有過這樣的關係，之後老師也常常和弟弟通信。後來（一九九六年）評論家川村湊在他的著作《「大東亞民俗學」的虛實》中，對於二戰期間發行的雜誌《民俗臺灣》有所誤解，而發表了嚴厲的批評[6]。本書也收錄了當時和家父一起推行這項運動的老師所提出的反對意見，老師透過學術性的文章，表達了無法壓抑的怒火。

國分老師在父親家中的居住期間，家父寄了一份題名為「國分先生行狀繪卷」、附加漫畫的書信給已經歸國的國分夫人（收錄於前記《臺灣考古誌》），在那封信的最後寫著「國分老師是無可挑剔的人，但是他的客氣拘謹讓人困擾」，老師因為著迷於研究而錯過晚餐時間，為了不想麻煩我們家人，便自己騎腳踏車外出到城裡用餐，並開玩笑的說：「客氣的結果是受到懲罰，連人帶車摔到水溝裡。」這件事可能是事實，老師即使超過了九十歲仍對於自己的健康和體力過於自信，即便買東西也是自己騎腳踏車去，極度避免麻煩別人，這就是老師住院的原因。在老師的晚年，我完全沒辦法照顧老師，至今心裡仍然充滿悔意與罪惡感。

如同本文所述，記載老師前半生涯的《回覽雜誌》在歸國後很長的一段時間都在家父這裡，直到家父過世後才送到老師手上。我雖然也有機會閱讀此書，但因為對於手寫的紀錄感到排斥，所以遲遲沒有動作，直到最近才拜讀此書，書中幾乎沒有提到他自己，老師如此高尚的人品令人感動。在令人懷念的臺灣風物中，本書生動地傳達了老師的前半生。多麼純真樸實而且偉大的人啊，讓我不禁感嘆在我的餘生之中，恐怕再也遇不到像老師這樣具有高尚的道德觀以及細膩思維的人了。

6 川村湊認為金關丈夫與國分直一等人創立的《民俗臺灣》並未將臺灣民俗學與日本民俗學放在同等的地位上，反而刻意呈現出《民俗臺灣》雜誌的異國情調而有種族主義的傾向，他並認為這份雜誌的創立是配合了當時的大東亞殖民政策。然而，金關丈夫與國分直一極度反對這樣的錯誤解釋。

臺灣版序

安溪遊地（日本山口縣立大學名譽教授）

國分直一老師一九〇八年在東京出生，從二歲開始就在臺灣生活，長大後成為學者，在東亞史前考古學與民俗學領域留下了龐大的成果，二〇〇五年、九十六歲在山口市去世。這本書是他自傳的翻譯。

我所從事是人與自然的關係的人類學研究，一九八二年，在國立山口大學開始擔任教職之際，由於大學的宿舍與國分老師的住家十分接近，一家人能夠經常到老師家拜訪，請教各種關於琉球島弧的各個島嶼和臺灣的考古學、民俗學等相關課題。得益於國分老師的人脈，我們與國立臺灣大學圖書館、嘉義市的陳澄波文化基金會和山口縣立大學建立了合作關係。如今不僅是學生之間的交流，而且發展了山口縣與臺灣之間的友好關係，這是國分老師留給我們的一份厚禮。

幼年時代在高雄一棟面朝海的房子裡生活的少年國分，親身體驗了臺灣的社會。與男性主導的日本人社會不同，臺灣的女性並沒有輸給男性。國分老師是一位對女性非常友善的紳士，作為大學的教師，他也受到了外國學生的欽佩。在這個背景下，他說，他自幼就透過接觸不同的文化，而獲得了對與自己不同事物的寬容。同時，他也對那些無緣無故吹噓的人產生了強烈的排斥感。晚年的國分老師，雖然已是偉大的學者，卻沒有絲毫的驕傲自誇，他總是欽佩地傾聽著年輕的我和我妻子的訴說，有時還為我們鼓掌歡呼。

國分老師在臺北的高中畢業之後進入京都帝國大學文學院學習歷史，因為參與了示威活動，被秘密警察組織以涉嫌違反公安法為由而盯上。那是一個面對戰爭的「閉塞的時代」，學生運動人士相繼被捕，甚至被迫害致死。擔心「再這樣下去國分會被殺害」，他在臺灣的恩師的幫助下，到臺南第一高等女學校擔任教師，才回到了臺灣。儘管如此，他對史前考古學的熱情是無法壓抑的，他在教學的同時繼續進行研究。當時，國分老師獲得了金關丈夫教授的知遇，金關教授當時在臺北帝國大學醫學院教授人骨人類學，這是國分老師學問的重大開展點。讓來自臺灣的留學生有機會認識二二八事件真相的美國歷史學家 G. H. Kerr，也就是《被出賣的臺灣》（Formosa Betrayed，一九六五年出版）一書的作者，將金關博士評為「日本的達文西」，具有廣泛而深刻的知性與人格，遠遠超越了理科和文科的高牆。包括臺灣知識分子在內的「金關沙龍」，其成員不拘泥於狹隘的專業，他們在皇民化壓力日趨強化的臺灣，珍惜文化的多樣性，持續在知識上的抵抗運動。戰後留用在臺灣的金關與國分老師，遭遇了二二八事件，他們不顧自己生命危險，努力幫助弱勢的人，而即使在如此緊張的情況下，金關老師也沒有失去鑑賞畫作的餘裕。二〇一八年八月，為了驗證國分老師田野筆記上的詳細記述[7]，在本書的譯註者邱鴻霖的安排之下，我們來到了竹南火車站前，彷彿昨日一般。

作為留用日本人交流場域的《回覽雜誌》，是戰前《民俗臺灣》的延續，由志同道合的人們為了填補精神上的空洞而努力撰寫與傳閱，只發行一套。國分老師在那裡投稿的手記，成為了這本翻譯自傳的主幹，自我小說式的臺灣與京都的人情描寫內容，反映出老師令人笑顏逐開的溫暖人品。四年留用期間結束後，國分老師回到日本，成為長野縣的高中教師，之後轉職到九州的指宿高中。在就職於山口縣下關市水產專門學校後，他如魚得水般，將全身心都投入了教育和研究之中，他說自己終於從同學們被密警察抓捕殺害的沉重痛苦回憶中解脫出來了，他們夫妻倆也有機會再次造訪懷念的臺灣。之後，在歷經東京教育大學和熊本大學的工作後，他長期任職於下關市的梅光女子學院大學（現為梅光學院大學），成為該校的著名教授。在那期間，他創辦了華麗的彩色版雜誌《えとのす》（*Ethnos in Asia*），涵括了考古、人類、民族、民俗等廣泛的學術領域，並作為主編展開了多達三十二期多元豐富的知識沙龍。

大概是在老師大約八十五歲之時，有一次，當我在新幹線站下車，遇到了國分老師，並說：「老師，本地的火車將在兩分鐘之後會開走！」之時，老師說「一起跑吧！」。我們一起跑過了通道，當我說：「老師，趕上了！」，他大氣不喘地說「那麼，我就去搭計程車了喔」。原來他只是為了鼓勵一個比他小四十三歲的後輩而陪跑了一段路。快九十歲高齡的國分老師，每年出版兩本的學術論文集，偶爾還出版厚厚的翻譯文。他說，「寫完論文腦子累了，就轉入翻譯工作，腦子放鬆了，又開始寫論文」。他不喝酒，每晚持續寫作，直到凌晨三點。

國分直一老師像不死鳥般耀眼的同時，給後進的我們所要傳達的訊息的意思是「請不要被困在學問的小框框之中」。國分老師也重視從金關老師所獲得的教導，即使出生在不同的國家或種族，只要以誠相待，總有一天可以共存而相互理解的日子會到來。而最為重要的是，在戰爭近迫而來之際，國分老師囑咐我們要打破時代的閉塞，為和平而竭盡全力，我相信這就是國分老師要託付給我們的信息。

國分直一老師經常鼓勵晚輩：「不要拘泥在小框框之中，這是很重要的事。」

7 網址為 http://ankei.jp/yuji/?n=2383

I

克服閉塞的時代

學問上的自傳

幼年時代（第一回）

我的父親，在我出生於東京都芝區白金三光町的大久保彥左衛門墓所在寺廟旁的小房子後沒多久[8]，就留下母親與我，獨自前往臺灣。

「你父親是很頑固的人，只要他想要這麼做，不管是誰跟他談，最終仍然是照著他的想法去做。在你出生的時候，正好在宣傳移民南美洲，有個叫做巴西的地方，正展開雙手等待日本人到來，所以他就開始考慮要去巴西。正當我感到很麻煩的時候，已經前往臺灣的小野田叔父來信說，臺灣正在盼望內地人，如果要來的話最好趁早，而且比起前往南美洲，距離近了許多，剛好前來幫忙的奶奶也極力推薦，而我也是。所以你父親覺得說不定他也能開創出一條路，就在你出生兩個月後留下我們，隻身前往臺灣，透過在花蓮港那個很孤單的地方當郵局局長的小野田叔父介紹，到打狗的郵局工作，你知道這是哪一年的事嗎？明治四十一年六月的事

一九一三年（大正二年）創建的打狗郵便局。
（《高雄州寫真帖》一九一三年）

啊[9]。」

「過了幾個月後，我就帶著你跟隨他的腳步來到這裡，搭上了首次出航臺灣的義勇艦櫻丸，船上好像還有岡部司法大臣、三位男爵和幾位議員。我為了要曬乾你的尿布非常辛苦。我們在鐵路全線通車的隔天，從基隆一路搭火車到打狗，所以每一站都裝飾著萬國旗，站務員好像都還宿醉未醒的樣子呢。」

義勇艦櫻丸明信片。（邱鴻霖翻攝）

這些話，母親在我懂事之後不知重覆講了幾次，總之我們後來就搬到了臺灣南部的港口打狗。這裡在大正年間改名為高雄，相傳原來的地名打狗是因為這邊是平埔族的 Takau 社，而高雄這個地名的由來就不清楚了。

因為地處邊陲地帶，所以連一本能讀給我聽的書本也沒有，但是父親經常說他年輕時的故事給我聽。在心情不錯的日子用過晚餐之後，父親會像是在回憶遙遠北方的祖國一樣，告訴我生活在經常下雪的東北小孩是如何培育成獨當一面的農民，或是說起

8 位於今日東京都港區的「立行寺」內。

9 一九〇八年（明治四十一年），當時的打狗郵局還是在旗後俗稱街仔路一帶，尚未遷入一九一三年新建西式建築之中。

他年少時所聽過的民間故事。有一天父親告訴我他是如何進到郵局工作的，我在不知不覺中發覺，這件事可說是父親人生旅程的寫照。

父親身為東北地區貧困農民的次男，連小學都無法畢業。父親經常在田裡割草的時候看著火車通過，火車不知是從哪個不可思議的世界出現，通往另一個不可思議的世界，火車讓一個在田裡割草的少年對於未知的世界充滿了憧憬。

父親經常想著如果能成為搭乘那輛火車而行的人，不知道會多開心。

當父親從村子裡知識淵博的男子那裡得知，火車與郵務車連結，而郵務員就會跟著郵件，從北到南、從南到北四處旅行後，父親最大的心願就是成為郵務員。

每當父親說起這件事時，一定會這樣鼓勵我：「不要小看兒時的夢想，有時那會決定了你一生的方向，你與我不同，要有比我更好的夢想，總而言之要成為一個了不起的人。我自己是個沒有什麼長處的貧窮官吏，所以沒有什麼偉大的目標，但至少還能夠讀到了中學啊。」

怎麼樣才是父親所說的了不起的人呢？小時候的我完全不清楚，所以我想總之就先進中學讀書，再來成為了不起的人物。

我也無法清楚說明那是什麼時候的事了，以我的腦子所能回憶的極限，大概是七歲左右吧。

在打狗的西邊有一座形狀像是有人聳肩威嚇的打狗山，每到黃昏時刻，那座山的影子就會落在我們居住的哨船頭這個港口附近的城鎮上。這座城鎮有一棟兩層樓的巨大洋樓，我們一家人就住在這棟洋樓裡。裡面當然不可能只有我們一家人，樓上有一位單身的住客，樓下則住著三個家庭。我不曉得這座建築物的前身為何，只知道以前是外國人的住處[10]。

可能是在日本政府接收臺灣的時候，郵局獲得了這個地方。

我們家是在最旁邊的位置，隔壁住著一位叫做光長光太郎的「大叔」，他是位身材高大，臉紅紅像喝酒一樣，是位長相很可怕的人，印象中「阿姨」是個瘦瘦很漂亮的人，在「大叔」與「阿姨」家的中間，有一位叫做小美的女生。

小美的爸爸常常講「大江山的酒吞童子」的故事，那是一位去鬼島討伐惡鬼，很會喝酒像鬼神一般神勇的勇士。每次問小美的媽媽「什麼是シュツテン（Syutsuten）童子？」的

旗津哨船頭，國分教授的幼年故居現況。
（二〇一八年九月邱鴻霖攝）

10 二〇一八年九月，譯註者與本書日文編者安溪遊地教授與夫人貴子女士，循著本書中國分直一先生對幼年時期的地景、地形與建築物特徵的描述，前往了高雄旗津哨船頭一帶查訪，發現疑似是國分教授幼時住處的建築物仍然存在，仍有一戶軍眷居住，但建築物本體的保存狀況已不理想。訪談住戶劉先生，他透露了每隔幾年都會有過去曾居住在此的日本人家族來訪並帶來伴手禮之事，但並非國分家族。這排建築物本體的起造可能與附近的英國領事館年代相當或稍晚，雖歷經日治時期與國民政府時期的整修，緊貼著礁岩山壁而建的港灣邊建築，仍可見其古樸的外觀。由於日治時期的打狗郵便局尚未興建完成之前，此地曾作為郵務之用，與國分先生父親的職務亦吻合，加上國分先生所描述的景色，推測此建築可能為文中描述的地點。

時候，她總是說：「小笨蛋，シュツテン（Syutsuten）的 Syu 就是寫作酒啊，那 ten 的話就是……哎呀，先用假名記起來就好。」雖然是在這樣情況下有點奇怪的故事，但我們都很認真在聽。

結果，後來竟然覺得酒量很好的小美爸爸就像是酒吞童子，只要在日落之後，我都匆忙跑回家。

小美家隔壁住著身高很高、身形單薄駝背的「小池叔叔」夫婦。小池阿姨蠻有氣質的，回想起來應該曾經當過藝伎。

小池叔叔看起來像壞人，所以我們一家跟小美家的交情比較好，跟小池叔叔一家就不是很熟識。

這棟洋樓周圍寬闊的空地用來當作庭院，外圍有紅磚的圍牆，圍牆外有一間很大的紅磚房叫「苦力小屋」。當地的居民稱呼其為苦力小屋，由此可知並不是很大的地方，但對於小時候的我來說是非常大的區域。打狗港正在進行疏浚與港口擴建的工程，那裡是被雇用來做這項工程的勞工合住的宿舍。勞工將辮子繞在頭上，穿著赤褐色的麻布短褲，身強體壯所以被稱作「苦力」。雖說他們看起來強壯可靠，但總覺得好像都在做一些很可怕的事，所以我們從來都不會去小屋那邊。通常我都是在圍牆裡跟小美玩扮家家酒。我扮爸爸、小美扮媽媽，弟弟則是我們的小孩。我多少覺得這樣的分配不好，但這是像小大人一樣的小美所決定，我也沒辦法。如果我說自己比較想去爬楝樹，小美就會說明天不跟我玩了，讓我很困擾。

這間房子有一棵比屋頂還高的楝樹，我經常爬上去玩。在跟我身高差不多的地方有很粗的樹枝，我爬上去也只能爬到那邊而已。

有一次我玩膩了扮家家酒，把小美強推到最上面的樹幹，結果小美在樹上縮著身體哭著說：「好可怕，好可怕，阿直趕快讓我下去。」我就拿著一個垃圾箱，爬上去要讓小美下來，結果我非常驚訝地看著小美的大腿中間。

正當我看著她的時候，小美卻沒有冷靜地等我，她突然很害怕的緊勒著我的脖子，於是我抱著她從垃圾箱上摔下來後，兩個人開始放聲大哭。

在那之後，我在一個人獨處的時候，會偷偷翻出我的前面，仔細觀察自己跟小美不一樣的地方。

後來只要小美衣服下擺有些鬆開，都會被提醒「小美，這樣不禮貌喔。」有一次小美穿了一件膝蓋位置有個小洞的衣服，本來應該換下來去修補，但她就是不聽，還用手指去挖那個小洞，結果小洞就變成連手都穿得過去的大洞。小美哭著要去換別件衣服，一句話也沒跟我說就單手抓起點心塞到我嘴裡，我突然不想吃那些點心，於是一臉不想要的表情。我不記得當時在那個小鎮上有沒有點心店，但每一戶的媽媽都會為了小孩們尋找適合的道具來做點心。我說我要去吃ジンド（Jindo）就回家了。Jindo 是家母自己烤的麵包，鬆鬆軟軟非常美味的點心，因為這是其他媽媽都望塵莫及，而且得到自己和別人都認同的點心，所以我們就自己命了名，我不知道這個名字的意思，當然連家母也不知道。

一說到我以前是一絲不苟的規矩小孩，從我的妻子開始到跟我很熟的人都會一副「真是夠了」的表情，說我是因為神經質才會是一個規矩的小孩。家母經常發牢騷，抱怨我總是要穿剛洗好的衣服，腰帶綁得緊緊的，只要稍微髒了就要換，一天可能就要換好幾次。睡覺的時候，躺得直挺挺的，睡衣也穿得很整齊，兩隻腳對齊睡著，但是睡著後就在蚊帳裡翻來翻去，睡相很差。

小野田局長是胖嘟嘟且個子矮小的人，他胖到讓我覺得再胖下去身體會裂開吧，瘦巴巴的我總是為他感到可悲。但是局長每次遇到我，都拍著那個像酒桶一樣的肚子說：「阿直瘦巴巴的，以後能不能像叔叔一樣胖啊？」然後很驕傲的讓我看他袖子上閃著金色光芒的金線說：「如何，以後要不要跟叔叔一樣？」兩條金線的是高等官，一條的是委任官。不論是一條金線或是兩條金線，腰上都會佩劍，在我的記憶裡是佩著短劍。最早是佩戴長劍，但在我稍微懂事時所知道的是，平時用短劍，只有在元旦或是天皇生日等特別節日才會用長劍。大概因為家父是一條線的職位，所以局長才會向身為兒子的我展示閃閃發光的兩條線。但是因為我知道在兩條線之上還有三條線的官位，再更上位例如總督的官職還會戴「金色職階章」的帽子，所以會反駁回去：「我才不要兩條線的職位，我要三條或者『金色職階章』」。局長是很老實的人，他就跟母親說：「我本來覺得很了不起所以展示給阿直看我的職位，結果他居然知道還有更高的職位，跟我說三條或是『金色徽章』他才要，真是丟臉。」

殖民初期，人們以「袖子上金線的數量」作為有出息的標準，除此之外好像也沒有其他更令人嚮往的目標，在當時這樣的風氣下，培養出了一群沒骨氣的少年，再也沒有比這更令人感到可惜的事了，而我就是這些少年的其中一人。

在我七歲那年的七月，第一次世界大戰爆發，接著，天皇在八月下達了對德國宣戰的命令，日本也與奧地利斷交。然後，日本陸軍在九月登陸山東半島，十月占領了賈盧伊特島[11]，也對青島開始發動攻擊。

印象中當時的報紙是三天一刊，家父會等待每三天送來一次的報紙，興奮地唸給母親聽。但當時我不知道發生了什麼事，不管全世界有多麼興奮，我只對抓螃蟹有興趣。就算是小美找我玩扮家家酒，我也會隨便講一句「等一下我抓一隻螃蟹給妳。」吃完早餐後就跑去海邊。教我抓螃蟹技術的人叫做天福，他是在家父工作的郵務課船上一位活潑、小個子的水手。一開始都是母親陪我去，漸漸熟悉後，我就可以自己去了。我年幼時體弱多病，但是父親覺得只要在抓螃蟹的時候注意不要被沖走的話，應該對身體很好，所以反而鼓勵我去抓。在海岸邊有福建系的本島人少年，也有日本漁夫的小孩。海灣內每天都有疏浚船航行，嘎啦嘎啦、轟隆轟隆地把海底的泥巴挖出來。經過一天，挖出來的泥巴會被載到遠方的海上丟掉，小孩們都叫那艘船為泥巴船。因為泥巴船接近岸邊的話，會發出嘎啦嘎啦、轟隆轟隆的聲音把螃蟹嚇跑，所以我們都很討厭泥巴船。有一種跟梭子蟹很像的螃蟹，身體不是紅色而是深藍色，跑得很快。雖然那種螃蟹行動很敏捷，但是在小孩們熟練的技巧下也無可奈何。我們在竹管的左端綁上魚內臟，在右端用釣魚線作一個

11 今日的太平洋馬紹爾群島中的賈盧伊特環礁。

小圈圈，用魚內臟吸引螃蟹從岩石內跑出來，當蟹腳被釣魚線圈套住，用力往上拉的時候，線圈會把蟹腳緊緊綁住，螃蟹就會慌慌張張地在水裡掙扎。在熱帶的豔陽高照下抓螃蟹不是很輕鬆的事，過了一個小時後，我會跳到正在建設中的運河淺處玩水，就這樣，在不知不覺中我學會了「狗爬式」。

從夏季到初秋，遭遇了低氣壓後，這個位於海邊的地區就會呈現很悽慘的景象。漁夫們的妻子牽著小孩的手站在海岸邊，眺望遠方的浪濤等待丈夫歸來。哨船頭這裡有日本漁夫的村落，所以也有日式漁船。在岸邊等不及的時候，她們會爬到灣口的山上，看著遠方的海面，想知道家人是否安全。不論是日本太太還是臺灣太太都會爬到出海口的山上，後來我看到這一幕，即使年紀還小也會感到痛心。漁船翻覆，舢板四處漂流，碼頭的倉庫屋頂被掀開，還有人死掉。本島人在有人死去的時候，會用草蓆蓋著屍體，暫時放在海岸邊。從草席下看到已經發白腫脹的腳，我感到十分沉痛而流下淚來。

我的父親是郵務課的職員，所以在風雨來臨前，必須非常辛苦地下達指令安置郵務船。所謂的郵務船就是裝卸日本大船所運送過來的重要郵件，並將其載到岸邊的舢板。

要儘早將舢板拉上岸邊，用鐵鎖將其牢牢鎖在堅固的木樁上，防止海浪侵襲舢板。

大戰開始那年的夏季某一天，侵襲南部的颱風造成了相當大的災害。有一件事情讓我印象深刻，天皇、皇后兩位陛下發放了受災者憮恤金共七千圓，直到現在我還記得，父親與我都算是受災者，所以收到了三圓，在收到錢的那個晚上，母親買了小隻鯛魚還有酒，還邀請小美和她的父母一起來吃飯。

這裡一定要寫出父親變成受災者的原因。

那場夏天的暴風雨來得非常急，風浪突然變大，許多小船都被淹沒，因此，郵務課拉舢板的作業，沒辦法召集到充足的人力，父親就和水手們一起跳到海裡，把舢板推上岸。我擔心父親負責的船隻被沖走，而且大雨也還沒開始下，所以就跟著說要去幫忙的小美爸爸一起來到作業現場。當時港邊雖然還沒開始下雨，但是山區已經開始下大雨，海灣已經開始變得很混濁。為瘧疾所苦、身材瘦小的父親，一邊與黃色的海浪奮戰，一邊跟古銅色肌膚強壯的水手一起作業的景象令人不敢觀看，小美的父親明明很高大，卻沒有想下水幫忙，反而是在岸上大聲的吶喊著：「加油，再撐一下！」「那艘流走了！」「那個笨蛋！」我越來越擔心，也想要幫一點忙。

我因為很熟練「狗爬式」，所以並不怕水。就在小美爸爸大叫「喂～小心啊！」的瞬間，一個大浪淹過父親和水手，把剛拉上岸的舢板沖到了海裡。當時，我因為以為父親被海浪吞沒了所以很激動，一邊大聲哭喊著「爸爸，我來救你了！」拚命地狂奔，跳進黃濁的海水。

當我恢復意識的時候，已經是好幾個小時後的事。

我好像是突然被水流捲走，那位很疼我，名叫天福的臺灣水手追上來救起了我。我因為穿著衣服，背部有空氣灌進去，所以漂浮在急流上被沖走了。

之後，母親流著淚告訴我，因為我的幫忙，拖舢板上岸的作業延遲了一個多小時。

父親因為那時的衝擊和疲勞，發燒躺在床上。性格剛烈的父親，沒有斥責我莽撞的行為，聽母親說，父親跟她講：「正是因為他認為即使像我這樣的父親也是親人，才會就這樣跳下去吧。」他對小孩的心意十分感動。

當我還在昏睡的時候，小美爸爸把麵包裝在布包巾裡來探望我。「我實在是太大意了。」在母親面前，他大大的身軀像是蜘蛛一樣平俯道歉。

由於腸胃不好的我常常吃麵包，所以非常喜歡吃麵包，常常吵著母親要麵包。當時一條吐司要五毛錢，是很貴的東西，父親的月薪不到十七、八圓。走出海岸後，從哨船頭到旗後的碼頭附近有一家麵包店。

在出海口北邊山上有一間很漂亮的紅色洋房，那裡住著金髮碧眼的西洋人。雖然我沒看過婦女，但是父親帶我去爬山的時候，曾經看過儀表不凡的中年人在枝繁葉茂的榕樹下看書，我們都稱之為「毛唐人」[12]。「毛唐人」也常常會去我買麵包的店，麵包店裡有一位皮膚白皙、胖胖的太太，每當我去買麵包的時候，她總是會摸著我頭說：「小直。」當我把熱騰騰的麵包抱在胸前，身體也跟著暖和了。

因為知道這件事情，所以小美的爸爸帶麵包來探望我。

父親好像是因為在狂風暴雨的海面上作業導致瘧疾復發，所以收到了三圓。

在大正三年的秋天，以佐久間總督為討伐軍總司令的「蕃地」平定計畫結束了，各地都在舉行討伐隊的歡迎會或是招魂祭，當時臺灣就像是來到了一個永遠和平的時代，與全世界的動亂毫無關連。

在那個時候，發生了幾件突如其來、震驚世人的事件。臺北出現持槍的強盜：阿猴廳（今日的屏東縣）的高砂族襲擊力里派出所，殺害巡佐以下二十二名員警；枋山支廳也遭到攻擊，支廳長以下人員都被殺害[13]。即使是依舊以捉螃蟹為樂，少年時代的我，也不可能不被這些騷動所影響。

名叫山口某某的持槍強盜沒多久就被抓了，但是在上小學之前，我不知道臺北與打狗之間的距離，所以心想同夥的人也有可能會來攻擊我們住的地方，在睡覺前都會很謹慎仔細地檢查門窗有沒有關好。

高砂族居住地的攻擊事件是在那年十月發生的，因為是在佐久間討伐軍總司令宣布「已平定全臺『蕃地』」後兩個月左右，因此民間都覺得是上位者的片面之詞，詳細的情形如今已經完全忘記了。但父親說他有一把刀並且拔出來讓我看，那把大刀在昏暗的燈光下閃著詭異的光芒，不可思議的是，這件事給我留下了強烈的印象。

但之後的情況開始好轉，在所謂的日本帝國主義之下，不應該一直持續發生攻擊，籠罩在恐怖的陰影下，即便這樣子的事件仍然無法停止，但從一個事件到下個事件發生的時間間隔卻漸漸

12　原文「毛唐さん」，指毛髮顏色不同的外國人。

13　所指的應該是一九一四年的「南蕃事件」。以排灣族為主的臺灣南部原住民反對繳交槍械政策所以發的大規模反抗事件，歷時五個月，日警與原住民皆傷亡慘重。

變長了。

那年十月，團中有山川浦路[14]的近代劇在臺北朝日座開演。雖然是日本本土的公司，但表演地僅限於臺北，是與我們沒有緣分的事情。

讓我記憶鮮明的是，划船競賽也是在那個時間開始的，每年秋天會在打狗灣熱鬧舉行，父親也和郵局的一位職員，以及穿著大紅色襯衫的小美爺爺一起划船。

由南到北都會舉行划船競賽，南部稱作「南部短艇競漕會」。

比賽的時候，會在岸邊建造看台，柱子上綁著紅白布條，屋頂是白色的帳篷。

我、小美和弟弟三個人手牽著手，讓母親和小美的媽媽帶我們去岸邊。比起競艇的事，我想的是每年去港邊吃到便當菜餚的快樂時刻。第一次去的時候，看臺很斜，我覺得好像會滑到海裡，所以一直喊著：「好恐怖哦！」但母親跟小美的媽媽安慰我說，有扶手所以不用怕。

第一場比賽，父親局裡的船得了第二名，所以就去一間叫作旗後城鎮的餐廳舉行慶功宴。因為父親很晚回來，母親、小美的媽媽、我、小美和弟弟就在渡口的麵包店前等兩家爸爸回來。過了一會兒，已經喝醉的父親和小美爸爸從舢板走上岸，一邊喊著「喂~喂」。不理會來接他們的家人，只是兩個人搭肩走著。我腦海中還記得母親後來跟我講的事情。總而言之，身材高大的小美爸爸跟矮小的父親搭肩走路的樣子很奇怪。

因為小美的爸爸大聲喊著：「不論是誰通通都來！管他是局長還是廳長都放馬過來，喂~這個畜生！」只要一喝酒就會這樣，讓小美的媽媽捏了一把冷汗。

在很注重階級、官僚的意識明顯強大的初期殖民地，收入比較差的下級官員，喝了酒之後，為了要解悶，都會大放厥詞，但那時我跟小美都覺得自己的父親在社會上是相當了不起的人。

在划船競賽的興奮還沒消散的時候，我們又舉辦了慶祝攻陷青島的燈籠遊行，我們去到所謂海邊城鎮的熱鬧大街上看遊行隊伍，燈籠的波光甚至被形容成一片火海，照映在運河的水面上非常美。

這是讓我在幼年時期留下深刻印象的景象之一。

歡慶戰勝的喧囂尚未停息，在那個月的二十二號，板垣伯爵為了設立臺灣同化會而來到臺灣，當時的我什麼都不知道。

當時協約國聯軍在世界大戰中的戰況十分順利，接下來將會開啟一個相當美好的時代，而父親似乎是計畫要強化弱小的我，讓我立足於新時代的躍動中，所以跟我說：「首先要讓身體強壯，今後要逐步計畫。」因此，父親實行的其中一項鍛鍊健康法，就是早上早起，帶著我跟弟弟去海岸邊散步一小時。

那時正好是前一晚出海撈魚的竹筏返航之時，所以我們會抓漏網小魚回家。就這樣，我的早上和中午都在海水味道中度過。早上的散步結束回家後，母親會準備好熱騰騰的味噌湯跟白飯，

14　一九一〇年代日本女演員。隨其演員丈夫上山草人所創立的近代劇協會於滿州國、韓國、臺灣各地巡演。

等著我們回來。

這是在那段時間發生的事，有一天，我站在灣口，邊吹海風邊目送船隻出港，應該是船長走錯路、估錯位置，一艘巨大的船擱淺在旗後半島灣口附近的岩礁上，眼看著船身居然開始傾斜，而引起巨大的騷動。雖不到會翻船的地步，但確實是在港口引起大騷動，在海灣裡的小型蒸氣船載著粗麻繩開始全部聚集在灣口。「一直待在這邊看也無可奈何，該回家了。」，父親如此催促著我跟弟弟，匆忙地走在回家的路上，但我感到十分悲傷。先不管船隻怎麼樣，一想到那艘船裡的人的狀況會是如何，平常最開心的早餐竟完全吃不下，因為我很難過，午飯和晚飯也吃不下，母親也說，如果那艘船能快點下水就好了，跟我一起擔心起來。隔天早上，父親帶著我到灣口發現那艘船等到了滿潮，離開岩礁了，漆黑的海岸上，打著白色的浪花。

我安心地散完步回家後，第一次吃了好幾碗飯，父親看著我，開心得說：「儘量吃，讓自己長更大。」

我的父母總是覺得弟弟是長得胖嘟嘟、很開朗的小孩，而我卻是瘦瘦的，很死心眼又愛哭。在這個四季不分明、全年如夏的港口城鎮，缺乏讀物的小小世界裡，這就是我的幼年時光。

【後記】

這是自傳性質小說（fiction）的第一部。

這些雖然是小說，但我用了自己的方法，將各個時期臺灣的各種層面區分出來，可惜的是，區分的方法很不好，無法呈現出很好的段落，但是為了回憶臺灣時代，所以才揭露出了很棒的我[15]。

（國分直一）

【感想】

國分教授始終抱持著清純的氣質與多愁善感的心來檢視自己，他把這樣的自己置於變動的社會中而態度完全不變，這次終於有所改變，發表了長篇的第一篇「幼年時代」。

（立石鐵臣《同人回覽雜誌》第六號）

15 應該是國分直一先生自我嘲諷式的幽默。

幼年時代（第二回）

一

在改造社的《日本地理大系》裡，三尾良次郎先生寫到：「高雄港作為中南部唯一的良港，控制著廣大腹地，此外，又面對著南中國與南洋，未來是無可限量的，高雄市是臺灣最有活力的都市。」但在三尾良次先生寫下這段文章大約十年之前，高雄仍被稱為打狗，雖然蘊藏著新興的氣運，但築港工程尚未完成，還在都市發展的初期。正因為這樣，仔細想想，從那個時候到第一次世界大戰的短短十年間，就能發展成如此的港都，可說是件相當驚人的事。

從我居住的哨船頭這個小鎮開始，沿著建設中的運河往打狗山麓北邊前進，在接近運河北邊盡頭的山邊，有一間兩層樓紅色磚瓦的學校。

那就是打狗尋常高等小學[16]。

從車站徒步約十分鐘、從我家走去大約四十分鐘的地方（都是以小孩的腳程來計算）。

因為學校是在山邊，在那裏甚至可以聞到山上野草的味道飄來，我們都稱這間學校是山裡的學校。

虛弱的我，不知不覺當中也長大到能夠去學校了。

為了這一天，母親很早就準備了新的花布，而且是久留米的花布，是最好的布料。和式的裙褲（袴）是用小倉織品做的全新裙褲，草鞋則是用了麻底的新鞋，母親做了很多準備，都是一些很花錢的東西，洋溢著喜悅之情。

但是就在開學典禮的前一天，母親的蛀牙開始嚴重疼痛。

「孩子的爸，去看牙醫很花錢吧。」

「嗯。」

「雖然有人光用根治水治療結果牙齒都掉了，但還是先用根治水止痛吧，孩子的爸。」

「嗯。」

平常我連貧困生活中隱藏的辛酸都感受不到，但第一次讓我感受到這些辛酸的就是當時父母之間的對話吧。

不過在開學那天，父親和母親的表情都是開開心心，父親牽著弟弟的手，送我到哨船頭的盡頭。

母親和小美的媽媽陪伴著我，我則牽著身穿葡萄茶色[17]褲裙的小美，一起走到山裡的學校。

16 今日的高雄市立鼓山國民小學。

17 日本傳統服裝的配色中所謂的葡萄茶色應較接近紫褐色。

船隻離開哨船頭在運河上航行沒多久，就能看到矗立在山邊、漆著藍漆的木造警察局。母親告訴我跟小美：「這裡是恐怖的地方，所以在往返學校的時候，不要多看，趕快走過去。」

正好有一天早上，聽到前一天晚上監視船在打狗港外抓到走私鴉片的戎克船（Junk），長相很恐怖的走私業者被一網打盡，手被綁在後面，一個個連在一起，蹲在庭院的榕樹下。在他們腳邊奇形怪狀的樹根盤據的乾枯地面上，從一個壓扁罐子的開口，流出了黑色看起來黏黏的蜂蜜狀液體。我跟小美走過去用斜眼偷看的同時，「那個黑色的東西，可能就是鴉片喔，聽說如果吃了它，會變得很舒服，然後睡著，之後就會無心工作，漸漸消瘦、臉色蒼白，最後就這樣死去。」我豎起耳朵聽著兩位媽媽的對話，想著這世上居然有這麼可怕的魔藥。

剛好在那個時候，從前院的一棟獨立的建築物裡，傳來像是甩鞭子啪啪響的聲音，還有唉喲、唉喲的哀嚎聲，沒想到竟然會聽到如此痛苦的悲鳴，因此在那個瞬間，媽媽們、我和小美都拚了命往前直奔離開。

自從那次經驗之後，雖然在學校很快樂，但是從藍漆（我們稱呼警察局的方式）前走過去卻讓人感覺很可怕。因為往返學校的途中，從「藍漆」庭院的角落隱約傳來的哀嚎，令人感到難過。

當時的刑罰仍然保留著笞刑（日文版編註：用鞭子抽打臀部的刑罰）這種原始的刑罰，我甚至看過光著屁股又紅又腫，因為完全無法走路，只能爬著出來的罪犯。

因為遇過這樣的事情，我開始非常害怕佩帶閃亮大軍刀的警察。

父親很擔心我，有一天對我說，警察先生之所以被稱呼為「先生」是因為警察是值得感謝的人，多虧了警察先生幫忙抓小偷，流氓不會做亂，我們才能安心地上街、去學校，得以高枕無憂，只有做壞事的人才會被打屁股，警察的家裡也有小嬰兒或是像小美一樣的女孩。

後來，父親有時會要我去學校的時候，把老鼠送去「藍漆」，當時的日常生活中仍然有感染鼠疫的風險，為了遏止疫情，所以捕捉老鼠會有獎勵，而且捉一隻會得到五錢[18]的高額獎金。

雖然我覺得很困擾，但父親的命令必須要絕對服從。過了幾天，有隻小老鼠被捕鼠器抓到，母親將它裝進報紙做的紙袋，我很害怕的抓著紙袋上方（因為學過老鼠身上有鼠疫的病菌）拿去警察局。我一個人不敢去，小美也不跟我去，所以我去找朋友金太，只要在接近海邊的漁夫村，從很遠的地方喊：「金太～」金太就會大喊「來了，我馬上出去。」話沒說完就跑出來了。我拿出裝老鼠的袋子問他要不要跟我去「藍漆」？「嗯……去警察那裡啊。」說完便答應要跟我去了。

我跟金太兩人手牽手進了「藍漆」後，我全身發抖。留著鬍子的警察眼神銳利地看著我們，把紙袋隨手放進旁邊的鐵絲網裡，然後放了五錢硬幣在桌子上，笑著說：「小弟弟，等一下要去上學吧。」雖然我想像他家裡也有像小美那樣的女生吧，但還是覺得很恐怖，只能和金太一起跑步離開「藍漆」。

18　日治時期貨幣，一圓＝一百錢。

二

金太姓門田，是我抓螃蟹時認識的朋友，開始上學之後，我們又是同班同學，所以兩個人的交情就更好了。開始上學沒多久，金太給我一個忠告，「男生跟女生手牽手一起走的話，會被叫做是小豆男喔。」

因為不喜歡被叫小豆男，結果變成小美跟女生們一起，我跟金太一起去上學。

金太打架起來無與倫比地強，抓魚、抓螃蟹也什麼都會，還是游泳高手。金太曾經在從學校回家的路上，在距離「藍漆」很遠的地方，背著書、濕掉的衣服還有我，輕易地游泳穿越運河。但是在那個時候，金太注意到自己的肚子附近撐不住，所以用盡全力讓我看著背部。於是我馬上發現，金太的肚臍是很驚人的凸肚臍。

身體檢查是在開學後一個月舉行，由小柳隆吉主任這位年輕老師主持，不論男生女生都赤身裸體，測量身高、體重等項目。然而當時，金太雖然是裸體，肚子上卻綁著腰帶，在所有的小孩裡面，全身古銅色的金太顯得格外突出，他肚子上綁著皺巴巴的腰帶看起來就很奇怪。小柳老師發現後，立刻要求金太把腰帶解下來，金太就心不甘情不願的解下腰帶，之後古銅色金太的凸肚臍就像太鼓一樣鼓鼓的出現在肚子正中央，在他露出肚臍的瞬間，所有的學生都哇哈哈的大笑。更雪上加霜的是，小柳老師笑著說：「金太是凸肚臍啊。」，跟學生一起笑出來了。

長得白白淨淨、很有錢的土木承包商的小孩大野庫一也捧腹大笑。

在這些嘲笑聲中，金太眉頭也沒皺一下，反而很驕傲的展現凸肚臍來忍住傷悲。因為同情金太，別說是笑了，一直拚命忍住不哭的我也不時地看著。

我的體檢結果是「丁等」，相當差的體格。

回家後告訴父母「丁等」的事，父親和母親都很難過，說至少也要是「丙等」，然後母親聽到金太凸肚臍的事，覺得很同情，她說：「用布包著一塊錢銅板，綁在肚臍上壓著的話就可以治好了，金太的媽媽會不會不知道啊。」之後急性子的母親說：「明天去問問看好了。」父親聽到了，阻止母親說：「金太他們家是漁夫，如果弄錯的話會很麻煩的。」

在生死一線間的海上作業，運用自己的技術乘風破浪，回到炎熱的南部港口，他們就是這樣與臺灣本島漁夫對抗，他們這群內地人[19]漁夫對於戴著金色帽子、佩帶光亮短劍的官僚團體，抱持著「這些看起來了不起的人，不就只是掛著一把虛張聲勢的劍而已。」父親知道他們具有這樣的反抗氣魄。

官僚的團體、公司或銀行員的團體、商人的團體、土地仲介的團體、漁夫的團體還有其他類似像港口搬運工的團體，像這樣各自組成團體，各有各的氣氛，團體間互相輕視、仇恨、嫉妒，充滿各種心思。

19　從日本本島來到臺灣的人。

但有一點好處是，在這個正在進步的時代潮流中，不論是哪個團體中的任何一個弱小階級，都能抱持著時代會更好的希望。

「這場戰爭如果順利的話，日本也終於能登上世界的舞台。我也能讀到中學該有多好，如果我有先學點英文的話。」

父親一邊這樣說著，一邊自習英文讀本的第三卷。打狗的郵局經常會有國外的郵件一起送來，所以必需要有簡單的英語能力，但除此之外，父親還有其他隱藏著的想法。

因此，他們努力存著我讀中學的學費，也要我加強學習力，所以每天晚餐之後，我要在父母面前複習功課。

我立正站好，首先報告一整天的事情，連在學校上幾次廁所也要，接著唸讀本、算心算，如果是體操的話，就要像在教室所學到的一樣，走過來、跑過去示範給他們看。

三

那位看到金太的凸肚臍嘻嘻笑的老師，雖然我在那個時候很討厭他，但也像對待神明一樣地尊敬他。

在歌唱的時間，我們一開始就學了〈太陽旗〉[20]這首歌。

白色的旗面，
染上紅色的太陽，
啊，多麼美麗，
日本的國旗。

在國定假日，我們總是會看到國旗懸掛在外；在學到用這首歌歌頌國旗之後，少年的心中湧起了特別的感慨。

這面國旗不論是在日清戰爭[21]、日俄之役，都飄揚在距離日本很遠的國外。即使是在朝鮮半島、遼東的原野，或黃海的波濤上，還有大家居住的臺灣，只要有這面旗，就不會有敵人，這次國旗是飄揚在南洋群島和青島的要塞上。從戰爭爆發開始，停在打狗港的船隻就變多了，他們的船身和船尾一定會有太陽旗。

除了臺灣以外，我們的腦袋裡原本無法理解朝鮮跟遼東還有黃海、南洋和青島所在的地理位置，但級任小柳老師的興奮也傳給了少年們，還記得我曾感到莫名激昂的情緒。

20 「日の丸の旗」是日治時期小學一年級歌唱課教科書中所學習的第一首歌。初出：文部省著《尋常小学唱歌 第一学年用》国定教科書共同販売所，一九一一（明治四十四）年五月。

21 甲午戰爭。

從那天之後，每天都會大聲唱著「白色的旗面～」走在路上，但不知是怎麼回事，「啊，多麼美麗」這句記成「啊，多麼～麗」[22]，把歌曲唱成「啊，多麼～麗，日本的國旗。」母親覺得「多麼～麗」很奇怪，跟我說是「多麼美麗」吧，是因為她沒聽過小柳老師唱「多麼～麗」。在像油一樣混濁的海浪拍打上岸，安靜的港灣裡，遠眺著因長途航行進港休息，懸掛著太陽旗，被政府徵收的船隻，我跟金太兩個人心情愉悅的唱著「啊，多麼～麗，日本的國旗。」

然而在那年的夏天，我認識了比太陽旗更美的日本旗幟。

第三艦隊出現在打狗的海面上，因為港口很狹窄又淺，所以港灣裡只有小型驅逐艦，大部份的艦艇一字排開停泊著，蜿蜒至港外遠方的海面上。

在六月中旬盛夏的一個假日，我找了金太、弟弟和小美，四個人開開心心的在父母跟前，一邊唱著「啊，多麼～麗」，一邊爬上港口北側信號台的山丘上遠眺外海的艦隊。

一艘艘小船，從海面上的軍艦中降下，穿著全白水手服的水手們，船槳整齊劃一地朝著港口划行，載著士官們的小型蒸氣船，響著轟隆隆的引擎聲，像是分開這群小船一樣，在中央航行。

隔天，由海軍軍樂隊帶領著水手們在市內遊行。老師帶著我、金太跟小美去看部隊遊行，軍樂隊的後方有人舉著軍艦旗前進。

那就是比太陽旗還要美的日本旗幟。振奮人心的進行曲驕傲地繚繞在新開發的城鎮裡。

晚飯的時候，父親跟母親說：「昨天跟今天，打從內心感受到日本的威力了呢。」正當這個時候，郵局划舢板的天福叔帶著幫我做的釣鉤來家裡，因為母親先給了天福叔一根縫衣針，天福叔笑笑地用日語說了一句「很振奮人心呢」，但沒有像我們這麼高興的表情。

天福叔回去後，父親又開始軍艦的話題，其中也說到這樣的事情。

如果能常常來就好了，在這種氣勢下，不管怎麼樣的叛亂都不可能發生吧。我來到這裡之後，幾乎每天在島內的某一個地方都會發生事件，但最近變得不會發生了。

那天晚上很難得的裝滿了一個酒瓶，只要有日本酒就非常開心。

母親煮了一鍋飯，裡面加了叫做「皇帝豆」的一種大顆豆子，另外倒了一些酒，白飯中拌了醬油增加顏色，再幫每個人都盛了一隻小鯛魚。

這是很大顆的豆子，我在靜岡沒看過，甚至連在東京也沒有，正因為名字是皇帝，很想讓靜岡的祖母也嘗嘗。

一邊這麼說，一邊盛著「皇帝豆飯」，吃個不停。

我跟弟弟吃著魚，不僅吃到魚骨甚至還吸得發出啾啾的聲音而被罵了。

吃飽飯後，母親教我們「攻守兼備的黑鐵……」這首歌[23]。這首歌是當時候的我所知歌曲之中最振奮人心的一首，但是跟〈太陽旗〉比起來，歌詞更為難懂。當我知道軍樂隊行進時演奏的曲子就是這首歌的時候，在昏暗的十六燭光的電燈下，腦中浮現出白天看到手持軍艦旗的水兵英

---

22 原文「美しいや」（うつくしいや）少唱了うつ兩個字，變成「くしや」，中文譯文以「～」代替缺字。

23 〈軍艦行進曲〉的第一句歌詞。

勇行進的景象。

四

經過一學期後收到聯絡簿，我很慎重地用手帕包起來。雖然體格是「丁」，但是學科的成績欄全都是甲。母親拿到後，就把它放在神壇上，拍著手拜神。

暑假是從七月十一日開始，到八月底為止。佐久間將軍總督[24]是五月辭職，安東總督[25]在六月上任。暑假剛開始的時候，「總督大人」來到中南部巡視，在哨船頭的一隅也出現了他的英姿。

哨船頭對我來說是相當大的城鎮，所以我覺得總督會出現在這裡是理所當然的事。我已經完全忘記是哪一天了，在豔陽高照的七月，總督乘坐人力車來到港口視野很好的港務部長官舍，母親牽著我的手去迎接總督。

路面是用珊瑚礁石灰岩所做的碎石鋪成，一片雪白，非常的美，不過車輪軋軋作響，車夫看起來很難行走，但車子是在車把的兩端繫著繩子前進，再配合後面推車的人，是看來非常有威嚴的人力車。閃著光芒，紅豆色的人力車上，戴著我之前聽說過的金色徽章帽子，安東將軍總督悠然安坐在裡面。當總督大人的車子抵達我們面前時，母親告訴我那就是大將軍，我覺得這是千載難逢的機會能拜見大將軍，於是走到排成三、四橫列的群眾前面，致上在學校學到的最敬禮。大將軍原本就不需要回應這一介瘦小的少年，他在群眾中嗤嗤地偷笑，而我聽到他在偷笑時，覺得很不好意思，整個臉都紅了。

那年夏天，據說是日本統治臺灣以來最熱的夏天，臺北最高氣溫達到華氏九九點五度，高雄超過華氏一百度（約攝氏三十八度），在如此悶熱的天氣中，突然發生了噍吧哖事件。

臺南廳噍吧哖支廳的南庄派出所和其他幾間派出所遭到匪徒襲擊，本田巡官以下共十八名警員被殺害。這場暴動不是山上的原住民引起，而是在曾文溪上游的農民聚集所引發，他們的首領余清芳雖自稱大明慈悲國大元帥，但這次的性質是為了要回歸中華。然而詳細情形一般不會有人知道，而只是人們竊竊私語的重大事件。

正因為第三艦隊先前的來訪，接著兩、三個禮拜前安東總督又巡視了全臺，所以臺灣像是天下太平了。當時人們已經開始有了這種想法，所以全臺的內地人都十分震驚。

但是每個人都覺得這起事件很快就能解決，父親也沒有像上次阿猴廳發生原住民引起的傷害事件時那樣把刀拿出來。然後過了十幾天後，這個事件就被臺南的駐軍鎮壓下來了。經過這個事

---

24 佐久間左馬太，一九〇六年任第五任臺灣總督，日本陸軍大將，伯爵。日治時期在位最久的臺灣總督，一九一五年主動提出辭呈，推估是因一九一四年征討太魯閣族人戰爭中受傷，加上年事已高需要休養而辭職，隔年便以七十二歲高齡辭世。

25 安東貞美，日本陸軍大將，一九一五年第六任臺灣總督。

件後，很多人會用「下過雨的地面會更堅硬」來比喻臺灣的未來。

在返校日回去學校的時候，班導小柳老師很驕傲的對我們說：「像這樣的事件發生幾次都沒問題，鄉下的人不曉得有大陸軍跟大艦隊真是很可笑。」

在日本活躍於世界大戰、國力逐漸成長的時候，居然會發生這樣的事件，原因就在於連年輕的小學老師都無法考量到因敗戰而被統治之民族的感慨，進而在深刻反省之後思考應對將來的事情，一般平民階層的內地人[26]也就更無法理解，因此對臺灣人社會抱有警戒心和譴責的意識開始抬頭。這樣的趨勢也曾短暫反映在少年們的世界中，我甚至曾看過日本少年群體與臺灣少年群體的衝突。哨船頭的苦力小屋附近是老舊的臺灣人城鎮，但在那個時候，那個城鎮的臺灣少年會跟住在哨船頭的日本少年發生很大的衝突。

日本少年的總首領是一位叫做Poppy[27]的高等科學生。金太也參加了他們的團體，金太問他為什麼要叫做Poppy，他回答：「因為想跑得跟火車一樣快。」Poppy的幹

抱著哭泣小孩的國分少年。

部每天都在計畫作戰。之後在八月的假期接近要結束的時候，一支 Poppy 的隊伍終於來到了苦力小屋附近，追著人又踢又打。

楝樹的花謝了，新生的嫩葉也轉變成濃密的枝葉，我爬上楝樹，在茂密的枝葉中屏息觀戰。這個時期的少年沒有人穿著西式服裝，而是將衣服的下擺撩起來用繩子綁著，光著腳手持短棒。Poppy 的身材高大，非常突出，雖穿著褲裙但樣子很怪，從兩邊派出斥候，一下接近一下後退，就在郵局宿舍的周圍開戰。後來 Poppy 隊長帶頭貼近到苦力小屋前要開始大混戰時，卻在苦力太太們的尖叫聲中一下子就撤退了，男性苦力都外出工作了。在這場騷動中，內地人少年裡有人眼睛被小石頭砸傷，小學和公學校兩邊的老師都出面給予警告處分，並且進行監督。

老師們開始在街道上巡邏，所以金太來找我出去抓螃蟹時，母親很害怕而不讓我出門了。

但是，就在不知不覺當中，這樣不幸的對立消失了。在這個夏天結束的時候，政府宣佈實施執政二十周年政策，斷髮以及禁止纏足，奉命遵從新政策的人數達到了一百二十萬人。

26 從日本本島來到臺灣的人。

27 像是蒸汽火車汽笛聲的狀聲詞。

【感想】

不吝惜地將各種精彩的素材遍佈在文章中。作者的不貪心讓人覺得很清新，但是所謂作者不貪心，是指意識還不夠。讀了這篇文章會感到清新，是因為我們已經對近代過度表達意識的文學感到疲乏了吧。缺乏作家意識是指「作者」的存在感稀薄，藉由這篇文章我們感到安心，與創作童話回到爐邊往事時的安全感是一樣的，往事是沒有作者的。

但是，國分教授應該不是為了成為作家而培養作家意識的人吧，我們現在能夠在這樣的國分教授所寫的作品中偶爾偷得浮生半日閒，讓人覺得非常感激。

（金關丈夫《同人回覽雜誌》第七號）

鄉愁記

一

我在昭和五年三月[28]，先在下鴨糺之森的南邊蒼倉町租房子[29]，一個月後搬到修學院附近的一間農家。

從後水尾上皇的修學院御幸繪卷中可以看到，有一個稻草屋並列的農家，叫做「山鼻」的村莊，那裡現在叫做山端，磚瓦房的商家也增加了，有一間點心店，賣雞肉的店有兩間，還有好幾間蔬菜店，以及各式各樣的店家。

從「山端」踏過用叡山山麓純白白河石做成的優美沙地，就走出修學院了，村莊的正上方就是秀麗的叡山。在清晨，叡山的影子會籠罩在村莊上。晴天時，在叡山的山肩周圍，可以隱約看見南朝忠臣千種忠顯的白色石碑。

28 一九三〇年，國分先生時年二十二歲。
29 京都大學附近的地名。

我租房子的農家原本是世代的儒家，直到明治維新的時候都還在收學生，但是漸漸無法以此為生，於是改從事農耕的家族。

在窗戶垂著柿子樹樹枝的二樓，我沉浸在寂靜中。附近有一位叫作「阿美」的女生，說著：「是誰咚咚咚地敲著門啊？」，每天早上都來叫醒賴床的我。經由她的介紹，我得知了一乘寺的曼殊院。穿過一座名為鷺森的鎮守森林，有一座兩旁並列著很美的松樹的小斜坡，走上那個小斜坡就是寺院。

潔白清淨的前庭與銀閣寺的前庭相似，鋪著又細又白的沙子，松葉掉落下來就像是浮在上面一樣，玄關的外牆保留著桃山建築的樣式，隱藏著時代的精神。

寺院有一位天台宗的大師久田全珖。一介貧窮書生的我，感到很猶豫，不敢一個人去拜訪他，但是在昭和六年的五月，實在忍不住了，便去請求拜訪全珖大師，我參觀了每一間閑寂的書院後，戰戰兢兢地懇求讓我進入寺院，結果成功了。

寺院裡面有喜歡喝酒的執事先生、就讀叡山中學的徒弟、還在唸小學的小沙彌，以及有氣喘的男僕。後來愛喝酒的執事離開，由年輕的徒弟休學來擔任職務。這座寺院是門跡寺院[30]，因此沒有所謂的檀家[31]，但是有歷代法親王的陵墓。《山州名跡志》中記載，延曆年間最澄開山，伏見貞常親王的王子慈運和後奈良天皇的皇子覺恕親王成為住持之後，歷代的皇子都承繼了法燈，明曆二年，良尚法親王在此地四明岳的西邊建造了這座堂宇。

建材寬裕地使用了粗大的白木材，建築物連放板窗的地方都充滿了精心的設計，每個地方都發揮了茶道的精神。

書院四周的牆壁調和成像是古代的朱色一般，其中一間書院叫做「黄昏之室」，在初夏的時候，夕陽會將林泉中的新綠映照在朱紅的牆壁上。

庭院的唐門寫著「推敲」二字，書院的門楣上則有「塵慮盡」三字，玄關的拉門嵌著永德之竹和猛虎的畫，豪華絢爛的金箔也是這個時代的特色吧，但是這個建築的雄渾與華麗，讓我開始仔細思考時代精神與藝術的關係。

還有小堀遠州[32]建造的庭園，白沙做成的湖面，湖心上有座小島，老松樹的樹枝向外延伸。巨大的霧島杜鵑環繞著白色的湖，而且還連接著寂靜的松樹和杉樹林。

到了春天，長出嫩草，白色湖面的沙子閃閃發光，讓人的心境覺得變年輕了，不久霧島杜鵑開花後，看到如此豔麗的花，心中感到怦然心動。

30 皇族、貴族擔任住持的特定寺院。
31 援助供養僧人的施主。
32 日本江戶幕府第三代將軍德川家光的茶道師範，也是詩人、禪師、書法家，本身也是一個大名（日本封建時代較大土地與莊園的領主）。他開創了日本庭園藝術的「借景式庭園」，借助自然風光來映襯庭園的布局。

二

每年，會有一些七十多歲的老太太，從近江的坂本來到這裡，製作衣服或寢具。對於住持的徒弟、也就是僧侶們來說，寺院是完全禁止與女人互動的世界，去找這些老太太是唯一的例外，而我，也是以僧侶一般的心境生活著。

因為當時的我只要聽到人的聲音或機械的聲音，就無法集中精神，最後終於連深夜隱約傳來的叡山電車的聲音都想逃避，而搬到最深處的房間以之為住所。

八張榻榻米[33]大的房間周圍堆滿書本，只留下一個入口，自己則坐在書物堆當中。

住持對徒弟的教育是極為嚴格的，但我對這樣的生活也只是笑笑帶過，並沒有抱怨。我從吉田回來的時候，經常受住持委託帶茶葉回來。在茶室中與住持對坐，喝著住持沖泡微苦的茶。

我都稱寺院的男僕為「大叔」，大叔種菜、砍柴、煮飯，負責一切所有的工作。大叔心情好時會說「今天吃好一點吧」，意思就是會走出「山端」去買豆腐回來。大叔是孤獨得像枯木一樣的人，但只有一次在執事的房間，像是要讓我和年輕執事開眼界一樣，展示了一幅春宮圖給我們看，但是太耀眼了我無法好好看清楚。

寺院裡有一片很棒的孟宗竹林，到了五月就會開始長出竹筍來。開始長竹筍的時候，就能在該季節吃到竹筍，到了秋天，從早到晚就都吃香菇。

平常就很寂靜的寺院，在冬天，更增添了一份寂靜感，大叔經常會在這個季節製作納豆。我常常在身體凍僵前鑽到棉被裡睡覺，有時候會放很大聲的屁，每次吃到納豆時，就會想起這件很討厭的事。

當雪開始融化的時候，早春的天空微微透出一線光芒，開始更加溫暖，不論是在支撐著白牆的石垣下，還是庭院的角落，後乃至山或是斜坡路上，寺院周圍的梯田田梗上都長出了嫩草，我因而感受到無與倫比的生命喜悅。一到了這個季節，土筆[34]就會開始出現在田地或田梗的嫩草之間，我會和小沙彌一起去摘，然後在廚房被燻得黑黑的板子之間，摘「鬍子」（日文編註：葉鞘）準備製作「土筆飯」。雖然「土筆飯」真的很好吃，但實在是吃膩竹筍、香菇跟土筆了，所以我會趁著住持每個月一次去分院巡迴的留守時候，帶著小沙彌一起去三條京極的牛肉店吃肉。吃牛肉吃得飽飽之後，我們很滿足的走過三條大橋，在鴨川西邊的柳堤，一邊看著城鎮的燈，腳步聲很大聲的走在路上，出家的小沙彌和半出家的我都覺得十分的快樂。

阿美與村子裡的小孩很少接近寺院，雖然不能不考慮到這座寺院的層級，但村子的居民和小孩都稱這座寺院為「宮さん（san）」，在敬畏的同時又覺得很親切。

33 大約四坪。
34 馬尾草在春天破土而出的芽莖。

三

接近夏天的時候，我會先在蔬果店等待夏蜜柑上市，在覺得不會後悔的好日子，帶著幸福的心情出門去買夏蜜柑。不搭電車一路走到吉田，在夏天所剩無幾的時候也吃夏蜜柑，秋天就換成柿子。高等學校時代的ヘル（heru；日編註：很耐穿的毛衣）質地的衣服，只換了鈕扣後改成冬衣，訂做新衣所需的費用也會用來買水果和爬山。

去吉田要通過一乘寺的村莊，經過在吉川英治作品《宮本武藏》中出現過的八大神社的石華表（日編註：鳥居），再穿過吉岡又七郎被打敗的「下松」底下的道路，那邊稍微接近山區的地方有石川丈山的詩仙堂。以前從這條山腳下通往大原的道路到田園竹林之間，可以遠眺三層樓高的嘯月樓，但那時已經完全被民宅擋住了。附近另外還有金福寺，我從吉田要回去的時候經常順道去這間寺院。蕪村的〈芭蕉庵再興記〉[35]裡有一句：

隔著雞犬聲音的籬笆外，樵牧的通道在周邊，賣豆腐的小店和打酒的酒肆也都在不遠處。

所以，這裡是在心中某個地方藏著對溫暖人生之鄉愁的詩人蕪村曾經來過的地方。蕪村所重建的芭蕉庵已經完全煥然一新，他的墳墓與四條派[36]畫祖英春的弟弟景文的墳墓並列，都是小小的，長著一些青苔。

綠苔雖稍稍埋藏了百年的人跡，幽篁之中像是有一爐的茶煙，行雲、流水與沉睡在老樹上的鳥兒，不禁充滿懷古之情。

我一邊回想著蕪村的文章，一邊走向山麓的道路。

一乘寺是位於山邊的村莊，因此東西兩邊的道路都是小斜坡。與它相連的狹窄道路不直且不平坦，房子的一側是石垣築成的地面，石頭上長了一些青苔。在小石垣上立著剝露出黃色稻桿灰泥的土牆，這土牆上有著修剪得很漂亮的山茶花籬笆、石堆和白色牆壁。山茶花特別多，在晚春時候，經常可以看到落下來的火紅色花朵堆滿在稻草葺的舊門頂上。從以前就不只在這個村莊有山茶花，八瀨、大原和西京也都有山茶花盛開。山茶花又被稱作「豔葉木」，樹葉上有光澤。

這個村莊有一間尼姑庵，在晚春午後會看到年輕的比丘尼光著腳在掃掉落於地上的山茶花。村子裡還有一間甜點店，店裡有一位可愛的女孩叫做小良。她的酒窩非常可愛，我為了看她的酒窩，即使不需要點心也會順道去買。從這個村子來看修學院是在北邊，曼殊院的位置在以這些村莊為底邊的三角形頂點，居高臨下可以看到所有村莊。

35 與謝蕪村（谷口蕪村），日本江戶時代俳人、畫家。

36 江戶時代後期的著名畫派。

四

在下雪的時候，我和小沙彌會砍下住持用心照料的孟宗竹粗幹做成最原始的滑雪板，穿著它下山。

當春雨開始，每下一場雨，雪也會融化，開始冒出黑色的土壤就像是露出興奮的臉一樣。櫻花盛開然後凋謝，一到了土筆的季節蒲公英就會開花。大叔告訴我蒲公英不管怎麼摘它、怎麼踏它都還能持續開花，如此堅韌的原因，是因為曾經向六道能化[37]的地藏菩薩發願。在享保年間從支那傳來的山茱萸會將整個樹梢染上黃色，山茶花的季節過了之後，平地和山上會萌生新綠，雲雀在山丘的草地上起舞。我對於這樣豐富的變化，有時會陷入說不上喜悅也並非不安的心情，而在夏天的時候就非常平靜。黃昏時刻，孟宗竹林煙雨濛濛，在蒸氣浴的熱氣中眺望隱約出現在雲霧中的叡山，令人感到心情舒暢。

過了夏天，氣溫漸漸下降，萩花垂墜，柿子開始成熟。

因為學校的關係，我每週一次在週六或週日的時候洗衣服。從古井底打水非常辛苦，所以我會捧著堆積如山的衣服走到叡山山谷。來到流經古代山裡法師來來往往的雲母坡道下方，一條名為音川的溪流，在岸邊的圓石上彎下腰，把所有的衣服揉成一團來洗。到了夏天，如果全部都要洗的話，連穿在身上的衣服也會一起洗了，回去的時候全身赤裸走在竹林之間。我會將在鎮上買的葡萄，先泡在上游的溪水裡，洗完衣服後就冰得涼涼的了，用五、六顆把臉頰塞得鼓鼓的，邊吃邊把小小的青色種子撒在岸邊的白沙上。

在音川結一層薄冰的時候，就不方便洗衣服，必須先把冰面打破，用很快的速度將汙垢洗掉，但衣服仍會馬上結冰。

我經常在溫暖的季節坐在河岸邊看書。在我讀的書籍中，有狄爾泰的《世界觀的研究》等，住持對於康德很了解，寺院裡也有種哲學的氣氛，我想是受到了這本書的影響。

五

昭和六年到八年間，我沉潛在這樣環境中的同時，卻是我國思想運動史上令人無法忘卻、鎮壓持續加強的時代。

37 能通過所謂的六道（天道、修羅道、人間道、畜生道、餓鬼道、地獄道）而教化眾生的地藏菩薩。

拍攝於京都帝國大學的研究室，國分直一位於後排左三。

我從昭和六年的秋天開始，與朋友一起，用東大的鈴木權三郎講師的譯本搭配 Reclam 出版的原文書來閱讀黑格爾的《歷史哲學》，另外也閱讀少數以布哈林為首的唯物史觀翻譯書。昭和七年記得最清楚的是去聽了田邊元博士的哲學通論這堂課，當時，田邊博士備受推崇，有人認為他的地位比黑格爾和馬克思還要高。我為了戳破博士的絕對辯證法去聽了這堂課，走出課堂後我卻迷上了絕對辯證法。

隨著對左翼的壓迫漸漸加強，我的朋友當中開始有人想要利用寺廟，著有《中世村落》、開始走向中世史學家這條路的清水三男，在那個時候也帶了像是《赤旗》、《前衛》、《NAPF》[38]、《戰旗》等刊物過來，偶爾還會帶德國的《紅旗報》等，我把這些刊物放在佛壇角落或是藏在佛像的蓮座底下。

有一次，在大阪某個城鎮的長屋發生了反對漲房租的騷動，也有朋友來問我可不可以幫忙寫號召書。

好像是在昭和七年的冬天，有人給了我根據水谷長三郎[39]的支持演講草稿所寫成的東西，之後所帶來的東西也有，連《無產科學》這種已經被禁止出版、在市面上看不到的書，也每期都會送過來。他們想要帶著我逐步實踐書上的方法，但是我對於清水和其他朋友的革命前景感到疑慮，也對他們所謂實踐運動的意義感到懷疑，再加上我有些膽小，在自己不想輕舉妄動的同時，周圍這樣子的朋友一個個被特務警察抓走了。

我一面被焦躁的情緒驅使，一面帶著煩悶的心情，完成了以處理近代初期為題的畢業論文。

從足利末期到安土桃山時期，我國的封建制度持續重組成近代的組織，在這個混亂的時代之際發展了工商業，出現了樂市・樂座[40]，資本主義的精神正在這個時代的精神上顯現出來。我的畢業論文就是在探討這種時代精神與經濟基礎的關連，因為身處這個緊張的時代讓我選擇了這樣的題目。

六

昭和八年三月領到畢業證書的那天，朋友們全都去了關東煮店，雖然是春天，但天氣還很寒冷，大家一邊討論著就業的事一邊喝酒，我因為不會喝酒，所以買了很多大福麻糬回到寺院。我本來就在擔心就業的事，苦惱著想繼續升學，而且我比其他人的生活還要困苦，但那天我什麼都不想，在透著微光的執事房間裡，把大福排成一排，跟執事、小沙彌以及煮飯的大叔等人，一起喝著粗茶，吃大福吃到飽為止。就在我們聊到現在的社會越來越難生活的時候，年輕執事說出他

38 Nippona Artista Proleta Federacio 頭文字簡稱 NAPF（ナップ），戰前日本共產黨的源流團體之一。

39 大正、昭和時期的左派日本政治家。

40 日本在十六—十七世紀間的戰國時代，由豐臣秀吉、織田信長等戰國大名在其領地中所推動的經濟政策，簡言之是透過組成工會向貴族繳稅，以換取專賣或自由貿易資格的制度。

想要住在瀨戶內海的小島上養兔子。我想起自己和大阪的富有人家住友吉左衛門曾經一起在國史科，於是提議跟他借錢的話說不定就可以買一座小島了，才一說完，大家就高舉雙手歡呼。但是晚上一個人的時候，又覺得對方應該不會為了這種事情借錢給我們吧，所以從吃了大福的隔天開始，我穿著中學時代訂作、小倉布料製成已經變短的褲裙，徒勞地抱著履歷表去拜訪報社，也去去學長任職的學校投履歷。

不巧的是，麻生豐的《只野凡兒》[41]正在大阪朝日連載中，看著與只野凡兒很像的自己苦笑了出來。因為從大學畢業了所以父親也停止提供金錢，這座寺院的紅色牆壁和庭園就從我眼中消失了，只能忙著找工作。「果然唯物論是對的呢。」年輕的執事用很認真的表情說出這番帶點諷刺又同情的話。但是與「凡兒」的煩惱完全無關，春天的花浪漫地綻放了，又很浪漫地凋謝。

在花謝的時候，村子裡的小學在去當兵的老師回來之前，開出了代課老師的職缺，所以我成為了「老師」，被分到四年級窮困女生的班。

在我的班上有好幾位窮到沒有室內拖鞋可以穿，或是中午沒辦法帶便當的學生。我從我的「月薪五十五圓」裡撥一些錢出來，私下買了半斤五錢的麵包讓她們在工友休息室裡吃。班上有因為色盲，所以不管是看自己的家、樹木、山還是天空都是淺棕色的學生；有其中一隻腳很短，不論多麼簡單的遠足都沒辦法參加的學生；有唸到四年級還在流鼻涕的學生；有講話非常快，一天到晚說人壞話的貧嘴學生；有分不清楚「ぼ（bo）」跟「ま（ma）」把「たんぼぼ」寫成「たんまま」的學生，各種各樣的孩子。所以我大學畢業後成為「宮さん（san）」的老師，大家都對我很尊敬。

我在學期末，將她們的成績從「操行丙」打到全班「操行甲」。校長把我叫過去，表示不會出現這樣子的成績，但我還是堅持如此。

但是在某星期日，像小大人的女學生找到寺院來，在寺門的前面大喊：「老師喜歡某某村的某某小姐～」直到被罵了之後才閉嘴，但住持是竊笑著出去看的。

在昭和八年的春天之後，母校校園發生了一起大騷動，就是所謂的「瀧川教授事件」。由於我是在村子裡的學校，有一天提早離開去學園拜訪時，正好遇到學生們一組一組挽著手臂正在進行大規模的示威抗議。過了一陣子，在當時的情勢下，我發現我也跟學生們搭著肩大步前進。

這個事件被稱為日本自由主義的末日。穿越田野和森林，跨越周圍的厚牆，外面世界的激烈氛圍，逐漸逼近地傳到了寺院之中。

（一九四六年六月十四日）

41　昭和初期的日本連載漫畫。

【感想】

本來要扯下眾神中的大資本家——出雲大黑天的面具，充分發揮對時勢的想法，這個人卻被國分老師完全打敗了，他是讓國分老師和立石夫人感動落淚並知之甚深而且相當居心叵測的人，不得不注意。

我因為害怕曼珠院的門跡寺這樣的地方而沒有進去參拜、參觀過，但是當我知道國分老師對於放屁非常臭的納豆很困擾之後就去了一趟，做了一件後悔的事。雖然只是遠遠望著曼珠院，但是對於那裡的記憶非常深刻且十分懷念。從詩仙堂到金福寺，國分教授說的尼姑庵是圓光寺吧，我曾經在窗外看過這裡的比丘尼打坐的樣子，如同枯木一般的老師父在中間面向正面，左右兩側數十人的比丘尼不知道為什麼，每個人都面對窗戶或牆壁。在窗邊無意間看到圓圓的頭，然後鼻子差點要碰到了，我到現在都還記得當時那位老僧（男性）的臉。

在五月的時候，金福寺的境內，不知名的樹木長出了茂盛的嫩芽。陽光穿透過去，非常燦爛，在蕪村的畫作中確實有這樣的嫩芽，但是沒有這個光線。

訂正國分老師錯誤的地方，「蒼倉町」正確為「蓼倉町」，「四條派的畫祖英春」正確為「吳春」。

「國分先生是個罪人，讀了這篇文章，會變得一直忍不住想著到底要不要去京都的狀態。喂，趕快去，然後在詩仙堂的附近蓋一間房子，國分老師喜歡的那個女生不知道是不是還在？」

「笨蛋，這樣的話，那我的戎三郎[42]如何？」
「你總是色色的，我不喜歡。」
「嗯，說得很好，先知者通常都不受故鄉歡迎，從那裡會有什麼有趣的。」
「松山先生的詩，松山先生那樣看起來很老實的臉，居然寫出這樣的作品＊。阿金拿出金……」
「？？？」
「你在說什麼啊，阿金才不會把金玉[43]拿出來。」

（金關丈夫《同人回覽雜誌》第一號）

＊キンさん　キンだす　あの話　　阿金　拿出金　那件事。
だめとなるなら　われは　かなせき　　如果不行的話　吾乃　金關。
（松山虔三〈傻笑集〉《同人回覽雜誌》第一號）

42　金關丈夫的創作小說。
43　日文「金玉」有男性睪丸的意思。

【關於拙作】

隨著日僑歸國的聲浪平息，讓我有著鄉愁般回憶的地方是京都，因為京都以外的地方對我沒有深刻的影響，所以自然而然地就會想起京都。身在臺灣卻讓我想起京都的人有兩位，一位是臺南高等工業學校電氣工學的教授桂田德勝先生，另一位是金關老師的夫人。桂田先生是標準的京都人，我與他交談都是用京都方言。而金關老師的夫人就如同諸位所知的那樣，每當我去老師家拜訪時，透過夫人所講的話就可以察覺到京都的氛圍。我喜歡京都，因此桂田先生也變得喜歡京都，之後金關老師的夫人變得更加喜歡。（金關老師可能會很生氣地說我以後再也不能去他家，呵呵）

文章裡出現的阿美是七歲左右的小女孩，小良是尋常學校四年級的女孩，我想她們現在都已經嫁給一般的年輕人，有了一、兩個小孩吧。非常感謝老師告知我將吳春寫作英春以及看錯蓼倉町之蓼字的事。但是之後就不能以專攻日本史而自豪了，對此感到非常不好意思。我向老師說夫人提到想要回去京都之時覺得很開心，但老師卻說一點也不開心。我是對於夫人無法忘懷京都這件事深有同感，所以才說覺得開心，說不定老師最愛的夫人會丟下您回去京都吧。

（《同人回覽雜誌》第一號）

離愁

一

自昭和八年四月至八月底，受任命為短期代課教師

我從修學院村小學校長M先生那裡收到這張委任令之後，在回家時，去了河原町的食堂STAR點了兩、三道菜，用完餐便到賀茂川堤防走走看看。朋友們幾乎都離開了京都分散各地，但我還能暫時留在京都。京都讓我能夠靠自己生活，我心中充滿著感謝，走在終於開始長出小草的河堤上。

我為了要做準備，請了三、四天的假，買了像是《寫教案的方法》、《小學各科的教學課程研究》和《學年經營論》等一點都不有趣的參考書回家，發現從高中時代開始穿著、已經磨損得很破舊的衣服上的鈕扣被換成黑色鈕扣了。就這樣，還有充足的多餘時間可以去山上走走。

京都的優點就是可以從很多面向來看，但我覺得美麗的山是最重要的要素之一。為了紀念這個開始全新人生的日子，我來到這裡與山林一起共享喜悅，我覺得是很有意義的。

一位三高的學生，對於明年春天要去報考東大的藥學系充滿幹勁，大阪某一間藥局的兒子叫做日下尚，跟學校請了假也要一起去。

我帶著像是鵜和鷹的眼睛找工作的時候，在修學院鷺森附近撿了一條棄犬，剛出生沒多久，有著白色跟棕色斑點的，我覺得自己必須要救這隻小狗，於是就抱著牠，來到有幾間店家的山野那邊，走遍了肉舖、餡餅店和咖啡廳；當時正是日下，一邊走、一邊說「沒有自信是不是有血統的小獵犬」等等的話，卻仍無意間幫忙我把小狗推銷給藥局。日下長得白白瘦瘦，是個某些方面很詼諧的學生。

我們想要走過八瀨，穿過途中越，到達安曇川再從坂下村登上蓬萊岳。

在比良跟比叡地區與丹波高原地區之間的斷層谷是途中越的要道，也是北安曇川、南高野川的分界。

八瀨是在高野川的斷層山谷中發展出來的狹窄山村。在花凋謝了之後，為了準備嫩葉生長的一片翠綠大自然中，有著入母屋草屋頂的聚落。草屋頂特別用了五寸以上的厚屋頂，在上面架著舖上杉樹皮的橫木，再放上由杉樹皮綁成的稻草束，數量從九束、七束到五束不等，用以取代屋脊兩端的長木頭，然後最上端架著粗孟宗竹。住在山裡的人家，由丈夫去砍柴，妻子將木柴頂在頭上（帶著馬匹的人越來越少了），每天送去京都。

買木柴，買木柴，來買小原的木柴，小原靜原，芹生之里，在朦朧的清水裡映出的是八瀨之里。

這是在狂言[44]《若菜》中出現的小原女，小原女不綁腰帶，而是在腰上綁著寬度兩幅半或三幅的圍裙，腳上有綁腿，手上有護手，還有看起來非常健康、讓人想咬一口的紅臉頰。日下曾經笑著說想親一下那個臉頰。

在大原地區的茅草屋頂，將稻草束改成在屋脊兩端架千木，高高的形成X字形，這種千木過了途中越直、到出了安曇川都還看得到。越過小山丘後，比良的連峰被白雪覆蓋，與山麓中看起來越來越年輕新綠的世界展現出清新的對比。

那天我們住在坂下村的小雜貨店。

武奈山（海拔一二一四公尺）與蓬萊山（海拔一一七四公尺）半數以上的山谷覆蓋著殘雪，在山頭上發著光。

店裡的小女生煮著味噌湯，端來了好幾碗什錦麻糬湯。臉頰紅紅的少女很可愛，在京都買來的點心幾乎都送給她了，晚上將爐子加了柴火後就睡了。

我們一大早就離開這個村莊，憑藉「京都東北部」的地圖，來到了蓬萊山鞍部附近矮竹叢

44　日本古典戲劇的流派。

生、頗為寬闊野地中的小女郎池，但在我們抵達池子之前，此處已被一層殘雪覆蓋，山的形狀因此無法判斷。

比良的連峰與丹波高原的東側相連，越過了江若國境的低窪山地，裏日本[45]的雪將這個山谷完全掩埋起來，湖國[46]即使春天到來，屋頂上還是會蓋著一層厚厚的雪。我們不曉得這些關於比良地區的雪地知識就過來了，所以只穿著高筒靴踩在摸起來很冷、像白色粗砂糖的雪中，氣喘吁吁地走著。我將自己帶來的手套分一隻給日下，自己只戴一隻。寒冷的空氣如同嚴冬一般，手腳馬上就沒有感覺，但我們吃完中餐後也沒有休息，拚命地努力走到尾根。若是晴天的話，或許可以在山上俯瞰湖國，但那時飄上來的濃霧包圍了所有的山谷、屋頂還有山嶺，將日下與我留在白茫茫又冷、令人感到不安的孤獨世界中。

我們非常想要甜的東西，但是連一顆牛奶糖都沒剩下來。日下直接坐在雪地上問我，有沒有留下牛奶糖的包裝紙，我問他：「要包裝紙做什麼？」因為我連一點糖都沒剩所以這樣回答他，其實我也沒有包裝紙。沿著高野川到安曇川峽谷 hill wondering（日編註：山谷漫遊）的喜悅以及對洛北[47]的讚頌都完全消失了。

我覺得只有下山這個辦法，於是決定要從山頂偏南的金比羅谷斜坡下山，在我四處探尋下山的路，回到日下那裡的時候，見到他開始在霧與殘雪中開始迷迷糊糊地想睡覺了，我突然有種不好的預感，把日下叫醒後，一邊說要帶他下山一邊踏雪前進，當時是下午四點。

我想起來比良群山從琵琶湖岸看過去的話，陡峭的山坡很接近琵琶湖，所到之處沒有崩落的土石，也無岩石露出。我一邊注意這件事，一邊想著現在幾乎是走在懸崖上，往山下走了三十分鐘左右，我很擔心的地形突然變平緩了。

偶然間發現，如果繼續往下走，順利的話也許會到達山谷的某處人家也不一定，於是我們湧起了希望，開始有精神，日下把外套綁在腰上，在這個時候張開雙腳，朝著大懸崖的方向往下滑，我全身的血液都凍結了，使盡全力大喊。

「日下──快用冰鎬停住！」

日下在距離懸崖三、四十公尺前，總算將胸和腹部壓在雪面上，將冰鎬深深的卡著而停了下來，我就一步接著一步將日下拉上來。日下說他好像作夢一樣地滑下去，我們走到了懸崖的西北邊，發現一個斜面，那個山坡很美，且險峻朝向谷底深處，我站在那個斜面上，脫下外套往谷底丟下去，想看看外套會怎麼從這個斜面掉下去。沾滿雪的外套在斜面上緩緩滑落，我說外套一直往下滑都不會停，這個山坡很危險，所以日下說要用 abseilen（日編註：垂降）並加 steigeisen（日編註：登山靴上止滑用鋼鐵製的爪子）的方法往下走。

「不是沒有冰爪跟登山繩嗎，我想要像那件外套一樣滑下去，我成功的話，你再像我一樣滑

---

45 「裏日本」是指日本本州面向日本海一側的區域，相對則為「表日本」。

46 湖國所指的是日本賀滋縣鄰近琵琶湖的地區。

47 洛北所指的是京都的北部地區。

下去。」我一邊說著，一邊站上那個險坡的斜面後，頭在上方，兩腳打平，全身躺平在有雪的斜面上，從稜線上放開單手。我揚起煙雪，在又長又大的斜面上，保持原本的姿勢，眼睛都花了，急速下滑到谷底，斜坡變緩和後，一陣「沙～」的聲音，我像是摔到谷底一樣受到衝擊而停了下來。我成功了，衣服的口袋都是雪，釦子全部都飛掉了。

日下用跟我完全相同的姿勢，也揚起煙雪滑了下來。

「HIRA 在愛奴語中是山崖的意思，」我一邊把口袋裡的雪清出來一邊說著。茫然地站在一旁的日下全身都是雪，突然跑向我在我的臉頰上親了一下。我非常驚訝，覺得很髒，但在那一瞬間說不出話來只是站在那裡。他用關西腔說：「不好意思，因為你救了我一命，」接著又笑著說：「要是國分先生是女生就好了啊……」

「要是沒有好好刷牙漱口，沒事不會去親別人的臉頰吧！」我一臉很生氣的樣子，日下哄然大笑。接著，像是全身塗滿粉一樣的日下，也順利把身上的雪抖落掉了。

過了沒多久，從傍晚漸漸散去的霧中看到湖畔的燈火，我們用非常快的速度跑了過去，可以清楚聽到雙腳踩在水上的聲音，黑夜完全遮住了我們眼前的湖畔景觀。

「如果能看到琵琶湖景色的話，國分先生一定會說滋賀的風景就是金比羅谷最棒了。」日下的精神已經恢復到可以說這樣的玩笑話了。我們的確是從金比羅谷下來的，我們從比良口搭江若鐵路線，在當天晚上回到京都。沾滿雪的衣服在車子的溫度中整件都濕掉了，我們不管這麼多，直接站在其他人面前，塞滿雙頰地大口吃著在民宅蔬菜店買的一堆麻糬。

「HIRA就是山崖的意思吧。」日下吃著麻糬，有時會像是突然想起來一樣說著。

後來日下因為凍傷的關係暫時回去大阪。

我雖然很在意凍傷的左手（右手有戴手套），但就像是期待著體內充滿全新的生命力一般，下山兩天後就去了修學院村尋常高等小學。

二

我接到的是尋常[48]四年級的女生班，令人驚訝的是點心店的小良也在這一班裡。小良非常心滿意足，在下課後我要回寺院時，像是抓住我一樣一起回去。

過沒多久，我和班上所有的孩子都成為非常親近的好朋友。

唱遊課的時候，是由管理二年級男女合班、全校鋼琴彈最好的草野小姐幫我上課，相對地，我也必須接手草野小姐那班的繪畫課。（立石鐵臣兄，切勿驚訝！）

我每天都為了準備忙得不可開交，最煞費苦心的是體操時間。一開始必須要做一項列隊練習運動，要適當的執行集合、報數、轉向、看齊等命令，為了要引導身心靈進入到良好的狀態。之

48 舊制日本小學於一九〇八—一九四一年間區分為尋常小學小六年、高等小學校兩年。

後從下肢開始進行一連串的身體運動，這些是我從體育祕笈裡學到的。「所謂的運動呢，務必從距離心臟遠的部位開始。」擔任學年主任的古田老師一本正經地教導我們。

在發號施令時，學生與老師的相對位置是將學生作為三角形的底邊，老師站在頂點的位置。另外在轉換方向時，學生必須要在正好收到指令的時候左腳著地。

可是站在三角形的頂點，面對朝著自己方向前進的學生，要費一番工夫，才能維持跟學生之間的相對位置。除此之外，如果對方是個頭小的女生，會感覺到一股團體的力量逼近，導致無法判斷哪邊是左腳或是右腳，發出的指令一下子向左、一下子向右，反而造成混亂。

依次進行下肢、頸部、上肢、側身、引體向上、平衡、行進和跳躍等運動後，我們開始玩起像是運球之類的遊戲，最後以安靜的收操運動來結束這堂課。

但是不久後我就不做這樣的體操了。在體操時間，我會帶學生去附近一座叫鷺森的森林，在森林深處有一座地方神的神社，要去森林必須通過一條兩旁都是銀杏老樹的道路。打破森林的寂靜，將孩子們解散後，我躺在松樹根上看書。

理科的時間比其他學科還要快樂，因為課表要考慮到特殊教室的使用，大多由班導師自行決定，所以我都會排在午餐後。

為了去野外所以會帶便當，用筆記整理在大自然中觀察到的東西，然後唱著歌回家。但是曾經有一次完全混亂的戶外教學，那次的主題是「蓮」。因為沒有實際看過蓮花，我帶著孩子到寄居寺院前的小蓮花池。

池子裡有上總蓮、長蓮、被稱作餅蓮的白蓮和慢熟的赤蓮。但是跟用鯡魚渣、酒糟、豆渣和木灰建設出來的蓮田不一樣，脆弱的蓮葉漂在水上。最要不得的是老松樹的樹枝延伸到蓮花池上遮住陽光。

在說明我們會如何觀察蓮葉、莖、地下莖、水池與水池包圍的環境以及要注意的地方後，我就讓學生開始做觀察。我將他們分成幾組，要組員一起寫報告。學生們很開心，其中還有人帶髒的方巾來，好像是要採蓮藕回家的樣子。

吃完飯後沒多久，我就讓學生走進池子裡。因為池底是白河石霉爛白沙堆成的，所以我很放心地讓學生下水。

他們立刻拉起裙子或衣服下擺走進池子裡，有人因為腐爛松葉的黏稠觸感而感到噁心、大聲尖叫，或是因為衣服濕掉而大喊，有人在不知不覺中，換上偷偷帶來的泳裝開始玩水，潑別人水和被潑水的學生互相吵鬧，場面非常混亂。過了一段時間把學生全叫上來後，每個人手裡都拿著細細的蓮藕。

※ 葉子很小，莖很短，有浮在水面上的葉子。
※ 有些連著大片蓮葉的莖長出水面。
※ 大片的蓮葉有我們五隻手合在一起這麼大。
※ 蓮藕長在泥巴裡。

※蓮藕有灰色和紅色的。
※切開後，會拉出黏稠的絲。

一陣大亂後，各組像這樣做出各式各樣的報告。接下來的時間，就用這些報告來做討論。

有時候要去教草野老師二年級班上的繪畫課。主題自由，學生們用蠟筆自然地畫出各式各樣的圖。我穿梭在學生之間，有時會說：「畫得很棒欸！」或是「你畫的是什麼呢？」當我走過去跟一個什麼都沒畫在那邊發呆的學生說：「你喜歡的東西是什麼呢？」來激發主題的時候，坐在第一排的小菅，好像是全班最可愛的女生，她的正前方有一個男生正趴在地上歪著頭一直偷看她的胯下。我很驚訝的說：「喂！你在做什麼？」從衣領把他拉起來，叫做伊太郎的學生站起來，很乾脆的說：「我在偷看啊。」

「看到了嗎？」

「痾，沒看到。」

「笨蛋，男生從下面偷看女生，會沒出息的！」

「是～」

在這個騷動發生的時候，漸入佳境的學生們，大家很有氣勢的畫著圖。大部分的孩子都如此喜歡畫圖。

被偷看的小菅不知道自己被偷看，正在把紅花畫到她畫的洋娃娃衣服上，花瓣太大都超出衣服的範圍了。

我覺得不要破壞學生們畫圖的開心氣氛，且不要因為自己的圖畫得很差而給他們帶來不好的影響。

畫了一個小時後，另外一個小時大家將畫貼在牆上，再一起欣賞。

當時常常有外國學生的畫作透過「少年紅十字社」送過來。有時會附上文字，我必須要整理這些畫以及附在畫裡面的信，所以在觀賞畫作的時間，我常常會將外國小孩的信也擺在一起欣賞。

有一幅是來自密西西比河下游廣闊的棉花田裡小小的小學，學生的信是由校長跟七位學生寫的，學生將畫作命名為「摘棉花的人們」，除此之外，還有德國學生畫得很仔細且精密的火車頭畫作，以及挪威學生將很深的峽灣染成矢車菊花蕊顏色的作品。

到了四年級左右，學生變得有些懂事，畫作開始帶有寫實性，所以又出現了更有趣的作品，就算只帶著蠟筆跟畫紙出去寫生，學生也會將寫生融入創作來繪圖。

三

教職員們有各種的類型，校長M先生的頭與音樂家山田耕筰長得很像，光溜溜的很好看，而且臉也長得很像。他總是帶著笑容充滿溫和的表情。原本是在京都師範教生物，有一年秋天他射殺了保育類的鳥，因此辭職來到小學。他是不小心射到保育類的鳥，所以其實某方面來說有點少根筋，是個善良的人。

我在值夜的時候，他說著「如何，還習慣嗎？」並帶著啤酒過來。

教職員中也有拼命的在讀書準備檢定考試，這樣的人很多都是讓人感到強烈功利的人。

有一位叫做福岡公平的教師，總是獨自默默的在唸德語，比我大五歲左右仍然單身的，我跟他從點頭之交變成交情很好的朋友。

四年級的學年主任古田謹二是一個眼睛斜斜、鼻子尖尖、臉色蠟黃，看起來很狡猾的人，他果然也是這樣的人，總跟我講一些世俗的話題，像是「教職員蓋自己房子的方法」或是「不去城鎮的學校的話，賺不到什麼的」，常常說著這樣的話題。

我相當快就習慣教職員的生活，專注在這樣的生活中，連大自然的嫩葉已轉變為濃綠都沒發現。

在接近暑假的時候，古田偷偷地跟我說：「你看看，ＸＸ先生在打瞌睡吧，那是因為他昨天晚上房事過度啊，天氣變熱後，做完那件事後每個人都會打瞌睡。」剛開始我不知道房事是什麼意思，後來才理解。之後我就絕對不和古田說話。另外我儘量不去看正在打瞌睡的人，自己也絕不打瞌睡。

教職員中也有人參加不可思議的社團。有一次，一位頭髮用髮油固定得油亮油亮、皮膚白白交遊廣闊的教師突然問我讀過《包法利夫人》嗎？我回答讀過後，他低聲的告訴我，有個社團都在讀日本現代作品中沒有的ＸＸＸ，而不是外國的作品，讀了那個的話，能知道各種技巧，現在ＸＸ先生的夫妻生活一直都很有趣，很感謝那些作品。會費每個月三圓，只要入會他就會幫忙，但只要請他吃飯就好，他以修學院村第一畫家自居，在下鴨糺之森旁邊的鹿之子木繪畫班上課。

我第一次了解到，在京都如此美麗的土地上，也有一邊享受著我意想不到的樂趣一邊生活著的人們。

相對於這種溫和派，自豪於柔道三段的坂田老師，則常常說一定要讓學生培養剛健的風氣，簡直像是口頭禪一樣，而且他走路很慢，不論是他的體型跟長相，都跟詩人春山行夫很像，但我不喜歡他，很怕哪一天會跟他吵架。

除了這些男子團體外，還有女生的團體。我在開始教師生涯時最早接觸到的是草野小姐，雖然草野小姐會幫我上唱遊課，但我也想要彈風琴或鋼琴跟孩子一起唱歌，所以有時候會在學生回家之後偷偷地去唱遊教室。

我班上的學生都是貧窮的孩子，但在其他特別班（女校升學班）有家裡在高野川邊蓋了別墅的財主小孩，所以就跟這些小孩的家長們募款買了一臺鋼琴。我有點害怕地開始敲著琴鍵彈〈君之代〉[49]，不知不覺中草野小姐聽到了，在發現我的時候笑了一下，她說：「從手指的位置開始

49 日本國歌。

調整吧」，就把她美麗的手指重疊在我皮包骨的手上，那個時候我手指僵硬、臉頰發熱，最後還是失敗了。

草野小姐是個小個子、五官端正而且很溫柔的人，沒有體育課的時候，經常會穿便服搭配漂亮的百褶長裙。

我曾試著在我讀過的作品中找出與草野小姐相似的女性角色，結果完全沒有，但草野小姐比任何人都讓我感到似曾相識。「京都會有這樣子的人吧。」又開始想著要去京都了。

有一天，我請草野小姐彈〈夢幻曲〉，我覺得這首曲子彈奏起來感傷的餘韻嫋嫋不絕，但不會浮現小時候的夢想，很單純的開朗且健康，我補充說明到。

然而在草野小姐開始笑著彈奏的時候，我被她的手指深深吸引了。

她引發出我小時候的夢想以及健康清新的感覺，但在我看著她手指比旋律還順暢，明確地彈奏的同時，漸漸開始感到絕望。「我不是學鋼琴的料，自己再努力個十年也沒辦法像她一樣吧。」

從此之後，漸漸地我就沒有再學彈鋼琴或風琴了。

但是有一天，古田提醒我一件事，「欸！草野小姐已經是太太了，還有小孩呢。」我聽到他說的話大吃一驚。曾聽說過成為太太的話要忙著做家事，有小孩的話就會完全投入家庭生活，但草野小姐一點也不是這樣，草野小姐是新鮮的，如果試咬一口恐怕就像是新鮮現摘的蘋果一樣，我一直無言回應，所以古田「喂」的一聲，拍了我的背。

我覺得古田哪裡懂得我的心，所以對他依然反感。

在我開始遠離樂器後，草野小姐仍然沒有看輕我，甚至還會給我建議或幫助我。不論是對學生或是對任何人，草野小姐總是抱持著愛與誠實。

四

或許是六月剛開始的時候，可以看到菖蒲被輕輕地放入花店桶子之中。

學校舉辦了教職員的健康檢查，我雖然沒看出哪裡不好，卻因為看起來很虛弱被判定為丙等。

學校有一位丈夫已經過世的婦人K小姐在當保健室護士，看起來只有二十多歲，是個和藹可親很漂亮的人，但古田卻說：「已經是三十五歲的歐巴桑了。」

她相貌端正、充滿溫柔，讓學生們都很仰慕地靠過來叫著護士阿姨，但是有的時候看起來像是有煩惱的樣子。

檢查結束後，頭髮半白、胖胖的醫生回去後，「我有話要跟你說。」K小姐對我說。

我必須要去保健室聽很重要的事。

「丙等很難跟教育課報告，我想去拜託校長改成乙等。」

我本來要讓她看我瘦瘦的體格，但暗地裡驅使我的是極力想要隱藏起來的羞恥感。

「就算校長同意，那校醫呢？」我鼓起勇氣反問她。

「校醫已經跟校長說好了，今天找個地方吃飯，然後一起去拜訪校長吧。」

我雖然覺得自己在山中寺院三年的生活中已小有成果，但無論如何也只能順從她了。

「只要確定我沒生病，就算是丙等，我還是有資格繼續教職員生涯。」我一邊這麼想著，一邊有氣無力地跟K小姐走在白河原的白沙鋪成的離宮道上（平常是很開心地走在上面）。

在Star吃完飯後，我們走賀茂川的長堤前往M校長在上賀茂的宿舍拜訪。

校長說這沒什麼，馬上答應K小姐的請求。然後將我短期任用的時間延長到十月。

校長介紹了明年要去就讀女子師範的女兒，要讓沉悶的我變得開朗一點。他的女兒跟校長很像，是個可愛的女學生。我心情漸漸感到平靜，再度走過兩旁有松樹的長堤，好不容易走到了叡電的車站，才發現十二點左右的末班車已經開走了。我很懇切地向K小姐道歉並且說要沿著昏暗的軌道走回寺院，但她堅持都已經這麼晚了，就去她那邊住一晚吧，我只好勉為其難地跟著她。

我曾聽說K小姐是跟姪女住一起，所以一邊自言自語地想確認會不會跟K小姐兩人獨處的同時，就到了K小姐的家，但她的姪女有事去大阪不在家。之後我依照K小姐所說，兩個人一起去了叡電站牌附近的澡堂。沒有女性姊妹的我想著，要是我有姊姊的話，大概就是這種感覺吧。從澡堂回去後，我勉強穿上她的浴衣。那件浴衣好像是水藍色的樣子，我不太記得了，一想到這件浴衣應該也接觸過K小姐的肌膚，穿著浴衣的我就感到很惶恐。K小姐說她很喜歡山的風景，拿了很多山上的照片給我看，但我實在是很累，只想著找個遠離K小姐的地方早點睡。過了凌晨一點，一片寂靜籠罩在K小姐的家以及周圍的巷弄中。

那是我第一次和除了母親以外的女性一起睡覺。

我怎麼樣都睡不著，但卻假裝睡著了，在那個時候，我感覺腳上有很重的東西壓著，往棉被裡看發現好像是K小姐的腳，當下我血管中的血液好像突然凝結了一般，接著一股熱流衝到臉上，我應該是滿臉通紅了。

我心想著，K小姐的睡相還真差，然後又開始想哪個女人的腳會這麼重。但過了不久，我的後頸感覺到有種滑溜觸感的東西，接著就像是要敞開我的衣襟一樣，我被強行拉到K小姐那邊。我全身僵硬，好像有什麼恐怖的東西在控制我，K小姐的手又抓著我的衣領，她為什麼要將我帶到浴室呢？我突然全身發熱，爬出蚊帳打開電燈。K小姐也起身，在明亮的燈光下瞇著眼看我。

「我在不熟悉的地方怎麼樣都睡不著，所以我要回家了。」我這麼說著，接著開始換衣服，因為很慌張，所以把雙腳都穿進單邊褲管裡，而且手還在袖子裡卡住。

「都這麼晚了還要回去」，她好像很難過一樣地說著。

K小姐穿著乾乾淨淨的碎花布衣，所有秘密都包在那件衣服裡。

我在冷空氣中走在沾著露水的叡電軌道上，一到了山中的寺院後，我翻過山門，在寺院深處分配給我的僧房中沉睡。

五

之後K小姐在我細細呵護第一次製成的教室文庫箱櫃（但我也只是把快要壞掉書箱搬過來而已）上，擺了一座裴斯泰洛齊的半身像，我雖然儘可能不要見到K小姐，但一看到裴斯泰洛齊的半身像，眼前就會變得模糊，浮現出K小姐穿著碎花衣，眼中泛著光的樣子。

我成為教師之後，馬上就找時間開始認真做一件事。

我陶醉在將每個村莊和在那邊發生的人生故事，當作美麗大自然的一部分來欣賞。

但是我看學生們，還是要從生活的基礎方面來觀察。我最終掌握了各村莊的階級結構和生態，我覺得一定要仔細觀察實際勞動與生產的關連。我開始遊走在各個村莊間，看著農民的生活，一邊思考著這些與孩子們在學校生活中的態度有何關聯。

在與學生們唱著歌前往鷺森的時候或是畫圖的時候，我對於他們的觀察也是在這樣的基礎上進行。

自耕農、佃農、零星的日薪農，還有在京都市周邊洛北村莊住著被稱作無產階級的人。父親曾在七条的工廠工作，但因為肺變差所以離開那邊，母親在燒烤仙貝（那家仙貝店的小孩還很小，卻有時候會發作像是歇斯底里一樣情況）。……收買廢棄物、在高野川做漂布的生意。

我的筆記在暑假前就快要完成了，我開始深深愛著孩子們。

在一條幽暗的路上，大原來的女性從前方的上坡道走了過來，牛也來了，京都的春天像牛的尿一般，既長且寂靜。

漱石[50]在《虞美人草》中看到京都的寂靜，我也覺得很貼切且愛上了它。但是我的時代跟漱石的時代不一樣，青年敏感的心，不可能不被時代的苦惱所影響。而且，在現實之中，我藉由製作這本筆記所達到的寧靜致遠，無論是「NAPF」還是「無產階級研究所」[51]，又或者是「唯物史觀」，都無法企及。

另外僅僅在都市近郊這樣子的農村觀察，就會覺得像NAPF等所發行的農民刊物（例如立野信之的《小作人》或細野孝二郎的《吹雪》）是如何的遠離現實，在農民面前虛幻地描繪著未來的圖像。農民日出而作、日落而息，而這些職業作家所描寫的東西卻是從早到晚在奔走、集會和鬥爭。

雖然我不清楚大多數的農村，至少在我眼中洛北每個村莊的農民們都沒有這麼悠閒。怎麼可能會有無視於勞動第一而只要四處奔走、集會和鬥爭就好的村莊呢？

在學期末舉行了教職員會議。當時的硬式教育造成了問題，所謂的硬式教育就只是很嚴厲的

50 夏目漱石，日本明治到大正時期的著名文學家。

51 一九二九年創立，日本戰前的馬克思主義社會實踐運動研究的民間學術團體。

教學，說得明白一點就是像軍隊一般的打罵教育。

柔道三段的坂田環視大家之後說：「看起來教育就是用打罵的是最快的，打下去馬上就會有效果，去看看軍隊，我還是在過軍隊生活（他結束了四個月的短期兵役）。京都大學的野上教授也主張，在這個時期要用硬式教育。」坂田打過我班上仙貝店的女兒宮木金。理由是他教阿金鞠躬的方式時（他的提醒完全欠缺情份，絕對是很刻薄的）她鼓起了臉頰。

我在聽坂田說話的時候，心中感到充滿憤慨，開始感到無法原諒他。

「硬式教育不光只是打罵教育的意思吧，藉由鍛練意志將學生們的熱情帶入有創造性的生活中（也可以說是訓練），跟使用暴力的教育混為一談我覺得很奇怪。請問你是讀了野上老師的哪一本書呢？你讀的那本書是怎麼樣說明的呢？

「孩子們在家裡就經常被打了，盡了全力做完田裡的工作回家後，大多都無法過得很悠閒吧，母親就更辛苦了，田裡的工作、販賣蔬菜，另外還要照顧老人、丈夫與小孩，每件事情都必須要做。連應該要很溫柔的母親，都沒有空閒可以好好地聽孩子的問題並指導孩子。很容易變成順勢用一巴掌就解決了。以這種教育方式成長的孩子來看（地主、富農和住別墅的中產階級的小孩除外），像你說的打罵的方式，或許就是最容易回應的方法了。如果這麼做的話，小孩子們到底什麼時候才能有機會仔細聆聽、判斷是非，或是真心接納而重新下定決心呢？

「可以說是在一個更有力量、更具有支配性的立場，並且利用這種力量及立場，迅速地將自己的意志強加於人吧，但是如果孩子們必須要用這種方式來度過人生的話，會變成以身體的感受來學習吧。」

從來沒有在眾人面前說話的我，一下子口吃、一下子講不順，滿臉通紅拚命地說著這些話，反對坂田的理論。

草野小姐和K小姐都在那邊，坂田非常生氣地一拳敲在桌上，「國分君，你沒有被瀧川教授影響吧，京都大學這地方從河上肇[52]以來都是一些不像話的教授，而且你不知道什麼是日本真正的教育者。你是裴斯泰洛齊[53]的信徒吧，你原本就是短期代課老師，過不久就要離開這裡吧。」

正當那個時候，京都大學的校園裡發生了由於瀧川教授的《刑法讀本》而引發為了維護學術自由，由大多數的法經教授與全體法經學生所發起的鬥爭事件[54]。

「我沒有去聽過瀧川老師的課，但是我很尊敬他。你要抨擊教授的話，請在這裡提出教授不對的地方。我相信裴斯泰洛齊是個偉大的教育者，那樣的事情，說起來也很無聊，但我不是在輕蔑日本的教育者，我怎麼會有這樣的資格？但若是提到日本的偉大教育者，那些人身為教育者的價值，是和世界上任何一位教育者一樣的，誠實的人性是能夠被證實的不是嗎？」

52 日本大正到昭和初期的共產主義經濟學者。

53 十七世紀末到十八世紀初期瑞士的教育家與教育改革者，實施貧民教育、全人訓練並以同情同理心對待學生。被西方尊為教聖，歐洲的平民教育之父。

54 因對日本刑法中通姦罪只適用於妻子一方提出批判，遭貴族院與內閣大臣批判並要求罷免，期間京都大學校長不同意罷免，法學部教授全體三十一位提出辭呈抗議，但最後仍被迫停職，小西校長被迫辭職。

我挑戰了身材高大的坂田，我旁邊的古田拉著我的西裝下擺想阻止我，「坂田等一下會揍你吧。」M校長終於站了起來，「都是在非打不可的時候才打人，而且一定是含著愛和淚。但是就像國分君所說的，打人並非教育。」宣告我們的爭論到此為止。

日本也遇到景氣成長開始停滯、低迷的時候，從第一次世界大戰後嚴重的不景氣開始，社會內部的矛盾明顯的浮上檯面，摩擦的聲音變得更加響亮，而不再苦於指出病症。從那開始所衍生的苦惱是這個時代的苦惱，更不用說一直在時代的生產關係輪子底下被弄得一塌糊塗的人們，即使是身在外面的人們，這些直接面對現實的人們，也讓他們的心中苦惱於痛苦與壓迫。

這些面對矛盾與苦惱的民眾，將其批判的目光漸漸轉向新的外交問題，開始出現在政治的現實上。

日本在大陸東北掀起強力行動，在這一年春天，佔領山海關，使得形式波及北支那，最後在五月時逼近北京，之後退出國際聯盟、簽定中日停戰協定、棉花業者決議拒購印度棉、關東防空大演習（在教職員會議之前，我看了那張大大呈現籠罩在砲煙中武藏野的照片）等等這些迫切的時局情勢，不由得讓國民瞪大雙眼，在這樣子的氛圍中逐漸展現出國粹主義的法西斯傾向。瀧川事件等背景，也對教育界產生了強大影響。

小村莊的一間小學的教職員會議中也不由得反映出這樣的時代。

教職員會議結束後，有句話一直縈繞著我的耳中，「你原本就是短期代課老師，過不久就要離開這裡吧。」這句話刺中我的心。「我到今天仍然很熱衷於此，但我必須要離開了，要開始做準備了」，心中湧上了哀愁。

出門的時候，是多雲午後的天空，快要下雨的樣子。我一邊走著一邊想今天先去小良那邊買個點心再回家，草野小姐從我後面跑過來，悄悄地靠過來說：「真令人擔心呢！」又說：「老師是不是有什麼難過的事情嗎？今天從你的背後看著你，看起來很孤單的樣子。」我笑著說：「我就像妳看到的那麼瘦弱，所以不要說是背後，不管從哪裡看都會看起來很孤單，天氣冷的時候還會看起來很冷。」

跟草野小姐分開後，福岡老師從後面追上來，問我會不會去高野川。

「我很同意你的看法，對於沒辦法幫忙你感到很抱歉，可是我保持沉默，在那個場合是不會像個笨蛋一樣什麼都不說就逃走的，我因為自己的關係，心裡對於表達事情（或對於同事）也變得很生疏」，福岡先生第一次跟我像這樣說話。

「你不能叫我『老師』，我也沒有稱呼你為『老師』，這個字散發著獨善其身、虛偽、膽小、明哲保身、卑劣的感覺。」

「教員的世界原來這麼悲慘啊。」

「是的，如果你繼續做這份工作的話，在督學那邊會給你很多所謂運動、必須要做的事情。」

「大家都在做這些事嗎？」

「是的，大家都會做，校長是好人，但教務主任就一定會做，另外為了有好的報告，學年主任也會。但我就不去做，因此被當作怪人，昇遷也是最後一位，再加上我去年失戀了。這件事古田跟坂田知道，我要是開口就會被那些傢伙看扁，所以我什麼都不講。」

我完全了解了只拿微薄薪水且被強加繁雜工作的教職員內幕。我雖然想說，不是還有像草野小姐那樣的人嗎，但我打消這個念頭。福岡先生失戀的事情也令人意外，不過我不干涉。我只是滿懷感慨的說「真是令人驚訝」，「因為你想要試著美化感傷的事，所以與現實發生衝突就會感到驚訝」，他戳中了我天真的地方，他在不知不覺當中觀察了我。

我們在高野川的堤防上漫步到日落為止。福岡先生說休假的時候一起去爬叡山吧。到了晚上，沿著八瀨往四明岳的纜車沿線，在漆黑的山腹可以看到閃爍著紅色的燈火。

六

到了休假，或者說，這個假日應該是我的京都時代最後一次休假吧。

我計畫著用功於平時懈怠的部分、決定未來方向的事，以及去叡山的事。

我在學生時代曾經努力要掌握從大化革新、平安末期到鎌倉時代初期和近代初期（從室町末期到安土桃山期）這三個過渡期的精神傾向與底層結構的關連性，所以接著想要試試研究明治時期。

我想要試著閱讀明治文學，在社會的結構中抓住這個作品所占的地位，以及分析作品所反映的社會意識。

我對於從浪漫主義中，透過「美夢的破綻」或「近代科學的影響」等等的方式來說明自然主義的過程感到不滿。

「那是有所本的，這說法若能成立，就必須要把握住閉鎖了的社會因素。」

我逐漸開始再次恢復對於學問的熱情（就像學生時代那樣）。

「真想和羽仁五郎[55]先生見面，請他看我寫的東西啊。」

我也在想著這樣的事情。

日落之後，大叔跟小沙彌們馬上就去睡了，所以在寺院的夜晚我是完全孤獨一人，都是自己的時間了。

透過福岡先生的介紹得到了一個機會，在一位叫做關戶的人所經營的《關西小國民新聞》中撰寫關於日本社會史的文章，我在這年夏天第一次看到自己寫的文章變成活字印刷。

別說是我班上的孩子，有更多的小國民都能看到，我的文章，對此，我是有熱忱的，應該能夠打動少男少女們。

土屋喬雄先生（當時的東大經濟學部助理教授，社會經濟史學家中我最尊敬的一位）在《教

55 日本昭和時期著名的馬克思主義歷史學者。

育科學》裡寫的「日本社會史」更加詳細，他用淺顯易懂的方式描寫日本社會的形成，從六年級到高等科的學生都能理解。他冷靜但又像是要學生們自己組成建築物一樣，在輕鬆地提出素材的同時逐漸完成。

我的稿子終於開始登在小報上，在暑假期間足足有二十次之多。

K小姐的碎花布衣有時候還會浮現在我眼前，有時會想起草野小姐的笑容，但是寺院能夠讓我馬上平靜下來。孩子們只有遠望寺院而不會過來，雖然令人感到落寞但也幫了我一個大忙。

我曾經和小沙彌一起拌石灰泥放入桶子後爬上屋頂。在屋頂上欣賞壯觀的寺院也很有趣。大大小小的瓦片屋頂結構很複雜，在老松樹群中，有垂直的也有水平的。庭園裡有白沙，古井的旁邊是孟宗竹林，大叔把軟炭平鋪在草蓆上。

我會幫忙大叔劈柴，也曾經走到音川去從事我最喜歡的洗衣服。我跟福岡先生相約，去了幾次叡山。

一次是從八瀨口，一次是從白川口，有好幾次是從雲母坂，其中有幾次的走法是走到坂本下山，然後在同一天回到京都。

預計在傍晚的時候到四明岳，但大多數時候都提早了，所以通常都是在四明岳纜車站的階梯上吃咖哩飯，吃飽飯後一定會喝冰咖啡，貧窮的我們覺得沒有比這個更好的餐點了。我會細細咀嚼咖哩的肉，一口一口品嚐冰咖啡。

走到四明山頂安放最澄[56]石像的石室後，我們一定會爬上南邊懸崖上的將門岩，在腳下是陡峭的白河谷。

北邊是比良，偏東北方可以看到隔著太湖，湖岸邊雄偉的伊吹山。

福岡先生都會說，從伊吹山開始最終就會接到白山御岳，是他故鄉的山。

從北到西有與鞍馬、愛宕等相鄰的群山，南邊有如意、大文字等較低的山嶺，那邊還有東山三十六峰以及醍醐田上等山地。

我們一說起「那個是為什麼？那個又是什麼？」的時候，就能夠一一舉出自己班上孩子的名字。

京都市的街道和八幡、山崎的峽谷都能用手指出來。竪田、唐崎、大津、膳所、瀨田以及矢橋全都在我們眼前。

這裡實際上是座山城，但沒有城堡的嚴肅氣氛，是像美麗溫柔女性的山城。

自平安朝以來，在這片風景秀麗的土地上，聚集了不少日本一流的人物，帶來大陸的精神並深植在這個都城中，透過不斷的淬鍊漸漸培養出京都的自然與日本人的感性。

年輕人把這些文化說成是只是貴族的文化，不知為何地輕蔑它。

經過幾次的戰亂，都城曾被燒毀，雖說法燈仍流傳下來，現在所有殘存的寺院都是近代的產

56 日本平安時代僧人，日本天台宗開創者。

物，但我們能夠清楚地感受到千年的歷史。

將門岩是矽質黏板岩的大岩塊，長期風化後產生變質作用，浮現出一顆顆小小的黑雲母石。

我們坐在將門岩上發呆俯瞰白川谷和近江盆地。在那個時候，我們被好似鄉愁的東西所影響，但那只是某些觀念上的煩惱。

比叡山是被夾在高野川斷崖跟琵琶湖西岸斷層帶的地壘，而且是從貫穿古生層而噴出的黑雲母花崗岩所形成的。

黑雲母花崗岩會因為寒暑風霜而容易膨脹收縮、發霉腐爛，水洗後美麗的沙礫從東塔、無動寺、西塔、橫川這四個山谷中流出。

我們也曾經下去山谷走在那些白沙上。

自從我離開比良搬到吉田地區後，就再也沒跟日下見過面，那個時候，福岡先生是我新的山谷漫遊之友。經過戒壇院，走過大講堂到了根本中堂，不搭登山纜車從這裡下山到坂本。中堂站的前面隔著一個山谷可以看到木工頭紀貫之[57]的墓。

黃昏時，在朝著天空聳立的老杉樹之間，會看到湖面閃閃發光。

下到了坂本之後，我們一定會去吃蕎麥麵。吃完蕎麥麵，接著就離開根本中堂，走上四明，從雲母坂下來。比叡的月夜是個夢幻世界，月光像是染布般地、白絲布般地從杉樹林間漏射出光影；沾著露水，月光下的脊瓦沾著露水，湖面上籠罩青白色的霧靄。

我們最常聊到對於新時代的趨勢仍然非常懷疑。山中十分寂靜，我們什麼都可以講：

※被大家所尊重的所謂「近代開放」，與被稱為「法西斯」的傾向之間，其差別該如何說明？

※這和近代解放的方向是完全相反的吧。

※一直以來的解放人群是著眼在共利社會之上（就是從生產面來看，勞工的團結等等），相反地稱作民族國家的共同社會被排除在外。

※如果這樣的話，要如何努力去解決內部的矛盾呢？

※最後會變成被擺在一邊忘記了吧。

※統一控制的高調開始了。

※唯智主義會逐漸與行動主義對立。

※發生戰爭的風險越來越大，在民族國家的名義之下，國民是不是會陷入興奮的情緒之中呢？

我們想要做些事情來理智地掌握正在發展的事物。但是，在民族（國家）的名義下，一直認為只有獨裁、管制和行動主義才能帶來幸福的人們，我們連單純地看輕他們都做不到。因為我相信這是對民族（國家）最大的努力。

57 紀貫之，平安時代歌人。官至從五位上的木工權頭。

福岡先生曾一度要說出自己失戀的事，但是他彆扭地說現在不是說這個的時候，所以就不說了。驚人的新時代腳步聲，在山林裡的老杉樹之間也漸漸感受得到了。

我設法要在將來，不，是一輩子，希望以小學老師的身分渡過，因為教職員過多的原因，在八月初得知無法被當局雇用，因此必須要思考其他方案，所以就不去登山了。

但是在假期接近尾聲的時候，要我在這最後的夏天，幫忙學校上歷史課（後來知道是透過M校長斡旋），所以我在黑谷青龍寺附近的聚落住了五天。

我從《若葉集》到《破戒》出版為止講述近代日本成長史，從日本資本主義急速的發展而產生社會性矛盾的文學上所反映的變化，以及對於老舊思想的鬥爭時，都會儘量注意用字遣詞，因為這也是我在休假時開始計畫的其中一項主題。

唉但是，因為這些發言讓我被認為不是抱持適當思想的人（後來知道是教務主任伊藤向督學報告），結果造成支持我的M校長處於一個艱困的立場，雖然我是之後才知道。

最後一天的演講的尾聲有茶話會。有人唱了歌，不知不覺變成大合唱。

越過了山岡
彩雲的天空晴朗朗
愉快的心⋯⋯⋯

連青春似乎已遠去的老教師都一起開心地唱，大合唱在滿山遍野的杉樹林中迴響著，接著又唱起了新的歌，像是軍靴大聲踏在地上一般的雄壯。

一切準備就緒
大家一起上啊
將仇視正義的
敵人全數殲滅～

最後變得像風暴般的合唱，我也想跟著大家一起，連冷靜的福岡先生都好像一起唱了，但是看到坂田一副像是這首歌自己最有資格來唱的表情唱著歌，我就頑固地忍著不出聲了。唱的歌曲是義大利法西斯青年團的歌。

假期就像場夢一般過去了，才想著要去看看羽仁先生，就找到了打工。

在洛北能感受到早秋的氣息，天空的景色變了，雲的位置變高了，女郎花、野菊、男郎花、萩花、桔梗等秋天的花開在原野上。白天的炎熱度降低，黃昏時刻的涼爽程度已經不是夏天了。

在九月初收到庄司萬太郎老師的信，信中提到臺灣這邊已準備好了。

七

很久沒有來學校，一到了學校，小良、宮木金還有其他班的孩子們，小菅、伊太郎等等傢伙，每個人都聚集過來，帶著「老師，我跟你說……」的樣子，每個人都要報告休假時的事情，大家都曬黑了。

草野小姐還是很美，K小姐跟孩子們一樣稍微曬黑了。要跟大家道別了，我忍住心中的悲傷。

住持不在的日子，我豁出去買了一隻雞回去寺院，大叔一邊說真是不好意思，一邊出門去山腳下買豆腐回來。

我們就在廣大的寺院最裡面的佛堂前面，寬敞的外走廊舉辦壽喜燒餐會。

這是送別會，大叔笑嘻嘻地提了兩升的酒，問他這是什麼，他說是住持那傢伙的酒，偷偷拿出來的。

月亮從杉樹林邊漏出的冷光照射在走廊外時，大叔早就喝完一升的酒，叫作全晃的小沙彌很擔心的問我：「國分先生，這樣不會對佛祖失敬嗎？」我說：「佛祖看到你們一直說好吃好吃，吃得很開心的樣子的話，絕對會很高興的，佛祖就是這樣的神明喔。」另一位叫做全立的和尚嚥著口水屏息聽完，表情也變得安心了，兩個人就開始吃起肉來。

擔任執事的全信和尚把佛堂裡的大木魚搬出來，開始咚、咚、咚、咚的敲木魚。大叔說：

「我忍不住了。」走進佛堂，在佛祖前面微微鞠躬，「讓我獻上一段舞蹈。」就開始一直轉圈。大叔開始跳舞了。

ChaKaChaKa　ChanChan
ChaKaChaKa　ChanChan

大家都一定要參與囃子[58]的伴奏，每次都像是收服妖怪的場景一般。大叔結束在佛堂的準備工作後，在腰上綁帶子，把尺插在腰上，布巾綁在白髮蒼蒼的頭上，悄悄地從外走廊出去。大叔下巴留著鬍子，鼻子尖尖，赤褐色的臉上顴骨很高。駝背且瘦高的大叔，一副很堅定的樣子，大聲喊著要開始了。

ChaKa-ChaKa　Chan-Chan
ChaKa-ChaKa　Chan-Chan

58 日本傳統歌舞劇音樂，又稱能樂，使用笛子、小鼓、大鼓與太鼓四種樂器。

小沙彌們開始演奏囃子後，大叔就跳起奇怪的舞蹈。

身子被叫做薩州鹿兒島之鬼～～～

大叔忘了一開始的臺詞就隨便蒙混過去。

…………………………

…………………………

為了那個妖怪，前往尼姑庵

嘿嗨呀　嘿嗨呀

接著大叔把腳高高舉起，在外廊像是拉車一樣跑著，從瘦瘦的大叔的兩腿間能看到白色的兜襠布。

去那座尼姑庵看看會發現

那個角落也有，嘎吱 嘎吱

這個角落也有，嘎吱 嘎吱

大叔的手像是很恐怖一樣地抖著，腳都縮了起來，聲音像要哭出來一樣，「ChaKaChaKa ChanChan」在這段變激烈了。

這個時候妖怪現身
朝著我撲了過來

唱到這一段時，大叔的臉上表現出非常痛苦絕望的表情。

朝著我撲過來　撲過來

大叔一邊用顫抖的聲音說著，一邊拔出腰上的尺，將它當作大刀，彎著腰拔出來，用腳來打節拍。

小田原劍術派不上用場

臺詞說到這邊就卡住了。臺詞說不出來，大叔愣在那就更不可能拔刀了。

……派不上用場，派不上用場

大叔還是一直彎著腰，大家停止「ChaKa-ChaKa Chan-Chan」，放聲大笑，有人臉朝上，有人躺在地上，有人捧腹大笑。

我也嘴巴張得大大的，幾乎可以直接看到喉嚨一樣狂笑不停。

我不經意看了大叔一眼，應該在外走廊邊彎著腰的大叔不見了，跑到外面一看，大叔掉在小堀遠州所做的仿造琵琶湖面的白色沙上，張開手腳沙啞地喊著「掉下去了，掉下去了」，他的尺跟手帕，不知道掉到哪裡去了。

月光將白砂染成淡黃色，在光影之中，看起來像是從岩石上拔下的老樹根的大叔，終於站起來了。

早上起來，應該是全信和尚一大早就來過了，我房間漆著古代朱紅色的牆壁上，掛著用包裝紙包好的領帶。

然後，「大丸」的包裝紙上，寫著以下的字樣。

國分先生，稍微修飾一下邊幅吧　全信
全珖
全立

這是他們送我的餞別禮，離愁突然一股腦地湧上心頭，漸漸強烈地影響了我。

【感想】

這是我第一次有機會拜讀國分先生的文章，深深感覺實在是非常有趣。

（幻塵居主人[59]《同人回覽雜誌》第二號）

很佩服國分先生的作品，都能充分表達出了緊張的感覺，到了這部大作〈離愁〉，讓我有更加深刻的感受。

（森於菟[60]《同人回覽雜誌》第二號第三分冊）

---

59 矢野峰人，日英美比較文學家，英文詩人，一九二八年任臺北帝國大學教授。

60 一九三六—一九四五年間任臺北帝國大學教授、醫學部長，專長解剖學、醫學。

有木棉樹的學校

一

嘉南平原的正中央有一個叫做大莆林[61]的小村莊。東邊越過一望無際的甘蔗田後，可以遠望蜿蜒的新高連峰[62]。這裡到山腳地帶為止距離三里[63]，到海岸距離有十里多[64]，北邊跟南邊接續著無限的平原。

父親是這個村子的三等郵局長。我在昭和八年九月，大約四年後睽違已久地從京都回來。「大哥幾年不見，還是一樣瘦巴巴的，」弟弟們笑著迎接我，「很對不起送過去的東西沒辦法滿足你，但我很開心看到你回來氣色很好。」母親高興得手足無措。父親還是父親，他不懂思想運動但還是很擔心我。

「你去女子學校教書，女生很難理解的，要是你姊姊還在就好了，可惜很早就死了。」他還是把我當作小孩子一樣。

那天晚上，父親很感慨地說：「你也長大了，我想有一天我們就回去內地吧。」

曾經聽說過家裡的兒子只要有一個從學校畢業了，大多不久就會傳給後面的新人，但是卻發生了「不足為外人道的問題」。

中學三年級的多可司抓著頭說：「是我的事情。」四年級的四方司憤慨地說：「多可司那個傢伙只會打架鬧事而已。」

我問父親不足為外人道的問題是怎麼回事，才知道多可司揍了某位有權勢官吏的兒子（父親是這麼說的）。因為這位兒子寫情書給多可司朋友的姊姊，所以就說他軟弱然後揍了他。被害人的父親到學校進行了很強勢的談判，結果是多可司受到無限期停學的處分，然而校長似乎沒有想要息事寧人的意思，甚至說孩子不好是因為父母也不好。父親用著平靜的語調說起這件事，並沒有很激動的情緒，母親則熱淚盈眶。

我出發去臺南赴任之前，想要與說這個話的人談談，隔天就去了嘉義中學。校長渡邊節治先生上半身前傾，稍微四方形的臉且臉色鐵青，看起來有點神經質。

「啊你就是大哥嗎？國分是問題學生，不管怎麼說像他這種體格，每次一說到打群架都有他的份。上面的哥哥是很沉穩，但三年級的國分很令人困擾。他在我的修身課上發出怪聲音，還公

61 今嘉義縣大林鎮。
62 玉山連峰。
63 約十二公里。
64 約三十九公里。

國分直一前往臺灣臺南第一高等女學校就任，穿著公務員（判任官）制服的樣子。

然的叫我螃蟹。一定是三年級的國分對著我就讀嘉義高等女學校的女兒說他是『螃蟹的孩子O型腿』，這種學生會妨礙教育的，雖然是無限期停學，但就算要轉學也沒地方要收吧。」

校長連讓我說句打招呼話的空隙都不給，一口氣說完這些話。

把學生教成這樣，學校方面也有一些責任吧，我雖然無意間變得反抗，但也不得不感到慚愧，只能隱藏起悲哀就此罷休。

校長突然把靜靜地要離開的我叫住，問我「你在做什麼工作啊？」我回答：「我最近從京都回來，接著要去臺南第一高等女學校赴任。」之後校長帶點輕視的眼神看著我說：「是那個京大事件的京都大學吧。」接著又說：「大學畢業不能太馬虎呢，外地有外地的特別情況。你啊，不能沒有考慮到你還穿著這一身服裝。」校長不帶一點感情，穿著那身白色，在這個土地被叫做官服的制服。

穿著這個服裝行走的人們，每個人都意識到了什麼？應該沒有公僕的自覺，而是覺得自己是在民眾之上的官員，具有這樣的外地官僚意識吧？這比配著槍劍喀嚓喀嚓作響走在路上的時代還要奇怪，我離開時心裡抱持著這種想法。

後來父母帶著弟弟們回到母親的故鄉靜岡，因為這是自從父親在明治四十一年來臺以來第一次回內地，多可司一個人開心的說：「爸爸像浦島太郎一樣。」我也突然想要跟大家一起再回去內地，但因為父親說：「自己想要葬身於這片土地，但卻無法實現真的很可惜。雖然我是貧窮的官吏，但完全想不起來自己做了什麼事情值得回憶而感到空虛。所以哪怕只有你，留在臺灣工作好嗎？」雖然沒有自信可以留下來工作，但也就不再想了。

多可司一本正經的說：「大哥加油喔。」臉上帶著止不住感傷的表情，然後跟四方司兩個人得意的拉著大行李箱走在父母親前面，父母親也在這種氣氛下笑著出發了。

雖然已經到九月底了，頭上還是頂著大太陽，但正因為父母的笑容還有弟弟們意氣風發的樣子，可說是幫我在這片土地上開拓了一條生存之道。

後來，多可司的同年級同學，渡邊校長的長男春一君，把校長私藏的春宮圖帶到學校給同學們看而引起問題。這個人好像也追隨多可司的腳步，回去了內地。

二

臺南來到了各個大街小巷都無法避免沙塵滿天的季節。

在大約可以容納一個師團軍隊的站前廣場，其中的一個角落，矗立著一棵巨大有如森林中的木棉樹一般、彷彿知道這條街道所有歷史的榕樹。西邊是一條筆直朝下的人力輕便車道，顯示出這裡是向西邊傾斜著，榕樹底下有一條種植美麗鳳凰木的道路朝著南邊。從這條路走沒多久，會有一個圓環，圓環的緬甸合歡樹影下立著白色兒玉先生[65]像從那邊經過古色古香的州廳舍洋樓和具有廣東風格美感的兩廣會館，再走幾步路就到了官舍街。在南邊角落有一棵大柳樹的房子左轉之後，走到盡頭是供奉鄭成功的開山神社[66]的紅色圍牆，在走到紅色圍牆盡頭的南邊山丘上座落著一間寧靜安定的學校。

進了大門後，在玄關的前面有一棵白色樹皮的木棉樹，像是學校的象徵一般，矗直地朝著天空生長木棉樹。

到職第一天，我面對著一群可愛少女，她們的聲音年輕、稚嫩，總帶著像是要捉弄你的視線，讓人想摸摸她們妹妹頭；站在讓人感到已經成長為女性的少女當中，我開始後悔千里迢迢地為了工作來到這裡，因為對於深住曼殊院僧房的我來說，這裡像是會讓人心力交瘁的世界。

校長是松平治郎吉老師，這裡一半的教師，或許超過一半以上都是女性。

松平校長是我中學時代的恩師。他自由的思考方式讓我感到新鮮，是最吸引我的老師。

但當在我站在好久不見的老師面前，因為太懷念而說不出話來的時候，老師突然說：「你的履歷表的字很糟糕欸。」接著問：「你有先去見過臺北的督學再過來吧？」我回答沒有去過，結果老師開始叱責：「你應該要帶著伴手禮，殷勤地去拜訪督學才對！」「在這所學校，不管是學務主任還是總務主任，都一定要帶點東西去打招呼，你怎麼這麼粗心，以後不能這樣。」

「你怎麼剪了一頭披散的短髮，都沒有留長過嗎？」

接著又像是訓誡我一般地說著：「高年級學生的精神年齡都超過你。」「老師在我還是學生的時候教我做人處世的道理，不，他是看到我還是像個中學生一樣而感到不滿吧。」我感到越來越渺小了。

「老師已經變了。」雖然我這麼想，但那個晚上我還是像被趕走一樣的搭上急行列車，到臺北新起町[67]的市場，買了好幾箱內地產的二十世紀梨準備出門。

我帶著二十世紀梨去拜訪主任督學大浦精一老師，老師是我高等學校時代的恩師，所以感覺不僅僅是督學而已。他是以寡言嚴謹著名的人，所以我想如果送了二十世紀梨的話，一定會被他喝斥的，在我惶恐的敲了老師家玄關的大門時，「啊，終於回來了。」老師燦爛得笑著來歡迎我。

老師跟我說了很多話，最後說：「我很愛喝酒，也會請藝伎，舞蹈也變好了。」「老師做這些通俗的事情也是在展示累積社會經驗的方法，是督學官這樣的地位讓老師變成這樣的人嗎？會讓老師接近酒和女人，都是怎麼樣的人呢？」在我想到出神的時候，「你啊，在女子學校可不能

---

65 兒玉源太郎（一八九八—一九〇六），臺灣日治時期第四任總督。國分先生提及的這座白色石雕像，原矗立在日治時期的臺南大正公園，今日的臺南市湯德章紀念公園（民生綠園），雕像在戰後遭推毀。二〇一五年殘斷的頭部於臺南市北區公園路三二一巷原日治時期宿舍區被承租民眾發現，現已由臺南市政府保存。

66 清代為鄭成功紀念祠，日治時期為開山神社，是日本人在臺灣最早設置的神社。現為臺南市中西區的延平郡王祠（開山王廟、開臺聖王廟、鄭成功廟）。

67 今萬華區新起里，漢中街、中華路、西門紅樓一帶。

整天嘻嘻哈哈的。」老師突然又變回很正經的樣子，話題也轉到時代的思想了。

「松岡洋右和中野正剛等都提出了正確的主張，權藤的理論也應該要關注，就是回歸日本精神。但是臺灣這個地方，你太悠哉了，每次到一些研究會的時候還是會擁戴裴斯泰洛齊的思想。」

「上任後首先要做的工作就是做好授課的細項。」

恩師大浦老師消失了，主任督學官大浦老師時不時強壓的樣子映在我的眼中。

後來我去拜訪了庄司萬太郎老師，以前有聽過他的西洋史的課，膚色黝黑，身材高大的老師和嬌小的太太一起接待了我，用親切溫暖的話語告訴我，從現在起要努力精進，發掘出臺灣的歷史。

在談話的當中，老師問到月薪多少，完全不知情的我回答：「我還沒有詢問。」老師就說：「你太隨性了，應該有五等，是在四月任官沒錯吧。」

什麼是五等？我不知道什麼是任官。

多虧了二十世紀梨，讓松平校長的心情變得好多了。「老師的確是變了，但是什麼讓老師變成這樣的呢？」

「從內地佛教學校來的善良老師，之後，也許是數年來在這塊土地的官僚氣息中學到了很多事情，漸漸地改變了處世之道以及對事情的看法吧？」

老師對我很不滿，但我在心中感到很難過。

我在一個地名很有趣、叫做桶盤淺[68]的臺地上租房子，吃飯都是去附近的公寓吃。

三

在學務主任松井實老師的安排下，我去看了芝原仙雄老師的歷史課。主題是「義大利的文藝復興運動」，學生們翻開瀨川秀雄博士的教科書，發現黑板上寫的「Renaisance」少了一個S。芝原老師好像很急的樣子，即使說到但丁、佩脫拉克、薄伽丘等等人名也都沒有提到他們的作品，就算講到米開朗基羅也只是展示一張照片而已。

都是他一個人在講授，快下課的時候，有一位學生起立發問。

「老師請告訴我們關於但丁的《神曲》。」

「說明但丁的《神曲》是很複雜的，都到了十月了還在文藝復興，這樣會教不完。」他一直翻看著教科書剩下的部分。

「貝緹麗彩是怎麼樣的女性呢？」少女這次用可愛的笑容來詢問。

「貝緹麗彩是但丁年輕時的愛人，不用知道這麼詳細沒有關係。」

68 今臺南市南區，靠近機場一帶。清代位於府城南門外，該區域自明鄭時期以來就是墓葬區（今稱南山公墓），許多具有歷史意義的古墓群聚於此。

「不要」、「不~要，我們要聽。」四處開始發出聲音。

「什麼不要，妳們不是女生嗎，這種上課態度，妳們在家也這樣嗎？」

學生們有人在喧鬧，有人在偷笑，當中也有人是很生氣的表情。

我雖然只是個新人但也對芝原老師的教法很不滿。文藝復興時期，中世紀所形成的封建結構漸趨崩壞，同時又為近代文明緩緩打下基礎，在這種巨大變遷時代舞台上的人文主義者是如何生存著，對於歷史的演進又產生什麼影響，另外是否受到了歷史的制約？我想沒有比思考這些事情，更能讓人深刻的探討人與歷史之間的關連，只是用這種方式來看待這個時代是對的嗎？

下課後，好像很喜歡在鼻子下方留小鬍子的芝原老師，鬆了一口氣跟我一起在走廊上。下課的學生從我們中間擠了過去，穿梭在走廊上。學生們穿著露出手臂，接近純白的短袖白襯衫。手臂上有著大大種牛痘痕跡的他們牽手接踵而過，我聞到了汗水跟髮油混雜在一起不可思議的味道。

「明天就要面對這些學生了，必須要開始說點東西了啊……。」

「國分君。」芝原老師打斷了我退縮的想法。

「我跟你說，我要去臺北的Y中學了，之後就由你來接任，女生不是很聰明，所以一接觸到教科書以外的東西，到了考試就會很辛苦，你要多注意。很抱歉今天比較急，如果有什麼想要問的，就到我家來吧。」說完就匆忙地走進教職員辦公室。

校長和學務主任也問我：「知道要領了吧。」

「他雖然無法成為學者，但是在歷史教育上很傑出，興趣是種蘭花，已經種了很多了。」學務主任又補了這幾句。

「已經教了幾年了。」

「十三、四年了吧。」

學校的氣氛很悠閒。女學生跟內地的少女相比，明顯受到了當地風俗的影響，特別明顯的是，並不僅限於學生而已。膚色黝黑是理所當然的，皮膚沒有朝氣，讓人覺得缺乏細緻的表情和靈活的動作。

「如何，和京都的女孩不一樣吧？皮膚都很黑，但是看習慣的話會覺得很漂亮的，不要發呆啊，算了，要不要來我家，我可是肩負訓育組長兼體育組長的頭銜，除了畫圖之外，從早到晚都跟女生一起生活。」

頭頂上幾乎沒什麼頭髮、後頸部剩下稀疏的黑髮、臉色紅黑的御園生暢哉[69]老師叫了站在蓮霧樹下看著女學生比賽跨欄的我。

我跟著老師，他穿越運動場後看了一下周圍，在鳳凰樹後面，由筏葛（作者注：九重葛）做成的圍牆下有個被挖開的洞，我們像狗一樣爬進去，從另一邊爬出來，那裡就是他居住的宿舍庭

69 御園生暢哉先生不只是教師，同時也是多次入選臺灣總督府美術展、臺灣美術展覽會的畫家，主題以臺灣各地風景、古蹟與民俗為主，特別鍾情於臺南的主題。

院。

喂~啤酒，老師叫他太太。「欸─暢哉！」聽到房子裡的呼叫聲，出現了全身古銅色的體操老師。「反正我還是會想起那件事的啦。」他笑嘻嘻地坐在外走廊。

「我是江頭，暢哉的小弟。」他跟我打招呼。

爬出狗洞，開個啤酒，稍作休息，
下課，下課鐘就響了。

江頭老師認為運動場的學生都聽不到，放聲高唱隨性所做的歌。短暫停留一下後，我們又穿過九重葛下回到學校。暢哉老師在排球場以身為體育組長該有的緊張模樣大喊著「好好打啊！」聲音非常洪亮，眼神卻相當和善。御園生老師和江頭老師總是叫我凡兒。我則是稱呼兩位前輩為「暢哉老師」和「江頭君」。凡兒是從麻生豐的《只野凡兒》裡想到的。

常常聽到有人說教導女學生是很困難的，老師不能隨便笑出來，同一位學生不能打兩次，不能盯著漂亮的學生的臉等等一些很麻煩的規定。但我認為在教學過程中，老師和學生互相給予並發揮自己擁有的素材的同時，一步步討論出結論的樂趣，即使面對的對象是年齡較大的女學生，也不會有所改變。

等待著我的第一堂課是高年級課程。「這位新來的老師會如何上課呢？」她們用像在惡作劇一般的眼神直直看著第一次見面的我。

因為她們不同於修學院的小良和阿美，都是正在成長為大人的女性，我為了稍微穩定一下高漲的情緒，就在黑板上寫了「從但丁到薄伽丘」的主題。

但是上課時間結束後，我從害怕女學生的感受中被拯救出來了。

「真正要引導的是，對但丁而言只有天國的幸福能夠永遠持續。從這點來看，但丁仍可說是中世紀的詩人。相較之下，《十日談》則是完全不一樣的情況，即便是僧侶或比丘尼，也理應和人們擁有一樣慾望和感情，而且總括來說，描寫的都是無法信任的那種人類。」

用這樣的方法，將兩者放在一起比較，我這堂課完全脫離了教科書的內容。

在固定的時間裡，用強制的方式翻開教科書來讀同一頁的內容，沒有比這個更無趣的事了。教科書並不是無趣的，而是用了這個方法讓學生讀教科書是無趣的，如果一直被教科書所束縛，將無法如老師所願，大家一定會逃避教科書，我是這麼認為的。此外，雖然我知道在師範體系的學校裡面有「教學法」這門科目，但教學技術等微不足道的問題就沒想那麼多了。

男性教師稱呼女性教師為女老師，在女老師中有一位叫做中村宗亥。她的年紀最大，教授家政課，看了她的側臉，我覺得她是個性很溫柔的人。

我開始教課沒多久，「凡兒老師」，中村老師笑容滿面的叫我。

「上課如何？有趣嗎？有在進修嗎？」

「即使我想要教得很好，但是還沒辦法，我想要教更深的內容，再加上我覺得更重要的是在課程越教越深時依然維持的生活方式，但仍有不切實際的感覺。」

因為我很認真地說出來，所以老師也變成很認真的表情。

「我想要教的是不生活在這個土地上就學不到的課程，例如家政課，在烹飪這方面，我會想要圍繞著這個地方的風土民情跟飲食習慣來思考。試著將這個地方的東西變成適合我們的東西，或是組合那邊的方式跟這邊的技術等等，我想就風俗跟環境來思考。所謂的家政並不只是烹飪而已，而如果用這個方式來想的話，要學的東西非常多，要讓總是容易有否定態度的人冷靜下來，不就是在這個地方進行教育的其中一個目標嗎？」

中村老師所說的話是很好的暗示。如果用這個人的生活方式專心前進的話，就不會有不安定的感覺，可以過真正的生活。就這樣我也漸漸有了較熟悉的朋友，很快的我心情就安定了下來。

四

教國語和東洋史的松井富美老師和學務主任同姓，所以學生們都叫她女松井老師，她皮膚白皙，戴著無框眼鏡是個活潑的人，我稱呼她為松井女士。

我和松井女士兩個人一起去看高雄高等女學校的歷史研究室。

「單身的兩個人一起過去要小心喔。」學務主任這麼一說，我開始感到害羞了。

高雄市區裡所有的藍色東西都佈滿灰白的塵埃，四周都感受不到朝氣。

「不管在哪邊，乾燥的季節都是這樣，很荒涼吧。」我這麼說之後，松井老師說：「我想去海邊。」松井老師就和我肩並著肩，像男生一樣活潑的走著。

本田校長是膚色黑的高個子，很溫和的人。

「你們好熱心，在暑假的時候幫忙學生而且還擔任歷史老師。我們收集了全國神社的照片喔。」

教室空出一個地方，從皇太神宮到國幣社為止，貼在黑色的硬板紙上，排滿整個牆面。上面也有東鄉元帥[70]寫的字，放在四個角落的水亮變葉木盆栽，展現出與神社相反的南國風情。

「春天就是櫻花的照片或明信片，秋天用紅葉，就像這樣用這間教室來介紹內地。」本田老師說出他的抱負。

學生圖書室裡還有塚本哲三的《國文解釋法》、小野圭次郎的《英文解釋》和諏訪德太郎的《掌握最大要領的日本歷史》等這類書籍。

「沉迷小說就會荒廢學業，所以決定不放。」校長這麼說。

我們參觀學校也差不多了，就走在滿是沙塵的街道上，要爬上壽山去看海。

70 東鄉平八郎，日本海軍大將，一九〇〇年參與八國聯軍侵華，一九〇五年於日俄戰爭中擊敗俄國艦隊，賜元帥稱號。

「我覺得很少有校長對文學有理解，但高雄高女比我們那邊還糟。升上高年級，女學生明明都會逐漸興起對文學的愛慕或是鄉愁，真是可憐。」

在往壽山的途中，松井老師想起高雄高女的事，便對我說：

「你覺得本田校長是怎麼樣的人呢？那間教室是做什麼的？」

「本田校長很認真的覺得那樣的展示是有意義的。在這個荒涼的港街上只有一間缺乏文化的圖書室，如果去學校會被像這樣的指導精神所支配，學生真是可憐。」

「對啊，看了排列展示的神社照片，還能浮現出什麼樣的日本精神呢？學生們一定不會去那間教室。不過，要推動這個時代，那邊是會想到這樣的事。」

「在滿州事變後，社會情勢看起來越來越緊張了。現今的社會情勢也可說是為各自為政的教育世界帶來轉機。但是，不要把時代風潮這樣的東西當作現實的探討對象，不然的話，只是形式上反應出膚淺的興奮狀態，就會開始發生錯綜複雜的事。」

我們一邊談著這些話題，一邊登上壽山。坡度很緩，汽車也上得去的道路一直連到山頂上。雖然山上很乾燥，充滿著像眉毛一樣的細葉相思樹林，多少也展現出了溼潤的感覺。峋嶙的珊瑚石灰岩之間，有一種長得像珊瑚、枝條帶著綠色的杉樹，叫做綠珊瑚，長得很茂密，還有在炎熱地區生長的花，很多人的頭上都閑靜地插著小小的橘紅色馬纓丹。

因為西方人稱這裡為猿嶺（Ape Hill），我擔心會有猴子所以路上都很小心，最後卻沒有發現猴子。

明明已經十月下旬，在一千一百尺[71]的山頂仍有著像夏天的太陽，但是在西邊，從圍著山腳的廣闊藍色海峽吹上來的風，就真的讓人感受到這個季節的冷冽。

我們在山上的一個小屋簷下吃午飯。「住在像臺灣這麼熱的地方，特別是我們這裡，唸書是一件很辛苦的事吧。」

「要拓展自己立志要研究的領域非常困難，但是至少要關心自己的領域，為了不落人後而付出努力，但即便如此也無法成為偉大的教育者吧？」

「是啊，什麼都不做，半途而廢自己放棄的人很多，即使做了什麼，可悲的是都在一知半解的地方結束，雖然回過頭來看，可能是想看看其他的事，但我不想成為這兩種人，再加上我很遲鈍……」

「沒這回事，但是我很佩服中村宗亥小姐，她很沉著。」

「中村老師啊，是個好人呢。就是她跟我說你是凡兒老師，也是有趣的人。」

在吃飯糰的時候也說到這個話題，然後在聊天的同時，我糊裡糊塗的想著五年、十年後的事情，頭髮剪成平頭、留著鬍子，浮現出前任芝原仙雄老師的樣子。我很用力用手拍打自己想要讓影像消失，松井老師用驚訝的表情說：「你在做什麼啊？」

71 換算為三三三點四公尺左右。

高雄的街道在跟海峽相反方向的壽山山麓，港口停了幾艘已經沒有排煙的蒸汽船，在街道稍微偏北的地方，是傾動地塊的半屏山像是要把船翻覆一樣橫著。在西邊成為懸崖的斜面可以清楚看到第三紀頁岩層上面覆蓋著石灰岩。從那裡稍微往南邊一點，過去曾經是鳳山縣的範圍，現在只剩下廢墟。

「巡視臺灣御史張湄[72]的詩中有兩句『蓮瓣芹絲一氣香，天然泮水繞宮牆。』街道的名稱是興隆莊街，可惜這裡的繁華沒有理由持續，所以在大太陽底下感受不到，但是在雨天或是夕陽匆匆落下的時刻，這座古城卻充滿詩情畫意。我在讀高等學校的時候，跟朋友一起登山時，也說了這樣的事，結果那位朋友勸我說，與其感傷這種頹廢的美，不如去發現一些有產值的、建設性的美，後來他去了某間大學的經濟系。他還說，看看在連接舊城的山麓上逐漸發展的工廠街道吧。」

「可是因為……」

「那位朋友說的事原本就是這樣。」

「那位朋友後來呢？」

「他雖然是這個城鎮的人，後來被帶走，離開這裡了。」

「這樣子啊……」

我們在下午的時候下山了。

「我們去爬山的事不要讓學務主任知道喔。」松井老師很認真的說。

五

十一月初有校外教學，我被安排跟四年級的學生去鵝鑾鼻[73]。班主任會跟著每一個班級，主任以外的老師則會被分配在各年級。

學生們要穿深藍色的冬季服裝還是穿夏季服裝？這成了一個問題。有覺得要換掉夏服、改穿冬服前往的人，也有擔心走在路上就會流汗的實際派。「配合感覺、隨時更換衣服」的一方最終還是佔多數獲勝。

「白襯衫到薄毛衣，運用薄毛衣來做搭配，根據氣溫的變化以及因應自然環境的改變來換衣服，這裡的學生都不知道這些事情，真是可憐，精神生活上也會有細緻的影響呢。」中村老師在做旅行準備的同時，提到了跟學生服裝有關的問題。

中村老師還請松井老師安靜一點。

「雖然都準備好了，為了以防萬一，請安排好保健老師，因為可能會有出去旅行時，發生急

72 張湄，雍正十一年進士，乾隆六（一七四一）年出任「巡視臺灣監察御史」，一七四七年以「積習相沿，因循滋弊」罪名被革職留任查辦。他同時也是詩人，在臺期間吟詠風物而著有《瀛壖百詠》。

73 一九二七年「日日新報社」舉辦票選活動，以投票方式決定新的「臺灣八景」，有別於清代《臺灣府志》中的臺灣八景。鵝鑾鼻成為入選臺灣八景之一，兩年後更獲選為八景之首。一九三三年國分直一先生赴任臺南女中，當時鵝鑾鼻已是相當有名的臺灣景點。

遽變化的學生。」

雖然不知道會有什麼事，但我覺得好像是不能問的。

放學後，所有學生到禮堂集合，松平校長要進行訓話。

「女學生要保持體面，不可任意行動，進到旅館不能給服務人員添麻煩。絕對不能一個人在街上亂走，如果有不認識的男性接近妳們，不要跟他說話，馬上告訴隨行的老師。」

講到這裡，學生們在底下偷笑。

松平老師離開後，暢哉老師就嗯哼一聲站在學生面前。只要這個人出現，不管什麼時候學生都會笑。

我假裝瞪著看她們是在笑什麼，卻不是真的在瞪。

「學年主任就是這次的旅行隊長，在這裡提醒一下，首先隨行的老師是暢哉、兩位中村主任、體育老師江頭、英文老師寺田、松井富美老師以及新進的國分老師……」學生們又哈哈大笑了。雖然我也覺得沒有比這個年紀的女生還要愛笑的人，但她們也太容易被逗笑了吧。

屏東是個比臺南更加灰濛濛，比高雄還要鄉下的鄉鎮。學生們很擔心換上的全新冬季服裝會沾滿灰塵。

我們參觀了臺灣製糖株式會社的工廠。

「資本額六千三百萬圓，創立於明治三十三年，是第一間分蜜製糖公司，這裡是總公司，在東京也有聯絡處。主要的營業項目是砂糖的製造販賣，另外的副業是以糖蜜為原料製造酒精。在臺灣各地有十三座粗糖工廠，其中有兩間兼做白糖，有兩間製造酒精，公司擁有三百萬畝土地，鐵路線有七百公里長……」頭髮已經全白，胖胖的平山專務挺著大肚子持續介紹著。

我們也參觀了充滿轟隆隆機器聲音的工廠，學生們通過滿載甘蔗的輸送帶和巨大的圓筒時，都小心翼翼地壓著裙子以免被機器捲進去。

專務走在最前面，所以每臺機器旁邊全身是油的工人都很緊張。

僱用的工人大部分是島內在地人吧。

工廠外是一大片廣闊的甘蔗田。在甘蔗田裡像螞蟻一樣的搬運列車冒著煙朝工廠前進。

專務最後介紹的是瑞竹，是在總公司辦公室附近草地之中的一片竹林，他讓我們看看如叢林般茂密的樣子。

「當今陛下在大正十二年四月二十二日，還是皇太子的時候行啟至此，竹子在休息室的柱子旁邊發芽，原本不可能發生的事情卻發生了，所以非常開心，我們用奉獻的心意盡心澆水、栽培的結果，長成如各位見到一般，真可說是代表皇室繁榮的吉祥之兆。」

專務盡全力莊重且恭敬的述說，最後講到了瑞竹精神。

「所謂的瑞竹精神，由來是因為真心付出讓不可能發生的事情成真，也就是『要真心奉獻』的意思。藉由這個精神可以讓生產力奇蹟似地增加，增進國家的財富。勞動者的喜悅就是如此吧。」

專務陶醉在自己說的話，但站在旁邊的庶務課長一臉很無聊的樣子，應該是已經聽過好幾十遍了。大部分的學生都是希望快點結束的表情，江頭老師還故意打呵欠。暢哉老師跟松井老師不知道溜去了哪裡，沒看到他們，中村老師因為頭痛，學生在照顧她。

寺田老師面無表情地看著遠方。

我暗自在心中充滿憤慨。

我們在往屏東旅館的路上，寺田老師說：「原來還有這招啊。」「想出瑞竹精神還真是了不起。」連江頭君都很驚訝。

「買一隻用鹽醃漬的鱒魚，先將其煮透，之後就會有很鹹的湯，把這個湯放個兩、三天之後就會變成很棒的食物。然後慢慢的吃魚皮或魚肉，這就是勞工的大餐了。」

不曉得是從哪裡聽來的，中村老師提到工廠勞工的食物。

生產力逐漸增加，各個階級之間的敵對情緒越是發展，越會發現領導階層的意識形態是多麼的虛偽。意識形態的虛偽性格暴露出來的話，位於領導者立場的人所使用的語言會更加崇高且具道德性。

我想起來布哈林[74]所說的話，但我藏在心裡沒有跟任何人說起。

三、四個少女從後面跑過來，把巧克力、餅乾還有些像是米菓一樣的東西塞到我的西裝上衣口袋裡。

「老師，說說看我們的名字啊」，她們提出來這個要求，作為那些零食的回報。我說：「不知道。」「哎呀，這樣不行啊，那以後不能忘記喔」，小個子的學生用很早熟的口氣，一邊笑一邊介紹她們的名字。

春山 YuAn、橫山文子、楊彩霞、押見忠子，這四位少女像給了老師恩惠很滿足的笑著，手牽著手走回去了。

我走在她們後面想著，女生長這麼大了還會牽著手一起走啊。吃完晚餐後，剛才的少女們問我要不要一起去買木瓜。「不知不覺就收到零食，我怕妳們接下來還要搞怪。」我這麼回答而她們都在偷笑。中村老師叫她們「請不要捉弄國分老師！」結果女生們大聲說「才不要咧！」

當我知道春山 YuAn 是高砂族、楊彩霞是福建人時很驚訝。居然可以這麼像日本人少女，讓人分不出來。

「我就住在大武山對面的大武。」YuAn 說。

她有一雙美麗的大眼睛。

「楊同學呢？」

「我住永樂町，以前叫做水仙宮街的地方，我家是過去是做貿易的。」

楊彩霞是皮膚白皙，看起來很溫柔的女生。另外兩位因為是暢哉老師繪畫課的學生，所以話

74 尼古拉・伊凡諾維奇・布哈林，蘇聯時期的共產主義理論家。

題都是以暢哉老師有多麼有趣為中心。

「老師他啊，真是很糗，有時候要教日本地理，有一天呢，他把鬼怒川說成鬼生氣河，結果全班就大笑，然後他就說因為河水暴漲的時候，看起來像這樣就講完了。」

我們笑著回旅館後，暢哉老師：「喂，你過來。」把我叫到角落。他說：「所謂師生之間就是守住若即若離的原則就沒事了，不能太過熟識也不要太親近。」我因為旅行自由的氣氛，第一次跟學生們親近，就這樣受到了他的訓誡。

從潮州到恆春之間並列一排長得很好的木麻黃，比起美化汽車道路或舒緩交通，真正的目的是防止季風，保護位在下風處的農作物。中間四線是行車道路，兩側各兩道是人行道，車子維持著前車的沙塵不會波及到的距離，走在蜿蜒約九十二公里美麗的林蔭大道上。雖然是筆直的道路，有時候車子還是必須要渡過溪流。

車子在每次激起的水花中渡過新埤溪、萃花溪[75]和楓港溪。因為很接近源頭所以水流非常湍急，只要下過一場雨，河面就會立刻高漲開始氾濫。所以如果沒有相當徹底的建設，橋樑每年都會被沖毀。

四重溪溫泉在距離恆春十三公里處，位於四重溪的右岸，從第三紀層斷層線中湧出來的是清澈碳酸泉。對於看慣溶進臺南地區沖積平原黃沙而混濁的河川的學生而言，馬上就會認為是很清冽的泉水。我們也去了明治七年討伐牡丹社時，西鄉都督率領的討伐隊曾經苦戰過的石門。在北側聳立的岩崖，向南側傾斜約四十五度，形成所謂的石門。

我看著 YuAn 在想她會是怎麼樣的心情呢？大部分的學生心中對於回想過去的歷史並沒有特別深刻的感觸。少女們聚集在水邊泡腳，撿小石頭當作紀念，摘野花，看起來很忙的樣子。

「從道比隆盛[76]高大還是矮小呢？」暢哉老師依然很輕鬆自在。

「睜開眼睛看看，這世界一直在重整豐富內容的樣貌並朝著前方大步邁進，所以不是在睡眼惺忪的狀態下應該可以看得到一些機會。不就是為了讓成長的事物成長，才來到恆春半島嗎？」

我跟寺田老師說了這些話。

回到了溫泉區大家都泡了溫泉，換了浴衣。「好像夏天一樣啊。」暢哉老師撩起後衣襬，用團扇在大腿之間搧風。

學生們一邊梳著濕掉的頭髮，一邊分發零食的時候，江頭老師慢慢的走出去。他走到每個地方打開扇子，然後大聲喊著：「把零食放在扇子上！」

少女們戲謔地叫著把零食放在扇子上，他很從容地收起來後，又到別的地方去，「把零食放在扇子上！」我很羨慕他如此的天真爛漫。隊長暢哉老師大叫：「太好吃啦。」暢哉老師把江頭老師的行為當作一種餘興節目了。

我也把這當成餘興節目了，中村老師笑嘻嘻地說：「從美術學校出來的人，每個都是這麼歡

75 查無新埤溪與萃花溪這兩條溪流，推測所指的可能為林邊溪與率芒溪。

76 西鄉從道與西鄉隆盛。

樂嗎？」

暢哉老師頭上綁著頭巾出現，說是「瀕死的蒼蠅」。連在旁邊偷看的旅館女服務生腦子裡都有了畫面。

「蒼蠅綁頭巾怪怪的啦。」我說。中村老師笑著說：「他興致來了就一定會綁頭巾。」

暢哉蒼蠅將手藏在浴衣的袖子裡，用手指從中間抓住袖子前端，然後就開始上上下下，悠閒的飛來飛去。老師的一隻腳稍微短了一點，所以飛行的方式在瀕死之前就很怪了。蒼蠅停在柱子上晃動手腳。老師他就算把手伸長了也碰不到。而且還抬起單腳，用手去抓單腳的大腿。蒼蠅嗡嗡飛去偷走學生膝上的牛奶糖，連同包裝紙一起吞下去。並且做出翻白眼很痛苦的樣子，發出噎到的聲音。陷入瀕死狀態的時機到了。這時他很無力的飛著，看起來很可憐。怦！最後暢哉蒼繩發出怪聲倒地，越中兜襠布的前端還露出來。

大家笑成一團。「肚子好痛！」有人笑過頭了。

「國分老師，學生們很開心吧，這是很好的事。畢業的時候，在許多的回憶當中如果有這麼好玩的事情，過了好幾年之後，她們應該會在小孩面前說，媽媽在唸書的時候，遇過這麼有趣的事喔。」

我聽了這話之後非常感動。

參訪墾丁的種畜實驗所[77]那天，很難得是個好天氣，記錄板顯示的氣溫是二十二點六度，濕度六十七％，降水量〇點七厘米，風速二點〇一公尺。學生們被原野上響著清澈鈴鐺聲的牧牛吸引住，百看不厭。

我想南歐的景色就像是這樣吧。

所長葛野葛太郎博士是個身材高大、身形打扮整齊的英國風紳士。讓我想起昭和八年的春天，在大阪大丸百貨有舊書市場、抱著憧憬而見過一次的小倉金之助[78]博士的身影。

「這裡是將印度產的牛與日本產的牛，或者是與當地黃牛進行交配，培育出適合這片土地的牛隻。」

所長就這樣持續說明，循序漸進地展示一些從飼料栽培到實驗內容的實證資料。透過所有明亮且整潔的設施能夠顯示出，這裡以博士為中心，所有的人員默默地孜孜不倦，為了這片土地全新的種畜文化帶來希望而持續努力著。

「都說臺灣很熱呢，恆春地名有恆和春，但總是很熱，而非很暖和，今天很難得是穩定的好天氣，遇到風季時每天一直在刮風，雨季的時候就在下雨。交通也不方便，生病的話很麻煩，但是我們熱愛我們的工作，而不覺得生活在這個遠離文化環境且氣候條件不佳的地方是不幸又痛苦的。跟這裡的居民也能和睦相處，過去朝著山區，有保佑避免原住民襲擊的石敢當，現在村民們覺得朝著山區很奇怪，所以甚至有人移動了它，改朝著菲律賓的方向。」

77 日治時期的「恆春廳種畜場」，創立於一九〇五年，今行政院農業委員會畜產試驗所恆春分所。

78 小倉金之助（一八八五—一九六二），日本明治到昭和初期的數學與科學史學者。

博士的話打動了同學們，也深深的滲入我心中。

「我也想體驗看看那些人的生活方式，只有藉由熱愛並不斷的探索，生活才會開始有意義。即使這裡很熱、沒有文化的刺激、很荒涼，從內地來的報紙或新刊書籍很慢才送到，我也絕對不會說這些無意義的怨言。」

在參觀林業實驗所和龜仔角社時，我心中相當的感動。

墾丁的種畜實驗所周圍的景色是很特別的。

石灰岩上不連續的堆積著洪積期的砂礫石，上面還覆蓋著青草。作為那座平緩丘陵地基礎的第三紀砂岩層被夾在石灰岩層裡，波浪狀的臺地上，礫岩的殘丘像是岩塔一般聳立著，被當地的居民稱作大光石。爬上殘丘南側的臺地結果發現引流的鐵管破裂，因為沉澱一層厚厚的石灰所以不能用了，水裡面棲息著川蜷螺，但是沉澱的石灰包在整個貝殼上所以川蜷螺原本的形態不見了，奇妙的是，變成圓圓胖胖的川蜷螺了。只是嘴巴的地方因為呼吸所以沒有被埋住，死掉的川蜷螺才會被埋。這裡雖是流過好水的地方，但在飲用時也讓人很困擾吧。

在這四季如春的地方，完全吸收陽光而繁茂富饒的熱帶樹叢中，鳳凰木的樹皮看起來更顯得白皙。

到了龜仔角社，我們看到茅草屋頂的土角，以及用珊瑚石灰岩堆疊成的村屋，大部分都井然有序的朝北三十五—四十度並列。

當我在想春山 YuAn 的春山是誰取的呢？YuAn 來到我旁邊問：「老師，請問您知道什麼是

Palisi[79]嗎？」

「您有發現到處都有樹木或雜草叢生黑漆漆的地方嗎？那裡多半是取水的地方或是墓地，進到裡面砍樹就是Palisi。」

「謝謝妳，非常有趣呢，在種畜實驗所的北邊也有埋石棺[80]的地方，有機會的話想要去看看，而且我今天好幾次都想著大武山，在山的另一邊妳住的地方，還有妳的事情。」

「真的嗎，那麼老師喜歡山與蕃人嗎？」

她在講「蕃人」這個字的時候，猶豫了一下。（日文編者：文中的「番人」是歧視性文字，但於此遵照原文。）

「我很喜歡山上，也很喜歡山上的人。」我接著想說我也很喜歡YuAn但我沒說出口。她是排灣族大頭目Kayama的姪女，在臺東廳被選出來就讀臺南的女學校，這就是對高砂族的懷柔手段吧，但是這麼說對她是種攻擊，不想讓她感受到這種被人在後面說話的氣氛。而當她回到村子裡，在古老習俗與為人處事之中又要何以為繼呢？

---

79 排灣族的祖靈傳統宗教。

80 所指是當時稱為「墾丁寮遺址」的墾丁遺址。墾丁寮遺址也成為臺北帝國大學土俗人種學講座（一九二八）成立後第一處有計畫地進行學術發掘的考古遺址（一九三一年宮原敦）。一九三五年被臺灣總督府列入「國指定之史蹟及天然紀念物」加以保護。

被稱作船帆石的巨型岩石在海岸邊被海浪拍打著，巨大的岩面上殘留著數千年來海浪所刻劃下的齒痕，顯示出海岸是逐漸隆起的。

漂浮在珊瑚礁之間的水草顏色相當美麗，無數貝殼破碎所形成的白沙以及和有孔蟲外殼共同形成的礁岩與沙灘之美。

北緯二十一度五十四分，珊瑚石灰岩上的臺地立著白色圓塔，是鵝鑾鼻燈塔。作為底座的兩層石灰岩之間埋著珊瑚碎片。而且海岸靠近深紫色的海。

東邊的海岸連亙著高達二五〇公尺的臺地，有些呈現層狀，有些呈現些微的傾斜。因為有地下水湧出，臺地到處可見陷落的石灰岩地區特有的喀斯特地形。

海浪來回不斷的沖上岸，如同優美且強健的步伐一般，還有一大片轟然美麗的青空深處，像是湧上了強大的力量將我們包裹起來。

六

旅行結束後就有考試，考試結束後沒多久就是新年了。喝醉的內地人從這一家喝到那一家。其中也有把官服上衣掛在手上、很呆地戴著官帽走在路上的人。

這個地方從新開拓的時代開始，就像這樣在新年時候以這種方式來排遣寂寞，而被當作是長久以來的傳統，在臺灣到處都可以看到有人喝酒的景象。像我們家這樣貧困的家庭，母親會在一個多月前開始著手儲存鯡魚蛋或是劍筍等等可以長期保存的食物。

建設時代的氣概現在完全消失，十分安逸，相反地卻有像是要表現自我主張的表情，但大多是喝醉酒官員的嘴臉。

學生們還是穿著制服，但女老師們化著淡妝，穿著黑色的紋付搭配百褶很美的褲裙，非常俐落，每個人都很漂亮。

元旦儀式結束後，大家會去校長那邊喝酒，但不喜歡喝酒的我一個人離開了。

我想要從阿里山登上新高山，在雜亂的書房裡打開雙肩背包之後發現，那些換了漂亮便服的少女們，一個接著一個，放了很多可愛的名片、橘子還有零食就走了。

踏著冰，從山裡回來的時候，從內地送來了一月份的報紙。

陸軍大臣的皇道精神訓話以及久原房之助[81]的皇道經濟論等的標題，讓我停下了目光，從以建國神話為題材的內容開始，久原先生甚至說出經濟是象徵真理的八咫鏡，政治是象徵圓滿的八尺瓊勾玉，軍隊則是代表著破邪顯正的草薙劍[82]。

---

81 久原房之助，企業家出身的日本政治人物，日立製造所與日產自動車的闖使人，政治上曾任眾議院議員與內閣參議等職務，推動侵華體制，二戰後曾為甲級戰犯。戰後熱心於日中、日俄恢復交流工作。

82 八咫鏡、勾玉、草薙劍是日本天皇傳世的三件神器。在八世紀初的《古紀事》與《日本書記》中都有提及，是權力與支配者的象徵物品，即使今日的天皇已是虛位元首，新任天皇的傳位繼任仍是象徵性傳授這三件器物。

瀧川老師離開京都大學不過才半年，甚至在我來到這裡之後的三月，新風潮以一種無法想像的速度在這段時間內高漲起來。

我在來到這裡之前，與一間叫做三一書店的小書局約定好，請他們寄雜誌和新書過來給我；這間書店位於京都的出町柳、靠近大學的地方。雖然每個月都會遲到，但是有些書籍和雜誌會留著內地的味道被送過來。

那代表事態終於開始維持著一定的方向，我最喜歡的文藝雜誌上，出現了淺野晃和保田與重郎[83]的名字。但是令我感到不足的地方是，無法看到像普羅文學[84]登場時那樣宏大的氣勢。不光只是沒看到普羅文學的作品，而是現在的作品，已不再反映出如同在那個對立的時代一般「努力擁護傳統文學理念」的認真行動。

一月底的某個星期六，季風漸漸轉弱，此地最舒適的季節正要開始，在閒暇無事時，發生了這樣的事：

「陸軍大臣很會處理事情呢！」還看得出來新年期間喝的酒仍沒完全退去，微醺的原老師，氣焰非常大的說著。

「久原先生說出來的話就是不一樣，他是久經世故的人所以講的話很淺顯易懂。」

「能說出三種神器還真是妙啊。」

教國文的前田老師用沙啞的聲音回應著。

「今後我們所說的東西也能得到通行了。英語、英語的，一直用不知是什麼東西的英語來咬住西洋文明的一小部分東西而做無謂的努力是錯了的，這真是一大損失啊。」

松井教務主任把雙腳放在主任用的大桌子上，抽著菸大大的點著頭。

「西洋文明的走向形成一個僵局了吧。」主任感慨地說。

「這不就是誤以為資本主義文明的一部分形成了僵局，就是整個西洋文明的僵局嗎？西洋文明有它優秀的東西，也有不容易追趕得上的東西……」我忍不住說出這些話。

「好了！」原老師大聲向我喝叱。

「像、像你這樣子的菜鳥，知、知道些什麼！」他氣到講話都結巴了。

「凡兒，我們到外面去。」江頭先生叫我。

教職員像這樣在閒聊的時候，松平治郎吉老師還是窩在校長室裡，像是在看什麼書的樣子，八成是在讀日本主義相關的書吧。

在朝會說些話的時候，也必須添加一些時事的東西，因為不論在哪一間學校，這都是校長重要的工作。

---

83 淺野晃、保田與重郎，皆為日本浪漫派文學家、藝文評論家。

84 普羅文學（Proletarian literature）或稱無產階級文學。

七

到了二月，季風完全變弱，眼前是一片晴朗的藍天。太陽已經變得很暖和，不會很熱，大自然開始出現和緩且有趣的變化。充分吸收了陽光和熱的榕樹，在一片黑鴉鴉茂密的枝葉中，也開始長出偏黃色的新綠嫩芽。葉子掉落後像是在沈睡的鳳凰木和鐵刀木也準備好要發新芽了。美女櫻、白蜀葵、金盞花等其他可愛的西洋花草，在學生們的花壇中開始撩亂地綻放。季風吹拂時，用來抵擋落山風、孤獨矗立著的木棉，在朝著左右均衡生長的樹枝上，開始結花苞了。一開始，花苞是被深紫色的花萼緊緊包覆著，在天氣變暖的同時，會逐漸變大，到了三月就會開出柿子色的花，這種質地略厚的花跟內地的木蓮相似，像是心中隱藏著非常溫暖的情感一般富有趣味的花。

接近學生畢業的日子了。

花壇的另一側是一片龍眼樹林，在那片樹林裡發現躺著一塊厚三點四公分、寬七點八公尺、長兩公尺的石碑。將石碑表面拍乾淨後看到刻得滿滿的漢字，大約有五百多個。我試著閱讀上面的文字，經判斷是光緒十五年六月由安平知縣所發佈的布告[85]。

單手拿著澆花器的少女們聚集過來，唸著上面的文字。其中楊彩霞臉上也是十分從容的表情。

「據芙蓉郊董事職員張大琛等稟報，近來婦女販運奸風日熾，形同化外之民，目睹這個情景十分心酸，即使是下令禁止也無法制止，最近在郡城中又發生有等的紳富買用婢女，到了適婚年齡也不讓她婚嫁，一直留到年老，為此，各位紳商軍民諸色人等知悉，如有年大婢女，趕緊即行婚配，請自愛勿違背特示。」

字面上看起來是這個意思。

「老師，請問販運是什麼意思？」有一位少女發問。「婢女的買賣不僅僅是在島內發生的事，曾經聽說過有送去本國[86]的事。」

對著發現珍貴的東西而有點興奮的我，楊彩霞說：「今天送老師回家吧。」我問：「一個人嗎？」「嗯。」她這麼回答。我說：「我住的地方要經過一座孤立在一邊小山丘，妳要回家很不方便吧，倒不如我送妳回家。」最後變成我把猶豫不決的她送回家。

楊彩霞與其他臺灣本島女性不同，不會在對談間或在見到面時，讓我總感覺像是擺好了一個姿勢、突然碰一下就會嚇一大跳。我從很久以前，就覺得她溫柔、美麗的臉龐神似另一個人，那

---

85 清代安平縣知縣范克承所頒布告示「嚴禁錮婢不嫁碑記」石碑，現存於臺南市中西區的南門公園碑林。文化部文化資產局的一般古物公告中指出，本碑自清光緒十五年（一八八九年）設立，歷來由官方保存、管理。透過國分先生的報導，恐怕要增加一些說明。

86 這裡所指的應是當時的大清國。

天突然意識到原來是修學院的草野老師。

「老師，查某矸這個詞，我想就是今天那個石碑裡寫的女婢吧，販梢就是買賣查某矸的人，這些人做了很過份的事，真是令人傷心。」

「到現在還有嗎？」

「類似的事情還是有的，從進入日本時代開始，會改變的東西一直在改變，但是不改變的東西卻一直留著從未改變。雖然年輕人很不一樣，但是在超過四十歲的長輩們的心靈中，還留著相當古老的想法，因此就算只是單純要求做日本式的神桌也不行。」

「我們沒有進到妳們的生活當中，在這塊土地上是用怎樣的生活感情來經營呢？這方面的理解，是政治上所欠缺地，一般內地人當然也是缺乏的。在這種情形下，要多久我們的心跟心之間才能交流且沒有障礙，我覺得還相當的遙遠。」

我無意識的一邊說話，一邊撞到了路上的障礙物。感覺某種危機漸漸靠近的時候，才發現面臨了一個必須深思的問題。

我們走過錦町的開仙宮[87]前，往水仙宮街的入口。

「妳畢業後要做什麼呢？」

「我要去東京的女子醫學專科學校，我希望不論在什麼情況下都能自力更生。」

「這樣的智慧是誰教妳的？」

「我的母親，是母親勸我的，除了母親之外，父親還有好幾個女人，母親一直以來吃了很多苦。」

她看起來很猶豫地提起這樣的事。

「一定是這個人的母親曾經經歷的日子給予了這位母親智慧。」我心裡這樣想著。

「YuAn 說她要回去大武的小學，當高砂族學生的老師。到了夏天就要把所有事完成。」

「要跟大家分開了。」我這麼說著，心裡充滿著跟離別的感傷不一樣的感情。

教師不能愛上自己的學生吧？

水仙宮街的入口很擁擠，我想在這裡跟她道別。因為彩霞好像正看著我，所以我就伸出手來要跟她說再見，她握了我的手之後，馬上就臉紅了，在紅色的石板上踏著達達的腳步聲，也沒跟我說聲謝謝就走了，那時我才感覺到自己的輕率，但是她手上的柔滑感觸仍然留在我的手中。

（一九四六年八月十六日）

【感想】

從第一輯連載以來內容就很耐人尋味的自傳的國分先生，這一期是以「有木棉樹的學校」為

87 所指的是今日的臺南市中西區「開山宮」，過去曾被稱為開仙宮。

題，描寫女子學校的生活，價值可說是超越了〈鄉愁記〉，奇人御園生繪畫大師登場，扮演「瀕死的蒼蠅」或是以單純的愛情世界作為點綴，更加反映出國分先生溫情的人格特質。

（池田敏雄《同人回覽雜誌》第三號）

很佩服國分先生這部〈有木棉樹的學校〉能夠完整結合由此衍生出來的大型題材，並且保留溫度與餘韻，維持著緊張感而前進。曾經在很多女學生面前教過書的我，除了感受到這部作品的價值，更覺得有興趣的是，內容上也有很多地方讓我產生共鳴，加上跟以前任教的學校講好回日本後會回去學校，所以要如何在這個苦難的時代，將光明注入純真的少女心，甚至更進一步能夠埋下希望的種子，延續至未來她們當母親的日子裡，很感謝這部作品，讓我這個時候的想法更有深度。

（森於菟《同人回覽雜誌》第三號）

「告示：嚴禁錮婢不嫁碑記」石碑，現存於台南公園內。（邵慶旺提供）

臺南第一高等女學校畢業紀念冊中的國分直一先生與其他老師。

一九四二年（昭和十七年）畢業紀念冊，國分老師負責的班級。

山的另一邊的遙遠天空[88]……國分老師。

（資料來源：臺南第一高等女學校昭和十七年（一九四二年）臺南畢業紀念冊。）

山中日記

國分一子[89]

一

小說的主角、山的女孩海蒂[90]，在街道的牆壁和窗戶之間，對於花草、樅樹以及遙遠的群山等山上美麗且親切的事物，都充滿了憧憬。每當接近暑假的時候，我就像她一般，想念山上的心情便湧上心頭無法抑止。

這個地方總是充滿綠意，到了夏季會更加深一層，任人想要去涼爽的地方。我所想要去的地方，被冷空氣圍繞，有時起霧、有時散開，而且雖說只是岩石，卻是好似火紅夕陽燃燒之處。當這樣的心情越來越強的時候，我就無法自制地跑到了山上。

---

88 應是引句自當時德國抒情詩人 Carl Hermann Busse 作品 "Over the mountains" 的詩句，Over the mountains, far to travel 的日語翻譯。

89 國分直一先生的夫人，兩人於一九三五年（昭和十年）三月成婚。

90 所指小說應是瑞士作家 Johanna Spyri 在一八八〇與一八八一年所著作的兩部兒童文學品《海蒂（Heidi）》。描寫孤兒海蒂與獨居於高山中的祖父生活，離開祖父到城鎮上後，得到嚴重思鄉病想念山上與祖父的故事。

今年（昭和十年）的八月初開始，我跟丈夫兩個人躲到了阿里山。

剛到山上的三、四天，每天都下雨，所以氣溫就更低，跟平地差了有三十度。水是溪流間的清水，但這是平地人的悲哀，會想到積在保溫瓶底部的冰水。可是因為不論做什麼都能讓身體結實、頭腦清醒，身體的狀況變得很好，所以非常舒適。

用石頭加壓的飯盒煮飯要四十分鐘左右，在這段時間從玻璃窗戶看過去隱約可見塔山[91]的山坡，隱約見到兩三次，卻又消失在視野中。山上的雲霧一直不間斷地流動。

將現拔的蘿蔔做成蘿蔔泥，吃完簡單的飯菜後，我會讀個書或是出去散步。因為是在山上的小村莊，理髮廳、服飾店、點心店、特產店、販賣明信片的商店和照相館各自只有一間。每天都是逛完這一間一間的店家，走到神木為止。溪流湍急的模樣和樹梢上被雲所圍繞的古老針葉樹林姿態，似乎喚醒了我們純樸的自然人心靈。

這場雨在第五天的早晨停了，我看見了山頂上黑黑的塔山岩骨。

加了領子，男襯衫型的罩衫完成了。為了不讓皮膚被曬到痛，所以袖子加長到手腕為止，寬度也做得很寬鬆，這是為了手伸進去水裡的時候，可以捲起來，然後在肩襟部的前後用同樣的布做成兩層。

帶著新的罩衫，不，是要試穿看看，於是去欣賞山上的景色。

因為連日的雨，有一些地方都崩壞了，雲霧散去，在大氣的流動之中，我一邊走著，一邊被開在懸崖或路邊的高山花草所吸引。最後總是結束在讓全身內外感動的喜悅中，儘管每年的春天和夏天都會去，但不論何時，都會有像是被重新整理過的新鮮感啊。

回家的路上，塔山峻嶺第一次出現了完整的樣貌。鄒族人相信人死後的靈魂會從斷崖走到塔山上。

在平地會使用機械，而且越來越常利用機器。生活材料一定要從商品中取得，否則就不會有材料。在自然中所有的東西都是具有歷史性的自然，具有社會關聯性的自然可以被理解。但是來到了山上，會直接感受到大自然，像是原始人接觸到大自然後，會直接感覺到大自然的力量。我在聽人講泛靈信仰的同時，似乎也是親身經歷而往前步行。

（八月五日至十一日）

二

天氣晴朗

我讀了岩波書店的《列寧寫給高爾基的信》日文翻譯版嚇了一跳，列寧從高爾基那裡知道卡布利島的美，便迫不及待地寫下來，像他這樣每天專心於極為忙碌的工作、任何一點閒暇時光都

91 現稱大塔山或塔山山系，位於嘉義縣，標高海拔二六六三公尺，是鄒族人的聖山，祖靈的歸所。

十分珍惜的人，也會想要將時間用在沉浸於自然之美。不，這種說法也許是很膚淺的，正因為是像列寧這樣的人，才會比任何人都更加敏感地感受自然之美。雖然我什麼都不知道，列寧如鋼鐵般堅強的意志，而且能撼動歷史程度的大氣度人格，就連在唯物論，也感受得到親愛自然。

我去了石水山和麓林山[92]。從觀山遠遠看見那裡有相當嚴重的大崩塌，很不容易才能越過山丘。因為交通不便，登山客都不來了。連一個上山的人都沒有。

塔塔加山莊是很豪華的山上宮殿。牆壁由木頭切割而成，玄關則是由大支的圓木建造，應該是想做出山中小屋的氣氛吧。

以山莊為據點在附近走走。登上石水山發現，接近阿里山的斜坡上有極為平緩的草地、感覺很涼爽的高原。可是面對東側博博猶溪的斜坡變得很陡，四點的時候起了霧，形成了林相蒼然的溪谷。

我在明暗交錯的環境，在這個可以避開從稜線吹來的風的岩石低陷處裡，一直待到兩點左右。

沿著山谷上升的雲霧在我們頭上被西南風吹散，消失在四面八方中。利用這個空檔來沐浴在午後和煦的陽光下。

高山的花草在我們的周圍綻放著。讓我們想起大島亮吉先生曾說過「收集山之中的情愛的眼睛」（大島亮吉〈頂．谷．書齋〉[93]）這句話，連續三天登上了石水山，發現了很有趣的事。不起眼的小花有著很美麗的外表，眼前開得很大的花卻沒有很顯眼的外表。不論哪一種高山花朵的美都很吸引人，而且還具有謙讓及可愛的一面，我知道這種感受是從何而來的了。

山莊裡有七歲左右的小女生和五、六歲左右的小男生，整天在摘蕨菜當遊戲。山莊的老闆娘綁著橢圓形髮髻，臉頰泛紅，有著中年婦女的美貌，她很開心，因為少女們摘的蕨菜可以用製作給客人的菜肴。

小孩子用著小大人一樣的口氣告訴我們說，「蕨菜這裡有喔！」當小男生說，「找到了！找到蕨菜了！」的時候，小女生們就會附和著說「長大了，長大了！蕨菜長大了！」一直重覆說著的同時，就變成一首節奏普通的歌。看著這個像是童話般的景象心裡並不會膩。

「小孩很可憐的啊。」綁著橢圓髮髻的老闆娘這麼說。老闆喝酒後滿臉通紅，總是用手肘當枕頭橫躺在小火爐旁。聽說他以前的伐木技術很好，所以成為紀州林場的領班，但是在一次被倒下的樹木枝幹壓到受了重傷後，就來這個山莊當守衛了。

他枕著胳臂用粗重的聲音說，拜託這邊的年輕人，能不能幫小孩買背東西的袋子（雙肩背包的意思），然後送過來呢？好像是在第二天的傍晚，加上了我的一起發出了訂單。

92 南投縣境內。石水山標高海拔二八九五公尺；原著麓林山，所指應為鹿林山，標高海拔二八八一公尺。

93 大島亮吉，登山家。本篇文章收錄於他的著作《山：研究と隨想》（岩波書店，一九三〇年）。

氣溫在五十七點八度到四十八點九度上下[94]。

可以在山莊的露臺上欣賞山上的夕陽。第三天的傍晚，還接續著無限美麗的日落景色。

近處的景色是被乳白色的霧包圍著，遠方的景色是塔山的山崖堆積著暗紫色的雲，有青、藍、黃、紅、桃、深紅色等等各種極為複雜且多樣的變化，在每個瞬間徐徐地進行。

（八月十二、十三、十四日）

三

走在鹿林山麓鞍部的人，來到一座名為「奮鬥之坡」的山坡時，一定會想起丹波一帶的緩坡背面。那是可以吹著口哨或是小聲唱著山歌一邊走的地方。走到鞍部後，接下來就是「奮鬥之坡」和「努力之坡」兩個大山坡在等

在石水山俯視懸崖下方的一子夫人。
（一九三五年八月十二日，國分直一拍攝）

著。在爬上這個山坡時，我們想起了平時經常聽到、所以只認為是沒什麼的平凡事物，其實有言語無法形容的不簡單內容，在發出嗯嗯聲表示認同後，兩個人一起笑了。

在「努力之坡」上可以望見大關山的雄姿。另外，南玉山的懸崖看起來像是能用手觸摸得到一樣。

從岩場上垂降的時候，你將衣領立起來以免直接磨擦到脖子，雖然都在說岩場的事，但對於不熟練而且也不輕盈敏捷的我來說，就算我多麼喜歡山上，只有攀岩這件事始終是很難的。

在新高山下，駐在所[95]山屋給了我們一間小房間，頭盤著丸髷[96]的老闆娘的兒子在那裡幫我們準備餐點，她是一位二十歲左右的高壯青年。另外還有一位叫做 Watanbato 的布農族青年。

他看到我們帶的睡袋，用很認真的表情問到「一個睡袋你們夫妻睡得下嗎？」

晚上，應該是瀑布的聲音吧，如雨聲一般在天地間擴散，讓房間寒冷的空氣不停的流動，氣溫五十度，在夢中也感受寒冷空氣的流動。

氣溫就跟這個季節的樺太一帶差不多吧[97]。

94 約攝氏九到十四度。
95 今日的排雲山莊於日治時期為駐在所。
96 江戶到明治時代日本已婚婦女的典型髮型。
97 日治時期「樺太」所指為今之庫頁島。

（八月十五日）

四

早上六點，吐著白煙登頂。在南湖大山標高的附近，濃霧奔騰而來，氣溫開始下降，溫度計顯示為四十度[98]。

氣壓計的指針逐漸往低處轉，奔騰的濃霧讓眼睛和嘴巴都無法闔上，往回走到山脊在四散的霧中登山，鞋底的鞋釘踩在岩石上發出鏘鏘的聲音。

山頂有一間小神社叫做新高神社[99]。我們沒有祈願，我以為要往神社的神明那邊走，結果丈夫一副很擔心的樣子站在岩石上，在什麼都看不到的霧中四處看來看去，他說神明不會在這樣破舊的神社裡。

生火取暖的這兩小時當中，天空的模樣時時刻刻都在變化，雲層中朝陽一瞬間照射進來後，突然又變暗，是風吹起一陣濃霧襲來。

巍峨聳立的岩石上也有很溫和的東西，就是高山植物的花。在山頂附近的花姬們，粗略估計有十種左右。

高山柳、尼泊爾籟簫、深山龍膽、高山白珠樹、高山沙蔘、玉山佛甲草、玉山飛蓬、玉山筷子芥、玉山水苦賈、玉山金梅。

聽說玉山金梅跟北海道雌阿寒湖裡的雌阿寒金梅是同種類的。

以上是我們後來到了營林署後，那裡的工作人員的說明。

這一天回到山莊住一晚。

（八月十六日）

五

在兒玉山[100]的山麓，我們看到了伐木工沿著懸崖建造的木板房的住宅，每一間的門柱上都用釘子釘上寫著某某組的門牌，技術很熟練的伐木工是從紀州或是木曾

新高山山頂的神社。（取自維基百科「新高祠」條目）

98 約攝氏四點四四度。

99 一九〇六年由森丑之助等首先設置，是日本帝國當時海拔最高的神社。新高山山頂的新高神社於戰後拆毀，改名玉山後同地點曾設置于右任像。

100 又稱自忠山，標高海拔二五八八公尺。

來的，各組都是由師徒關係所組成。聽說他們一直維持著在日本山區山上人家的生活（特別是如同信仰一般的精神生活方面），說話間每個人都還保有故鄉的口音。

（八月十七日）

六

阿里山依然在下著雨雨雨。

去了塔山一趟，試著站上據說是鄒族死後靈魂的安息地而產生各種傳說的巨大岩塔上看看，也許有可能會看到海。

在山的那一邊前景遼闊，
住著人們說的「幸福」。
（Karl Busse）[101]

登上新高山的國分先生（最左側），取自臺南第一高等女學校一九四二年（昭和十七年）畢業紀念冊

我唸著這樣的詩句出門，但是天氣突然轉變，起了大霧，直到沒問題了我才回去。

在這裡最開心的事情是，達邦、來吉、特富野這幾個地方的高砂族年輕人拿農作物來賣。攤擺在警官駐在所的前庭，我看了一下，一堆形狀像芋頭一般大小的東西只要十錢，如果是像南瓜這麼大的東西，不論形狀全部一個十錢，用這樣子的方式來決定價格。買賣的交涉跟價格的計算全都交給在旁邊抽著菸的警察來處理，問清楚後才知道，他們對於數字的計算很不拿手，就算是一圓以內的加減也很困難，東西賣出去了收下賣出去的錢，完全不確認就回家了。

在分工不發達，看不到交換關係的複雜發展，是極為原始的地區性共同社會的人們才會有的事情，我覺得自己也非常能理解。

山上的少女們都很美，小孩的臉頰像蘋果一樣。

以前聽過在跟臺灣緯度差不多相同的中美洲、西印度群島的某些地方，女兒在出嫁前會去大陸的北邊比較寒冷的地方待一年左右，變美了之後再回來。在臺灣只要秋冬季在山上待一季，就會出現紅潤的臉頰吧。

（八月十八日～二十三日）

101 節錄自 Karl Busse 的詩句，原文「Over the mountains, far to travel, people say, Happiness dwells.」

七

要結束山上隱居的生活了，所以在離開之前，再去登觀山。山谷依然籠罩著霧氣、很寒冷，突然跟我說起了意想不到的話。

「還沒有小孩嗎？」

「…………………」

「如果有了要放棄山上嗎？」

「有的話，就放在背包帶上來。」

在山上等待主峰露臉時：

「也沒做什麼了不起的工作，就算是教書，上課內容一次都沒有讓自己覺得很滿意，隱居在山上有一點點浪費了。」

「……」

「但是回去後就努力加強吧，可以的，跳高也大概可以比平常多個十公分吧。」

我們在這裡笑了。

寒冷的霧散開了一段間隙，下方可看見一條相當蜿蜒的河川。本來心想在這突然轉晴的時候可以看見塔塔加山莊，結果雖然只有一瞬間，看到了山莊上方黑黑的主峰。但是我們不覺得是硬梆梆、嚴肅的東西，而是溫暖且懷念的感覺。想了一下為什麼？原來是想起在山上生火取暖的事情。

在霧中開花比較晚，很有韌性的石楠花最後的花瓣像是快掉落了。

山上終於將要來到秋天，雨季結束，頭上一片耀眼澄明青空的日子就快要到了吧。

（八月二十五日）

【後記（解釋說明）】

這是昭和十年的春天，結婚之後的夏天，兩人在山上度過，太太當時寫下的日記。她能在家當然是最好，就不會讓我覺得窘困，因為忙於撰寫《臺灣學報》的論文（事實上是金關老師幫我處理困難的地方，雖然不是好藉口，請見諒）而無法書寫登在雜誌的文章，如果太太也在的話，我想也可以跟她討論看看，於是文章最後變成這樣的結果。像女學生一般幼稚的東西，更重要的是作為搭檔的我也不能問太多，也沒辦法。

（國分）

【感想】

國分夫人的〈山中日記〉其實是很有趣、清新的文章。可是在讀了這篇文章後，非常羨慕這對夫唱婦隨的模範夫妻。直一和一子名字各有一個字重覆，而且不會將一改成二，即使把國分開，名字還是只有一個。挺好，挺好（後略）

（立石鐵臣《同人回覽雜誌》第四號）

北安曇[102]的群山

一

「不走走看木曾路，是不會了解當中真正的樂趣的。」住在信濃坂下的朋友常常這麼說，即使是匆匆搭乘火車的旅行，途經一些很接近稜線的小車站時，碧草的香味讓我高興到幾乎熱淚盈眶。

到達木曾路進入松本平後視野逐漸開闊，天氣晴朗的時候，到了傍晚西邊的天空染紅，已經是夏天但白雪仍未消失的槍岳、穗高、常念和大天井等山峰切過天際線，美麗的景色盡收眼底，燃起了我對於遠方的思慕之情。

一到了登山季節，每一輛往來松本車站的火車，都聚集了掛著冰鎬、背著大型登山用背包的山男們，非常熱鬧。

即將要進入山區的人們興奮的表情，已經完成山上旅程準備回到都市之人的滿足表情，這些

102 位於日本長野縣的北安曇郡。以山岳、自然景觀、滑雪與溫泉聞名。

表情以及它所創造出來的不可思議氣氛，就連什麼都沒準備的旅客，也被喚醒了對於山上的鄉愁之類的情感。

我一邊走一邊想著這是最後一次攀登北安曇群山了，那是在中日戰爭已經擴大到進退維谷的階段，昭和十四年的暮夏。

從信濃大町往西北方一里[103]，滿滿深青色的木崎湖畔有一座由安曇郡教育會所建造的講堂。進入山區前，我在那個講堂聽倉野憲司[104]極為詳細教授《古事記》的課程。不斷地深入探討的研究精神，安靜說話方式的背後是如火一般，對於古代史研究的熱情。只要一碰觸到這樣的事物，我就難以壓抑激昂的內心。帶著這樣子的熱忱，越過在清爽夏日太陽底下的澄淨湖面，在前幾座山的影子下，鹿島槍岳的山嶺閃著奪目的光輝，看起來很不一樣。

之後，我覺得被雲和山上的雪圍繞著的山嶺，象徵著某種遠大的事物。

課程結束後我立刻過去信濃四谷，準備了冰鎬和冰爪到達白馬山麓的分岔路，在那裡住了一晚。

草鞋上裝著冰爪，肩上背著冰鎬走在桑園中，楚楚可憐的深黃色女郎花和紺青色的龍膽花正在盛開，跟一片碧綠的桑葉形成對比。

到了分岔路，這裡的風果然比較冷，風吹過樹葉沙沙的聲音，跟松川潺潺的流水聲一起傳了過來。

入夜後，委託的導遊太田嘉吉先生到了。是一位平常接受居民的「委託」才會上山的年輕人。

我的父親也從事過導遊，但他說，新型態的登山方式必須要有體力和技術，不是年輕人的話就不行，雖然只是很普通的一句話，不過他卻很得意的說著。

「聽說您是從臺灣過來，為什麼要來這樣的山呢？」

「因為這次的戰爭似乎會越來越激烈，所以想要至少再走一次曾經很喜歡的北安曇群山。」

「您也喜歡山啊～我也是呢。但是過一陣子就要入伍了，大陸也有高山吧。」

「好像有相當雄偉的山。」

「崑崙、或天山或是大雪等等，如果名

103 約三點九二公里。

104 日本國文學者，以《古事記》相關研究聞名。

槍岳。（八月，國分直一攝影）

字的話我是知道幾個。」

二

在山上很早就天亮了。天完全亮了之後，早晨的陽光映照在杓子岳上像是被燒過、帶著紅色地表，在這發光的山峰上，清澈的天空如同天幕一般遼闊。

走在玄武岩很多的山路上的感覺，跟臺灣沉積岩的山不一樣。

五、六千尺[105]的山腰上有白色樹皮的山毛櫸林形成的深刻樹影。山毛櫸是對季節很敏感的闊葉樹，在秋天很早就變成紅色，像是一條緋紅色帶子裝飾在半山腰上，深紅的落葉鋪滿大地時，天地都被染上顏色了。在這個季節之前的暮夏，這片寂靜樹林的詩情畫意也很棒。

走過山毛櫸帶接著就是灌木林帶，穿過長

杓子岳。（八月，國分直一攝影）

得很高的虎杖[106]，終於開始有雪溪。

白馬的雪溪太過熱門了，在日本阿爾卑斯的雪溪之中算是大的。到了暮夏時期，腐植土因為降雨的關係流下來，雪變得又黑又髒，但是透過冰爪傳來沙沙的觸感很舒服。

穿著冰爪一步一步踏在雪地上前進，太田先生同時跟我聊天。

「年輕人都入伍了，變得人手不足，土地就像您所看到的那麼少，稍微高一點的地方就不能種農作物，戰況如果不利的話，能支撐下去吧。」

農地生產直接受到打擊的人們，是用自己的身體來感受戰爭以及戰爭的趨勢。

當我沉默的時候，馬上又問：「臺灣的山上有雪溪嗎？」

我回答：「在臺灣從冬天到春天這段時間，玉山東側的切口（日文版編者註：鞍部呈現深V字型的地方）或者是中央光山[107]跟南湖大山也會有雪溪，但是臺灣山上的雪在還沒硬到雪爪踩上會有感覺之前，天氣回暖就融化了。」

登上雪溪的頂端，杓子岳的美無與倫比，在雲朵流動，冷冽的天空中現出它的全貌。

白馬與杓子之間看見的山谷地形是圈谷吧？深入溪谷的玄武岩壁上有光滑的摩擦面，而且巨

105 一五〇〇—一八〇〇公尺左右。
106 別名假川七、土川七或日本蓼。蓼科何首烏屬植物。
107 應為中央尖山，標高海拔三七〇五公尺，位於中央山脈北段，南湖大山主脊陵南側，為中央山脈第四高峰。

大的玄武岩側面有很深的強烈摩擦痕跡，我想起這個是白馬冰河地形論的根據，但是也有今村學郎教授[108]的反對論。我告訴了太田先生。

三

雪溪的末端有一片花田。

車百合的紅、深山撫子的淡紅、岩黃蓍的白、金鳳花的黃和龍膽花的藍——它的美是由豐富的色彩所組成。

臺灣的山上也有花田，特別是從大霸尖山到雪山群山中的花田非常美，但是日本阿爾卑斯的花田更加纖細、華麗、豐富且多彩。

到了花田後，在接近山稜的地方開始有很多偃松。曬著午後的陽光仰臥在偃松下，颯颯吹來的風很冷卻很舒服。

白馬山中小屋裡的大通舖擠進了約二十名左右的登山客。

問這些手正在烤著炭火取暖，從東京來的學生現在幾度，他們回答大約四度左右。

沿著緩坡踏著破碎的岩石站在山頂上，發現山頂地形是突出的，就像京都時代的每一次登山一樣，整個人趴在地上俯瞰溪谷。

崩毀、掉落所形成的懸崖峭壁一直擴大，我被這無法比擬的宏偉景觀所震驚。

在陡峭山谷的稜角，從山崖向下吹的風，吹得岳樺沙沙作響。在山麓的皺褶之間有偃松。走到了偃松，雪溪擴展開來，在雪溪下方有一片比松樹的綠色稍淺的綠色樹海，傍晚的山谷會漸漸變暗。

這座山日落時，光與色彩結合形成的美，華麗的程度與它的別名大蓮華十分相稱。

在這個時間，在西邊越後地區的方向，總是可以見到朝日岳在雲層中若隱若現。

108 日本地理、地質學者，專長冰河研究。

白馬山的水仙銀蓮花。（國分直一攝影）

四

一大早，走到白霧奔騰的山稜，背稜的岩骨濕潤而呈現黑色。稜線上強勁的冷風像刀切過來一般，讓人無法呼吸，這是走在稜線上的樂趣。

杓子岳西側是急陡向下的斜坡。鑓岳前方聳立著險峻的岩稜。

在霧很濃的時候，有時雷鳥會出現在岩石突出的地方。即使站在鑓岳的山頂上，大多的時間都被埋在雲裡，無法敞開視野。但是在雲短暫散開的時候，可欣賞杓子岳到白馬之間的稜線之美。

在這裡與這些也許不能再見的群山道別了。

「部隊不會是在山區吧。」太田先生一邊說著，瞇著回頭看之前走過的每個稜線。我與太田先生一起用冰鎬，順著坡度一口氣滑下從鑓岳到天狗岳之間的陡坡裡的小雪溪。

在雪溪下面，有一小片花田是由雪水所形成。白山一花、金鳳花、車百合等等，各種色彩的花在這片花田裡，美得讓人覺得不像是這個世界的東西。

在花田的前緣，斜上方有一片岳樺，山谷吹下來的風，吹得它作響。走過那片岳樺，像裂開一樣的天狗岳屹立在灰色的天空中。

我們從這裡穿上冰爪走下鑓溫泉。已經開始緩慢流動的雪溪上有裂縫，也有出現很大的冰河冰隙的地方。另外還有因為雪溪下的水流穿過而崩塌、呈現出耀眼白色的破碎面，鑓溫泉是從山腹的裂縫中湧出，除了頭全身泡在露天溫泉中，閉上眼睛可以聽到雪溪底下融化雪水的淙淙水流聲充滿在天地之間。在並不清澈帶淡藍色的溫泉熱氣中，雪溪的雪像是白銀一樣映入眼簾。

感覺到季節即將要來到早春時節。

……

就這樣走過一座又一座的山，連去東京的空閒時間都沒有，回到了臺灣。在這個時候，歐洲戰爭開始了。

嚴苛的命運在我們面前展開。太田先生後來出征馬來西亞從某個地方出發了。

當我知道太田先生在新加坡戰死時，我很清楚地想起在鑓岳上他的樣子。

而像現在這樣生活著書寫這篇文章的時候，他瞇著眼回頭看每個稜線的表情浮現在我面前。

在鑓岳和杓子岳最後的夏天的印象，就算喚醒了我幼稚且容易受挫的心，總是鼓舞著我，給我勇氣。

（一九四七年二月九日）

【感想】

國分教授對山的熱愛呈現在這篇〈北安曇的群山〉。因為教授喜歡山僅次於老婆大人，其他人很難寫出這樣的山中隨筆。

（立石鐵臣《同人回覽雜誌》第六號）

部隊記實——越過「加羅」[109]到「思源埡口」[110]

一

充滿春菊[111]香味的飛機草[112]粥——部隊裡苦笑著說飛機草粥是「豪華午餐」——正要品嘗時突然來了一道命令。

……盡可能在最快的時間內，調查土場—加羅到思源埡口的道路狀況並回報資源和民情。

昭和二十年八月八日十三時

109 原書地名為「ムロラフ」，推估所指的地點為今日宜蘭縣大同鄉加羅山西側到蘭陽溪畔四季村之間的高地。

110 原書地名為「ビアナン鞍部」，推估所指的地點為今日宜蘭縣大同鄉思源埡口緊鄰臺中市和平區思源一帶，是昔日臺灣北東部通往中西部的要隘之一。

111 日本茼蒿。

112 香澤蘭，菊科香澤蘭屬，又稱為飛機草或饑荒草。

我被叫到隊長室，從岡清士上尉手中接下這道命令。

「我覺得到你回來之前會一直維持著，總之現在還是得事先預想會變成不翻過山區就無法跟西部聯絡的情況。這裡有一份要給在明治溫泉的一六三八六部隊山岸中尉的文件，把它交給山岸中尉，保重，拜託了。」

我回答「是」，然後複誦一次他的指示，就跑出隊長室了。

當時我們的部隊（一三八六三部隊）分成幾個少數中隊，位在距離羅東二十八公里，以泰雅族牛鬥社[113]為中心，駐紮在濁水溪的南北兩岸[114]。

牛鬥社有三座深谷，其中一座山谷的入口附近是大隊本部，我在本部的工作是蒐集情報和製作兵要地誌。

大家都出門工作了，所以房間空蕩蕩的，夏日的太陽照射在山谷之間。

往濁水溪的上游前進，幾個三角洲漸漸縮小，最後像是被吸進聳立在牛鬥社附近的巨大岩壁一般消失，就在牛鬥的石門。

石門兩側的岩壁，不論是晴天還是雨天都迴響著鑿子的聲音，蓋過濁水溪的水流聲，原來是學徒兵[115]在挖壕溝的聲音。

士兵裡有很多剛從中學畢業，少年氣質還留在臉上的年輕人。如果有人看見了我，從四面八方的岸邊都可以聽到「……老兵大哥～」這樣叫我的聲音，結果大家都壕溝口跑出來，「來這裡調查嗎？」異口同聲的說著，十分熱鬧。皮膚沒有光澤，臉上的顏色看起來就跟土一樣，但聲音是完全不怕髒的少年聲音。

站在旁邊小便的指揮官福岡班長握著粗粗的陰莖大吼著，「注意看有沒有蛇啊！找到蛇的話要抓回去啊！」

因為陣地生活可說是完全沒有蛋白質食物，士兵們發現蛇的話，會像發瘋一樣的追捕，然後烤來吃。濁水溪畔蛇很多，種類也很多。

龜殼花、青竹絲、臭青母、百步蛇和錦蛇。雖然不知道辨別是否正確，但我們知道這些種類的蛇。

小隻的整隻拿來烤（部隊裡的說法），抓到大隻的就切成一塊塊的，烤到骨頭都能吃。

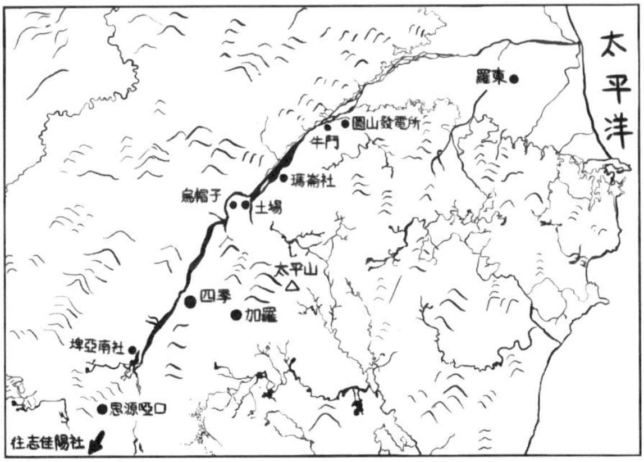

二戰期間，二等兵國分直一在宜蘭濁水溪上游執行任務的相關地點。（邱以雯繪）

---

113 牛門，日治時期寫成「牛鬪」，國分先生沿用舊式寫法，中文翻譯為新寫法。

114 蘭陽溪，日治時期稱為宜蘭濁水溪，加上宜蘭二字以區別於西部的臺灣第一大河川濁水溪。

115 二戰期間原本在籍學生可以辦理緩徵，戰爭後期戰事吃緊，基於總動員便將未畢業的中等學校以上學生編為學徒兵擔任預備隊，以填補基層人力需求或到前線服役，當時稱為學徒出陣。故前總統李登輝先生與客家文學家鍾肇政先生都曾經歷。

離開石門[116]，數著枕木一般地走在運木材用的鐵路上，沒多久，到了「圓山」[117]發電廠。在工廠前面輸水用的鐵製水管堆積如山，數了一下有五百多支，我記錄下來，只要有了這些就可以完成部隊所有壕溝的排水工程。雖然有些粗暴，因為是在不知未來會如何、走投無路的情況下，預計收集資材（主要以修築陣地用）時的調查，這些放在眼前的東西，都是在現場交涉，忍耐到極限才會徵收。

每年夏天大水氾濫，濁水溪的河床有時會比鐵路還高。替換下來被丟掉的鐵軌或枕木、有可能會山崩的地點等等，都必須要記錄下來，標記在地圖上。

距離牛鬥社八公里，瑪崙社[118]在要抬頭向上才能看見的山腹裡。這個部落正下方有一個臨時搭建的小型車站，那裡有一位年紀大約超過五十歲的媽媽和躺在木板製涼臺上年約七歲的女孩子，在發呆等著火車。

「怎麼了嗎？火車要到傍晚才會來喔。」

「我要等到傍晚，這孩子身體不舒服，帶去給公立醫院的醫生看了，醫生說沒什麼大礙。在臺北變成這樣的時候，都說是在自家中毒，然後安排過住院……真的很可憐的是，她一直流口水和頭暈，然後雙眼就閉上了。爸爸跟姊姊在總督府做一般的工作，遇到這樣的事也沒有人可以求助，而且如果又發生了什麼事的話……」

婦人開始啜泣，我因為知道五月底的一次空襲才恍然大悟，很好奇小女孩的事，持續問了很多問題，後來知道她都沒有排便，所以建議這位媽媽替她浣腸。

走在照滿午後斜陽的長坡，驚覺背上的女孩有像是自己的小孩一樣的錯覺，連妻子的臉都浮現在眼前。

被小火車碾到的一名原住民，腳紅得像是剝皮番茄一樣，醫生正在為他消毒，綁上繃帶之後，透過眼鏡看到我們。

我代替扭扭捏捏的婦人掛了號，公醫先生晃著剃短了頭髮，白白圓圓的頭說：「為何剛才不說呢？而且你（對著我說）也很雞婆啊。」之後公醫先生總算是讓她排便了。「都沒消化啊！」我們看到很佩服的表情。

「除了醫生的藥，她們還有帶梅肉精，可以讓她們吃嗎？」我戰戰兢兢地問。

「在這個時節，沒藥很麻煩，從以前大家都說是有益處的東西也不壞，就讓她們吃吧。」醫生這麼回答。既然連這件事都寫了，身為收集資訊的負責人，也必須要寫在我的收穫之中。瑪崙社裡駐紮著集合了從思源埡口以東，也就是留在溪頭社[119]部落的壯年人中選拔出來的人們所組成的高砂義勇隊。

116 所指應為今日宜蘭縣大同鄉清水地熱一帶。
117 所指應為今日蘭陽發電廠圓山機組，位於宜蘭三星鄉員山村。
118 位於今日大同鄉樂水村，泰雅族部落。
119 所指的是居住在蘭陽溪源頭而被稱為「溪頭番」的泰雅族人。

而這個義勇隊來自六三部隊[120]，非學生出身，加上經歷過南方作戰的兵隊，都由岡上尉指揮。

「巡查員也看不到部隊嗎？」

「當然啊，大家都很忙的，才不像你那樣若無其事的在這山裡走來走去。訓練的時候，雷神大人（指的是雷神部隊的青木少將）很欽佩原住民的弓，他說因為不會發出聲音，夜襲的時候可以拿來用，所以弓箭很流行。」

「六三派遣兵跟各個社的原住民關係好嗎？」

「高砂人都很信任部隊，但是也有跟高砂人一起作亂的，曾經發生過喝了酒後追著女孩子跑的人。前一陣子有士兵在……的時候，伸出手去拉……的……結果讓女孩子哭了的事。啊～怎麼表情這麼沉重……」

「高砂義勇隊的隊員們呢？」

「一個月回去各自的部落兩次，盡情的吃番薯，然後就去疼愛牽手[121]了，他們真的很好呢。」

收集情報除了從各個旅團接收即時的戰況，傳達重要事項給整個部隊之外，還必須得掌握當地民情，另外士兵們之間所發生的各種問題也不能忽略。我為了不讓部隊受傷害，甚至在將來發生不幸的，會寫一些報告書直接上呈給隊長。

小女孩張開眼睛四處張望著，我問她：「小妹妹，感覺好多了嗎？」她笑了一下，我突然感覺像是有一道明亮的陽光一般，之後我就背著她，又走下了那個長坡。

「您的恩情我不會忘的，在爸爸跟姊姊都不在的時候……。」

那位婦人又陷入了悲傷。

走在堆著黑黑的漂流木，荒涼的河床上，我的眼前浮現出許多景象，陸續湧進這個峽谷地區的難民和士兵的種種景象。

「這個三角洲地帶失守的話，可以躲到石門的深山吧，這樣的話就會把蘭陽平原的民宅全部燒毀，因為會被敵人使用。但這樣就無法顧及地方百姓了，所到之處都會發生對婦人的暴行吧，所謂的戰爭就是這樣啊。」

不可思議的是，對史前學有興趣的岡上尉，對我這個二等兵如此坦率的說出這些事。從這位自大東亞戰爭初期便轉戰中國南北的老手所說的話來看，確實是如此。這麼一想，自然地有一股近似憤怒的感覺湧上心頭。

天色開始變暗後，溪谷地區就突然天黑了。

120　二戰時期臺灣第一三八六三部隊，隸屬駐紮於宜蘭地區的雷神部隊。

121　國分先生特別以日語拼音カンチュー（kanchiu），表現閩南語「牽手」一詞，意指妻子。

土場[122]的小酒店的「大嬸」把「憨吉」[123]切大塊，然後與偏硬的白飯裝進大碗公一起端出來，嚇了我一跳。但是大嬸口中總離不開食物的話題。

「米都吃完了，但還有番薯，也還有一些南京豆[124]。但是如果部隊逃來這裡該怎麼辦，一下子就會吃完了。」

「部隊才不會逃來這裡，但是一定要考慮到難民會來這裡。」

「哎呀，說這是什麼話，你以為這裡是哪裡，是『蕃界』欸，一般人不會隨便來這裡的，所以放心啦。」

「那麼特別的人是指哪種人呢？沒問題也是大嬸妳在說的。」

「哎喲，不要用這麼兇的表情啦，好可怕，好可怕。」

即使如此，「大嬸」還是笑容滿面的說，這裡隨時都有茶，來喝杯茶吧，然後就帶到裡面，提供什麼料都沒有的丼飯。

我有一天想要出去旅行，如同她說的，沒過多久我就去要杯茶來喝，打開她告訴我的房間門，大嬸跟大叔正蓋著一條棉被抱在一起睡。大叔一點也不在乎在棉被裡說：「山上很冷吧。」看不到他的臉不知是怎麼樣的人，他微縮著脖子。我慌慌張張的，連茶也沒喝，就回到自己的房間了。

二

九日，早上起床後、吃飯前去看了集材所。我想起在瑪崙社背的小女孩，但不知道她住在哪裡。

我也去了太平山最重要的食物供給基地，烏帽子[125]的中澤農場。

「是六三來的人嗎？岡上尉還好嗎？常跟他在羅東見面呢。是來這裡休息喘口氣的吧，我也曾經在別的地方看過你喔，哈哈哈……。」

農場主人中澤先生沒問我任何事情，就對著第一次見面的我說了這一些。

「預計要種很多馬鈴薯，正在進行非常大規模的開墾準備。來了很多的移民，最近還挑選了一些因為欠錢周轉不靈的人，帶了一大群人上來。你看，從這座山到那座山。」他指著一片遼闊的山坡表示是開墾預定地。

「我就是村長，算是以恩情主義來做這個工作。」

122 宜蘭縣大同鄉土場，是昔日太平山林業的門戶，木材轉運站。
123 作者以日語表示閩南語「番薯」之意。
124 江戶時代中國傳到日本的豆子，即「落花生」。
125 烏帽子是位於今日宜蘭縣大同鄉大同國中一帶的舊地名。

在羅東包養退下來的藝伎當小老婆、胖嘟嘟而且臉色泛紅的恩情主義者。因為像烏帽子一樣聳起所以稱作烏帽子山，有兩條支流夾著在這個地方匯流。十點開始登山，十六點到達太平山上的部落時，衣服已經被霧氣沾濕了。我被分配到最好的房間，掛著一幅蘇峰[126]氏題字的「山氣滴堂」匾額。皮膚細緻像雪一樣白的少女進來，說「很冷吧」便將火盆裡的火點燃，我睜大眼睛看著她。

「父親在這座山裡去世，我和母親兩個人在顧這家會館。哥哥在南方打仗，不知道是不是還活著。」

玻璃窗外深埋在霧中。

晚上，太平山事務所的主任宮村先生來拜訪，詳細地告訴我太平山的現況，我將這些內容做筆記，寫了一份上呈給隊長的報告。

「在山上像我這樣的老人，都只有女性。但是啊，大家不論是誰都入伍了，我兩個小孩都搭上了飛機，其中一個在索羅門陣亡了，B24[127]會經過上空，偶爾會以為活下來的孩子在裡面。啊~夠了，不要再講這個了。明天有一位住在山上超過三十年的杉先生會一起來。這座山如果無法維持下去的話，我們也必須去加羅，接下來的調查也是吧。」

少女好像一直端著茶，偷偷地聽著我們說的話。

穿著柔軟的單件和服以及有小碎花的工作褲的那位少女，我覺得是十分美麗的人。

在卡羅薩《羅馬尼亞日記》[128]裡其中一天的日記寫到，卡羅薩借宿家庭的一位年輕貌美婦人，僅僅是和那位健康少婦同處在一間屋子裡，整晚就能睡得很好。但我那晚完全睡不好。

三

十日，主任一大早就將杉先生帶過來，在會館的茶室喝著熱茶。離開的時候，主任用他的手把我的手緊緊握住，沉穩的說：「多保重。」少女跟她很慈祥的母親一起送我們離開。

這天早上霧散開了，天空非常晴朗，一片萬里無雲。然後可以看到中央尖山和南湖大山等等臺灣中央山脈的王座閃耀著光芒。

杉老先生在前面默默地走著，突然停下來指著山谷的一個角落。

「你看，陽光照到的地方，圓形的綠葉交疊在一起，那是山葵喔。我以前從靜岡的山手帶過來種的，後來越種越好，每年都能採收到品質很好的山葵。說到我種的山葵，在臺北的壽司店是很有名的。阿里山的會有苦味，但我種的不會有，我在四周的山谷都有種山葵，連很遠、走路要

126 德富豬一郎（一八六三—一九五七），字正敬，號蘇峰，日本歷史學、政治學者。一八九四年起草〈臺灣佔領意見書〉、一九二九年《臺灣遊記》，他認為臺灣雖小，卻是日本帝國發展的礎石，帝國的發展必始於此。

127 二戰期間美軍轟炸機。

128 漢斯・卡羅薩 Hans Carossa（一八七八—一九五六）德國小說家、詩人。一九二四年的《羅馬尼亞日記》描寫一次世界大戰時在羅馬尼亞前線擔任軍醫的三個月的記述。

花上一天的地方都有。賺了不少錢，所以也會去找女人。在過年前的話，要在雪中收成。」

我試著想像現在如同枯樹一般的杉老先生，浮現了他年輕時經歷過的事情的畫面。

「不過現在已經不能去想明年過年的事了。」

戰爭已經根深蒂固地完全滲入，甚至是在與戰爭無關的事和眼前所見的生活中。

往加羅的路上，所到之處都是倒在地上的樹木，我們爬過一棵棵疊在一起的倒樹，在山上的太陽到頭頂上的時候，來到了標高一四〇五公尺平緩的草原，那裡就是加羅。

我們半身埋在山上草堆裡吃午餐。

「請看看那邊，雪山、南湖大山的背後為止長得密密麻麻的是扁柏密林，事業從這座山到那座山一直深入，明明是十年、二十年都還用不完的。」

「我的兒子戰死在馬來西亞，之後就只有老婆跟女兒了。我雖然很放蕩，但我兒子是好兒子。不能依賴神明，聽說日本發生了大地震，很多飛機工廠都被毀了，這座山也成為了一個傳說，神風也沒有用了嗎？」

在加羅的草堆中，老人漸漸發出類似在痛哭的聲音。我雖然非常痛心，但覺得無論說任何安慰的話都於事無補，所以什麼都沒有說。

離開加羅的時候天氣突然轉變，走到四季社的時候下起大雨，我在四季社跟杉老先生分開。

在四季社請了兩位年老的高砂族擔任挑夫，然後在接近日落時急行到埤亞南臺地[129]。

我在牛鬥社每天看的濁水溪上游再度呈現在我眼前。

滾滾的黑水，水流互相碰撞、四處飛濺、浮著漂流木，水流打在岩石上，看著這個情景讓人感到何等的悲壯。

最後果然是個悲劇，像是在暗示我的命運就是要繼續前進。

埤亞南臺地駐在所的野田巡查部長帶了老婆跟小孩來，在臺地的盡頭迎接我，準備好了浴室。

我和挑夫的高砂老人一起，全身泡在駐在所的大浴池，其中一位老人舉起手，用不流利的日文一直反覆說著一些話，仔細一聽，高砂、內地人、本島人，三個。美國一個。日本贏了。原來是在反覆說這三句短短的句子。

對於老人幾乎令人同情的單純，我無法回應，所以開啟別的話題，這樣也不會發現悲傷的事。

野田先生的長男以學徒兵的身份待在六三部隊，所以當我說「你兒子很有精神也很努力。」告訴他兒子的近況時，部長高興到眼睛都瞇起來了。

那天晚上，部長跟不會喝酒的我待在一起，一個人獨酌。

「很想要帶著埤亞南、四季社的原住民……」他開始碎念著，然後開始想要跳像劍舞一樣的

129 埤亞南臺地所指的今日的大同鄉南山部落一帶的高位河階地。

東西，但因為喝醉了，馬上就倒了，他的太太跟很多矮矮的人們，有人抬手有人抬腳，費了一番工夫把他帶進隔壁的房間。

他太太端出非常紅的蕃茄時說：「每天拚了命的種地瓜，今天一聽到小孩的消息，太高興結果酒喝太多了，很不好意思。」

四

十一日，我將加羅越嶺步道的其他狀況，簡單地寫下來，做成交給隊長的報告書，委託給部長後就出發了。

我找了兩位叫做 Awan 跟 Pisimotan 的女生幫我拿東西，接著順便去埤亞南社。部落裡有很多桃木，可說是在桃木林裡的部落。

從臺地向下走就到了一條叫做 Boboyu 溪[130]的溪流跟濁水溪匯流的地方，此處因為雨停造成水位下降，所以堆積著石板岩的碎片和埋著腐化後變細砂的河床是很柔軟的。Awan 跟 Pisimotan 找出漂流木做成鷹架。

離開臺地後，兩個人突然開始活潑了起來。

「阿兵哥，開開玩笑嘛。」

「……嚇我一跳。」

「阿兵哥，唱首歌嘛。」
「妳們還沒有要嫁人嗎？」
「哎喲，不唱歌反而問這樣的事，我丈夫上戰場後就一直沒回來了，我離婚了！」
Pisimotan 一付不在意的表情。
「啊，妳已經是人妻了啊。」
「Awan 她還沒。」
Awan 她看起來很難為情的樣子，後來就開始唱起歌了。

司界蘭溪[131]流，
捉得到鱒魚，
來拜訪一次吧，我們的志佳陽社[132]啊～

我邊聽她唱歌一邊步行。

130 南山部落周邊未查得相關溪流資料，推測可能是米摩登溪。
131 今稱四季郎溪，臺中市和平區環山部落西側大甲溪支流。
132 即今日的臺中市和平區環山部落。

埤亞南鞍部是一片很美的草原，大甲溪源頭的水形成小小的細流，分別從草原流出。已經成熟的茱萸果實在陽光下閃閃發光，在草中睡覺時，甚至會覺得戰爭離我非常遠。看著雲朵的流動，感到像是在漂泊一般。

Pisimotan 將結實纍纍的果實摘下，請我一起吃吃看。

「Awan 去找香山先生了，所以我在這邊看看。」

「誰是香山先生。」

「妳知道軟木塞吧，用櫟樹的樹皮做的，他是在專收櫟樹皮的公司上班的人。」

「軟木塞？」

「妳看，就是瓶塞啊。」

「Awan 的好朋友，是內地人嗎？」

「是啊，他結過婚但太太過世了。Awan 跟香山先生會互相搔癢。」

「搔癢要做什麼啊？」

「啊～笨蛋，問這種事。」

我躺在草上吃著果實，Pisimotan 突然跌到我胸口上，當我感受到身體有一股熱流的瞬間，我把手搭在她肩上，迅速地將她推往朝向自己的方向。

映入我眼簾的是，雙眼皮的大眼睛，另外像是用放大鏡來看一樣，黑黑的汗毛一根一根的長在毛孔中。這一剎那，感到身體的血液一陣倒流，然後我馬上再撿起長著果實的樹枝，心想我已經離青春時代很遠了[133]。

從鞍部到志佳陽社的平岩山的路上，是很平緩很美的道路，而且還有扁柏和松樹林。中途有一間小型的駐在所，巡查員穿著棉袍和木屐坐在事務桌前。駐在所前面的樹上長滿了水蜜桃。

「哎呀，真令人驚訝，現在這個時候來登山。」

「是來登山就好了，我是來調查連絡的道路。」

「原來如此，我早就把老婆跟小孩送回本國了，每天都是像這樣。這附近有櫟樹，是軍用品呢，公司的人來鞍部了，也派工人來了，所以巡查員就非得要坐在這裡。鞍部這裡有梅林，在盛產的時候會結出一石[134]的果實送到明治溫泉的山岸中尉那邊。」

我聽到山岸中尉的名字想起來自己必須要去中尉那邊。穿著棉袍的巡查裝了一大盆的水蜜桃和蘋果，要我盡量吃，因為我對蘋果感到驚訝，所以就帶我去駐在所的後院。

兩棵高度快要到駐在所屋頂的蘋果樹，樹上結的蘋果快要把樹枝折斷了。有深紅色的、有稍微青澀的還有很少見的青蘋果，美不勝收。大口咬下，冰涼的程度沁入齒間。

133 昭和二十年，國分直一先生三十七歲。
134 一石將近六十公斤。

一邊吃著蘋果，來到了平岩山。

我送 Awan 跟 Pisimotan 去志佳陽社，然後住在駐在所的山莊。山莊的前面有一座望樓，志佳陽社的少年們在那邊觀察敵機。

日本人巡查員兩人、本島人巡查員一人、警員三人，這是埤亞南線第一的配屬。

吃晚飯的時候，有一位皮膚白皙，臉頰紅潤的美麗婦人來供餐，我以為是從內地來的巡查員太太，一問之下是志佳陽社的女性。

吃飽飯後大家圍著大碗聊天。

「這裡高度太高了，好不容易才種出番藷來，一直喊著增產增產的口號，但增產是不可能的，不過，如果到了要潛入山中的時候，這裡會變成很複雜的地方。從這裡走出司界蘭溪可以到雪山，越過松嶺可以到霧社。四季社和埤亞南臺地如各位所知距離很近，不管如何都是在中心位置。以這片廣大的山林為舞臺來對決的話，敵人也無法出手吧。」

主任說完大家都點頭。

人在任何時候都不會放棄做夢，雖然我想這個很諷刺的事，但我確實也有難以捉摸的鄉愁。

隨著走過每一座山，可以從人的表情中感受到一些輕鬆愉快的事。我自己也有一些變化吧。

我想起在鞍部想要戲弄 Pisimotan 的自己。

「從這裡到明治[135]為止，一共有幾公里？」

「有三十六公里，高砂族的話，要走一天。」

我的眼前突然浮現戰雲遍佈的西部平原，我在軍司令部所製的五萬分之一的兵要地圖上，我幾乎徹夜進行註記的工作。

五

十二日，早上越過司界蘭溪，在連接雪山，大劍山的斷崖邊，看見以驚人氣勢在奔騰的濃霧。旅行的心情都消失了，在反覆思考著戰況膠著的嚴酷現實，也想到了似乎有什麼迫切的事在等待著我。

沿著大甲溪的山路，沒有請人幫忙帶行李，向下走三十六公里。空氣中帶著沉重的壓力漸漸包圍著我。

後來我頻繁地回想起史前時代的事、金關教授的事和妻子小孩的事等等。

135 今谷關，日治時期被命名為明治溫泉，託此盛名而亦被稱為明治。

【後記】

十五日那天，我在臺北對於停戰的詔書感到茫然。我立刻返回牛鬥社，鑿子的聲音依然迴響在石門裡。當我見到了岡上尉，他用很冷淡的表情說，因為「雷神」的命令繼續進行，所以一直持續著，但萬事休矣，必須要從根本開始重新看待日本歷史了。雖然看起來很冷淡，但我現在覺得當時上尉在心中悲慟。我不停地想著，上尉和翻山越嶺時遇到的不幸人們，面臨著現處寒冬中的日本要如何過下去呢？

（國分）

【感想】

國分先生的部隊記實，和之前馬場先生的作品相比又有別種趣味，就像是絹豆腐一般的感觸，果然就是國分先生的風格。因此讓我也開始想要寫一篇部隊記實。在這裡想要說的是，國分先生在部隊時，在我面前是要立正站好的，不論如何我要發揮服從的精神。但如果是池田大人，又是比我更上位，所以不論被他說什麼都是把眼淚往肚裡丟的命運。應該被詛咒的是軍閥。

（立石鐵臣《同人回覽雜誌》第五號）

從取材這點來看非常有趣，並且有很美的敘景和敘事。這當中隱約可見作者憤慨的地方。但是這種憤慨，有一些稍微不足的地方，作者沒有製造出非常大的張力，所以最後無法掀起高潮。

如果是長篇文章的一部分還可以，若以一部完整的作品來看太薄弱了。

但是我很喜歡像是長篇一部分的短篇文章，會這麼說是因為大致上沒有感到討厭的地方，反而像國分先生這樣的個性，或許可以猜測他總是只能寫像長篇一部分的作品。所以必須要給國分先生一個忠告：「不要害怕不好聽的話。」如果不小心跟林熊生（日文版編註：金關丈夫先生的其中一個筆名）說這些事情，會發生很麻煩的事。

我十分贊成評論這是國分老師作品當中的傑作。

（金關丈夫《同人回覽雜誌》第五號）

話說回去還是不回去

從戰爭結束後到現在，好幾次在討論要回日本還是不回去？我從終戰的隔年開始可以留下來，直到大部分的日本人（包含我的家人在內）都撤回的那年十月份為止。從那之後我一直被排在應該遣送回國的第一順位人員當中。但是我在這裡長年的工作還沒整理好，想回去也沒辦法。從師範學校到編譯館，從編譯館到大學，不斷地轉移直到現在，不，是能夠到現在，有一種不可思議的感覺。我給很多熟人添了麻煩，尤其是金關博士，所以我自己絕對不能覺得是輕而易舉的。

某人也曾經親切地給我忠告，「犧牲家庭所做的研究是很可笑的。」、「也要考慮到身為日本人的顏面啊。」等等，而他們說的我也非常清楚。在心情上，對我來說已經十分痛苦了。但是即使得這樣留下來，我還是想把目前的工作做一個總結。

收集到的資料一定要寫成報告書，才能作為學術資料被廣泛使用。光是收集而把它堆在角落的話，完全沒有任何意義，不如讓它自然的遺棄在遺址上還比較好。遺址經過一次的發掘，就會永遠改變那個遺址在當地的樣貌，只要沒有寫發掘計畫和仔細材料的報告書，就只是在破壞遺址而已，對親手碰到的東西要盡到對它的責任。因為這樣子的情感一直在我心中，嚴格到甚至可說是道德，所以就算是無法完成，我仍然很深刻的思考著，至少要先準備，回去日本後才能將工作

在臺灣大學文學院史學科描繪實測圖。（一九四八年）

統整起來。

雖然我覺得準備工作大約一年左右可以完成，但是因為接到新的工作，又認為得花兩年的時間，因為開始可以處理大學裡的材料，我更想要有更多的時間。

從有名的伊能嘉矩先生的收藏開始，到已過世的移川子之藏教授與民族學研究室現正移動中的宮本延人教授的收藏，比我早一步先回東京的淺井惠倫博士都經常關心著。淺井博士、金關博士和宮本教授他們共同的工作，大瑪璘遺址龐大的採集資料[136]，在某時期的臺灣史前研究史上留下相當多的足跡的宮原敦博士的收藏[137]，還有其他無名採集家所捐贈的資料，這些採集家即使在清冊中留下姓名，但可能是不常被提

136 現稱「大馬璘考古遺址」，一九〇〇年（明治三十三年）年鳥居龍藏發現後，日治時期由森丑之助、移川子之藏、金關丈夫、淺井惠倫、宮本延人等學者進行多次調查與小規模試掘。戰後一九四九年中央研究院與臺灣大學首度進行較大規模考古發掘，近二十年來更歷經多次的工程搶救發掘，出土大量陶器、石器、玉器與石板棺，二〇一八年公告為南投縣縣定遺址。是臺灣中部山區新石器時代中期到晚期的重要考古遺址。

137 所指的宮原敦先生的收藏主要應該是屏東恆春的墾丁寮遺址以及北部圓山遺址、中部水底寮遺址的相關採集與發掘遺物。

在臺灣大學文學院後方。
（一九四九年二月末，右邊是國分直一，
左為著名人類學者陳奇祿）

起，或是從來沒被發現。看過這些資料後我覺得，正因為幾乎都沒有在學界發表過，基於留用者的責任，我想要把這些資料的實測圖做出來，交給學界。

如果能夠完成，那當然是非常開心的事。但是，我不認為這是在撿現成的工作。以尾崎秀真[138]先生為首，有三、四位的採集家的收藏在戰爭結束後搬到金關博士跟我這邊，數量非常的多。在整理資料的同時，甚至會感到遺憾：為何這些資料都沒有做出報告書呢？雖說如此，只要想著這些採集家們應該也覺得很遺憾，就會想要代替他們，盡全力多爭取時間。

要說我盡全力做的是大事，但我現在做的工作是做實測圖而已，是件笨蛋也會做的事，困難的事情有立石畫家[139]來處理，最後我的工作雖然被稱為工作，但卻是沒什麼特別的單獨作業，說是在做最基本的資料整理也不為過。

但是我終於可以開心地告知過去曾幫忙過我們的人，這個基礎的作業近期要完成了。如果可以把這裡準備的東西帶回去，並且只要有時間在日本以這些為基礎進行統整，我好像可以完全盡到自己該盡的責任。既然已經做到這個程度，當我被告知「回家吧」的時候，因為可以興高采烈地回家，所以那天是自從戰爭結束以來，第一次感到沒有任何煩憂的日子。但是即使是在這個時候，如果弄錯了，而被問能不能留下來再多做一點的話，我覺得我又沒辦法表達自己的想法。並不是所有的事情都了解，不如說是不瞭解的地方有一大堆的空白，所以既是指導者也是共同研究者的金關博士有可能會被留下來，而我一定會猶豫不決。因此我要回日本的唯一一條路，只能像這樣進退兩難地拍拍屁股「回家吧」。但就算是這麼說，也還是會咬著牙留下來，而這次沒有發生這樣的事。我到現在還常常夢見自己丟下堆積如山的資料搭船去了。不過現在不會再做這樣的夢了，反而常常夢到日本。

總而言之，如此焦躁地說著時間、時間的我，就是在這個時候終於可以放鬆的證明。

「嗚——」的汽笛聲中，我在基隆出發的船上，自顧自地想著自己的事情。我想著在日本的土地上，妻子和小孩的臉頰變得紅紅的很美。

要回去還是不回去，對我來說已經不是什麼大問題了。

138 日治時期著名新聞記者，特別對臺灣的歷史古蹟、考古與藝術有高度興趣，蒐集了許多臺灣考古遺址的陶石器。二〇一〇年日本山口縣梅光學院大學將國分直一先生遺物悉數捐贈給國立臺灣大學圖書館與人類學博物館典藏，其中為數不少的遺物上都有尾崎的屬名。

139 指的是與國分先生同時期的繪畫大師立石鐵臣。

萬歲！

聽著靜靜的雨聲，體會著或許是最後一篇也不一定，能夠將這篇難得的文章發表在《回覽雜誌》上的幸福感，讓我能走到這一天，並付出各種心力，同人的諸位先進們，我也想完整寫出對於他們無法壓抑的感謝心情。

（八月十四日夜記）

在臺灣大學文學院附近。
（一九四九年二月末，右為著名考古學者宋文薰）

代理父親記

從國民學校時期開始教導，不知不覺中對教導的學生產生情愫，那就是真愛。更何況當時兩人的國籍也不同（一邊是贏家，另一邊是輸家，如此不可思議）[140]，卻成為情侶。但是他們也克服了命運的捉弄順利結婚。像這樣如夢一般維持著純情的故事，在如今翻手雲覆手雨，人情變化十分激烈的時代中實現了。

本來在走到這一步之前，要擔心很多事，但是一步一步做了這個決定的他，總是一臉傻笑的。

每天，他都從他在編譯館三樓的房間，來到我那在屋頂上、猶如瞭望台的研究室，一天會來好幾回。

「鳳姿她啊，鳳姿她……」

「嗯，好了，好了，這樣就夠了。」

140 戰後留用的池田敏雄與黃鳳姿於一九四七年一月結婚。

「不，再聽一下啦。」

……

在這段時間裡，我接受了做他的代理父親的要求，這是金關老師、立石畫家和他三個人決定的。

雖然像宮本先生這樣的前輩也在，而且立石畫家也是前輩，是命運的安排嗎？最後卻決定是我了，但是我非常開心，還有點得意。

一到了婚禮的會場，他除掉了臉上的雜毛，頭髮梳得很整齊，穿著新西裝，看起來很興奮，坐立難安。

介紹人金關博士夫婦，在會場中受到很好的照顧。看到很長一段時間守護著他、帶領著他，告訴他美國那裡有雞、其實是很溫暖培育著他他的博士夫婦，兩人高興的表情中充滿著溫暖的感情。

走到他的書齋，矢野峰人博士很開心地跟鳳姿小姐的叔父聊天。

擔任司儀的峰人博士在正中央的位子就座後，介紹人伉儷、新郎、代理親屬的我和鳳姿小姐的親戚們也陸續就座。

立石大師彈奏孟德爾頌的〈結婚進行曲〉，在這美麗的進行曲中，金關夫人牽著鳳姿小姐的手走進來。

司儀是峰人博士，很隆重地開始介紹。

全白的卷軸上用著美麗的字彙，寫滿了溫馨的話。

他所讀出來的每一句，都讓在座的每一位深受感動。

詳細的情形會一字不漏地寫在立石畫家的報導中，我就寫到這裡。總之我在代理父親要簽名的時間，厚著臉皮去簽了。如果他跟鳳姿小姐的父親都還在的話，不曉得會有多高興，想著這件事的同時，我簽下了難看的名字。

最後新郎、新娘跟大家握手，做個簡單的交流就結束了。我心裡吶喊著，我變成他的父親了，於是更加認真地握手。但又擔心之後會後悔，所以收斂了一些。

婚宴剛開始的時候，我正好有事，所以沒聽到介紹人介紹新郎新娘。

後來聽人家說，作為父親要在現場跟大家稍微致意，我才恍然大悟，但當時我完全沒有注意到。

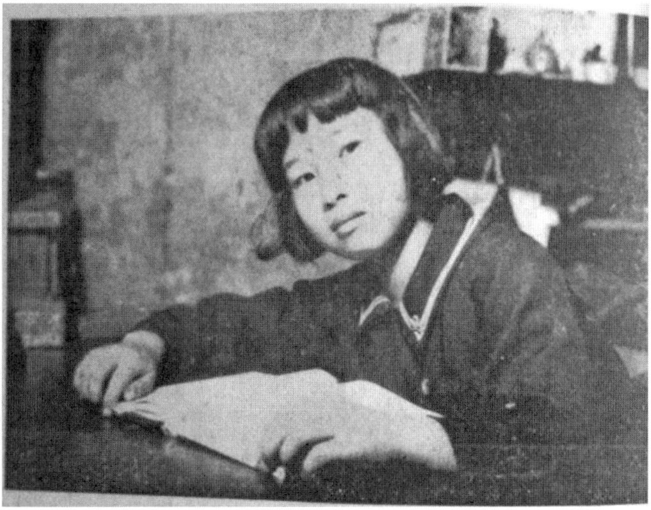

黃鳳姿照片（取自維基百科）

他們兩人後來去草山度蜜月。我覺得所謂父親就是看到新婚夫妻在這趟旅行回來後，帶著愉快的表情才會安心，所以我等待他們回來的時間猶如一日三秋。過了不久，他們很開心地回來了。

萬歲，池田敏雄和鳳姿[141]！

他們很仔細地報告草山的動靜，但只有一件事要向《同人回覽雜誌》的大家披露。

他們去泡溫泉、散步、聊天，像是有無盡的歡樂。只有一件事情失敗了，就是他們猜拳，輸的人必需要做到贏家的要求，因為他很溫柔，所以都是他猜輸了。當時映入新娘眼前的，也許是轟炸，不知道被什麼東西打破的玻璃窗。也許是隱約浮現出過去在戰爭時，很狼狽的池田二等兵的臉（這些都是想像），她用著像是下士的表情，命令他把臉朝著窗外五分鐘。他複誦命令，探出頭看窗外的景色，風非常的冷但景色很美，結果有點感冒，但他很開心。

「鳳姿她啊，鳳姿她……」

他每天都上來三樓我的房間跟我訴說快樂的新婚生活。他們本來就是新婚夫妻，所以身為代理父親的我和大前輩的立石畫家都表現出極度關心。

雖然很讓人擔心，他們兩個人之間終於有可愛的小東西登場，這樁婚姻每天都有全新的意義，每天都會有新奇的事情發生，事實上也確實如此。

再一次：萬歲，池田敏雄和鳳姿！

（一九四七年一月九日）

141 池田敏雄是日治時期的臺灣民俗學者，《民俗臺灣》雜誌的主要編輯與創作者。一九三五年任教於龍山公學校（今日的臺北市龍山國小）並指導學生黃鳳姿撰寫多篇民俗文學作品，如《七娘媽生》、《七爺八爺》，黃鳳姿更被稱為臺灣第一位文學少女。戰後兩人結成連理，師生之戀是當時的一段佳話。一九四七年二二八事件後，夫妻返回日本島根縣定居。

蘭嶼紀行（第一回）

五月二十四日

民國三十六年（一九四七年）五月二十四日早上，大地由一片全紅轉白時，我加入了蘭嶼科學調查團，舉起了讓人看著有點不好意思的三角旗後，搭乘巴士前往基隆。中途還有下雨。到了港口，似乎開始起風了，連在港中也是波濤洶湧。搭的船是不到七十噸的發動機船，船長認為這樣的天氣出航很困難，所以取消航行。一行有幾個人？大家是如何參加的？完全沒有人知道，總之兩臺大型巴士載滿人和行李。

二十六日

天空多雲陰沈沈的，不確定起風的日子會持續多久，雖然可以推測什麼時候開船，不過已經決定要搭船了，所以金關老師、蔡滋浬先生[142]、松山虔三先生[143]（本名：杉山直明）和我，決定前一天就立刻搭夜車南下，匆忙出發，從臺東到新港[144]等船。火車非常擠，到臺中才有座位，因此勉強來的金關老師，他的香港腳在一夜之間惡化，到了高雄後，老師的腳嚴重到連穿鞋都無法走路。我趕快去詢問往臺東的巴士，從車站回來後，沒看到松山先生和蔡先生，只有金關教授一個人站在那邊。

松山先生被憲兵帶走，但是不到十分鐘的時間，因為蔡先生的說明，事情才沒有變得更麻煩，就搭上非常擁擠混雜的巴士了。蔡先生說松山先生被帶走的原因好像是他的落腮鬍（明明平常都刮得很乾淨），留鬍子的方式很像日本人所以引起注意。我跟金關教授的鬍子都不顯眼所以沒有事，或許也可以說就是這樣才沒事。

巴士非常擁擠混雜，到東岸的大武之前都一直站著，整個人頭昏眼花，中途下車在大武休息和打霍亂疫苗（因為去年大流行）。在走路找地方吃東西時，遇到雅美族*唯一的無線電技術人員山田正之助先生，是從玉山北峰來這邊新上任的人員。

「有一件很令人困擾的事，就是要改成中國的姓名，如果不改的話就不發薪，很困擾。我還

142 蔡滋浬（一九一七—一九八一），臺灣戰後著名醫學解剖學者。師承臺灣第一位醫學博士杜聰明先生，創建高雄醫學院解剖科，曾擔任中山醫學院校長及附設醫院院長。

143 日治時期攝影家，於臺北帝國大學南方人文研究所擔任囑託，熱衷臺灣常民文化與風俗紀錄，與金關丈夫、國分直一、立石鐵臣、池田敏雄等人投身《民俗臺灣》雜誌編纂，留下許多珍貴的攝影作品。

144 今日的臺東縣成功鎮在日治時期舊稱新港。

＊ 臺灣版編註：今稱達悟族。

是叫山田正之助最好，對不對。」

他一邊說，一邊抹上髮油，梳著他烏黑的頭髮。

到了接近臺東，發現到處都是佩槍、武裝的高砂族軍人，二二八事件後還在警戒狀態。

到了臺東，非常驚訝有很多軍人和憲兵。以前的ＸＸ旅館改名為「高眉」。旅館的斜對面有憲兵隊總部，前面的電線桿上釘著一個寫著「告密箱」的盒子，告密有獎勵。

為了要治療金關教授的腳，我們走去小鎮去找 Lysol 的藥，結果找到一個叫做 Sosol 看起來有點可疑的藥就回來了。晚餐後想去小鎮走走，但是二二八事件當時的柯前參謀長[145]要來，門口開始來了很多軍人和憲兵。

所以我們就不出門了。金關老師把 Sosol 加到熱水裡開始治療他的腳，教授的腳很嚴重，都已經腫脹發白了。

二十七日

搭七點三十分的巴士出發，過去是那麼平坦的道路現在變得很糟，我們在有可能崩塌的海崖上下車。

新港旅館的女服務生是阿美族的婦人。以前在這個很熱鬧的漁港，這間港邊的旅館很整潔且漂亮，但現在都有黏黏的髒污，以及手無法碰觸的地方。往廚房瞄了一眼之後發現，平鰭旗魚上面都是蒼蠅，即使如此，從二樓眺望的景色很美，像是小船塢一般的港口進來了好多的漁船。

我吃完午餐後，馬上就去看白守蓮的石棺遺跡[146]。來到這裡沒有憲兵也沒看到軍人，偶爾經過的阿美族人，不會用刺探的眼光來看我。

走進白守蓮村，立刻就遇到一位穿著丁字褲走在路上的年輕人，向他問了很多有關石棺的事，但是只知道在山區那裡有其他一概不知。也不知道可以去哪裡問，他應該不會不知道，可能是如果不小心說出來的話會很嚴重吧？

豎立著大圓柱，將鋸下巨木做成的板材組合而成的阿美海岸的房子，具有簡樸及厚重的美；因為還是大白天所以村子裡只有老人跟小孩，在離阿美族村莊有一小段距離的海邊找到一位嚮導，一位老人，本省籍漁夫，嚮導費一百圓。

石棺遺跡在村莊的北方約兩公里的高山臺地上，北面有溪[147]，東面是臺地的斜坡，從那邊看到的一片汪洋是太平洋，有兩座石棺，其中一個嚴重受損。根據鹿野忠雄博士的報告，在乾旱

145 一九四七年二二八事件時的臺灣省警備總司令部參謀長柯遠芬，是導致二二八事件全島衝突擴大化的主要決策者，軍職退休後避居美國。

146 白守蓮「石棺」，學界現稱「岩棺」，以區別用單一大型岩塊刻鑿而成棺型的結構，與多塊石板拼合而成的箱式石棺之差異。一般認為臺灣東部的岩棺是距今約三千年前新石器時代晚期的麒麟文化所屬遺構。白守蓮岩棺現保存於國立臺灣史前文化博物館。

147 此溪流被稱為キナブカ溪（【譯註】富家溪），從出海口回溯約三公里的溪南岸有遺址。

時，阿美族人會用刀敲擊棺緣來祈雨所以就損壞了[148]。以前在臺地的斜坡上進行耨耕（日文版編註：使用掘棒或鋤頭，早期的植物栽培），現在變成階梯狀的水田了，因為下雨的關係，黑土變得一片泥濘。走在田梗上，在草地中有一個個沾著黏稠黑土向上走的腳印。

石棺的棺身前後左右都有突起，形狀跟日本古墳時代中央挖空的石棺類似。日本以前的委任統治地帛琉也發現過類似的例子，那和在南方發現的中央挖空的木棺有關連吧。將樹木砍下，把原木的中央部份挖空做成木棺的形式，原本就被認為是從石棺遺留下來的。

白守蓮遺址有很多板岩的碎片，寬四十二公分、長一〇八公分、厚三公分，被用來做閘門的石板，一部分用來架橋，那也一定是古代遺物。對這裡過去的居民而言，採集做棺材用的石板絕對是很容易的，而且從這邊不製作組合式石棺卻使用製作困難的挖空木棺這一點來看，過去居住在白守蓮臺地、遺留伸展葬[149]所使用組合式石棺的先住民，跟現在住在這裡，使用屈膝蹲坐葬的正方形組合式石棺的高砂族，不得不被認為是不同的系統。

我將石板碎片和打製石斧裝進木綿做的採集袋裡走下山丘，遇到了從山上回來，穿著卡其色褲子和分趾鞋的阿美族年輕人。

跟他打招呼後，他停下腳步，很高興地看著我，說著「日本人？」並一步步靠近，「是日本人！現在還有日本人？」他驚訝的說。

「我是兵長，曾經待過拉包爾[150]，隊長對我很好，我常常夢到日本人。」

他用很流利的日文說。

跟「兵長」道別後，我走到海邊看看。在大多數是海浪打在山邊的岩礁或是岩岸的東海岸，很難得有一片美麗的沙灘，剛好那個時候可以捕到平鰭旗魚所以很熱鬧，雅美族跟臺灣漁夫一起作業。漁夫的僱主是本省人（福建系），他家在可以看到海的臺地斜坡、俯視漁村的地方。

我看見了使用在釣鯛魚的魚線上的石網墜，一個賣二十圓。我覺得對於思考石網墜的用法上有幫助[151]。

回到新港，看到從基隆來的船靠岸了，調查團一行人從這裡上岸。Schwabe[152]先生沒有暈船，上岸後馬上跑到金關教授那裡，可能是找到可以說德文的人很開心，突然開始說起他的論

148 （原註）鹿野博士曾論述：「詢問附近的番人得知，這個石箱上還覆蓋著其他不完整的石箱，但一時之間無法相信。」（「人類學雜誌」四十五卷第七號，「關於臺灣東海岸巨石文化遺址」）。我認為所謂在石箱上其他不完整的石箱，有可能是蓋子。但是鹿野博士認為是同一個種族的東西，他說：「那些遺物例如石棺會隨著地理環境而有不同的形式，但都是相同的」而形式不同的原因為：「Dual organization 也就是說有平民階級與領導階級。」這有些不太可能的吧？鹿野博士應該是認為就像是排灣族或卑南族那樣的頭目制，他們用的是石板製成的方形組合石棺，但沒有為了頭目有特別的樣式。這樣的例子不存在於目前臺灣的原住民族。與臺灣的住民較為相近的印度尼西亞系之中會不會有這樣的例子呢？這是希望宮本延人教授能賜教的地方。我認為上述兩種形式的石棺所呈現出的是分屬於不同系統的埋葬形式。像白守蓮所看到的石棺，還有新社與加走灣頭也能看到。

149 仰身直肢葬。

150 巴布亞新幾內亞的新不列顛島上北部的城市，是二戰期間日軍在南太平洋上的重要軍事據點。

151 （原註）不一定只有鯛魚，別種魚也可以釣。

152 德國籍生物學家。

點。松山先生說因為 Schwabe 先生是溫泉藻類的專家，可以跟他聊聊小蘭嶼的溫泉，所以介紹給我認識。跟他聊了之後，他高興地拍著大腿說：「Much interesting, much interesting.」從他藍色的眼睛中展現出對於工作異常的熱情。

「因為聽說來了兩位日本人。」晚上，住在新港的日籍船長來拜訪我們。他們一家五口留在這裡，非常努力與孤獨對抗。

二十九日

聽到消息，船在隔天早上出航，在小雨中探訪附近的 Shirokohai 村[153]，雅美族的村子[154]，「日本人有沒有淋到雨都沒關係，請進來遊玩。」那裡也有能說如此流暢日文的人。因為下雨，很多網子都在修理。我想，如果在雅美族漁具上，無法發現宮本教授所謂的A式、B式和掛著石錘的東西，也就不用挨家挨戶觀察了。

我在新港入口的打鐵舖購買依照雅美族規格製造的斧頭還有小刀。它的形狀真的很有趣。據我所知，鄒族和泰雅族也有這種小刀，而且苑裡的貝塚也有類似的標本出土[155]。

從打鐵舖帶著買到的東西回去的路上，經過一間餐廳的時候，無意間看到一個有點髒髒的中年男子，把手伸到只穿一件襯裙、看起來怪怪的女子胸部，用手指在玩弄她。

下午，我與松山先生兩個人，去拜訪昨晚來找我們的船長，漁港的北側並列著像火柴盒一樣的小房子，房子以前屬於移民來這裡的漁夫。在這些房子接近北邊郊區的地方，找到了岡田船長的宿舍。只有太太跟小孩在，因為開始吹北風了，先生覺得可能會補到旗魚，所以開船出海了。客廳的牆壁上掛著各種粗細的釣魚線，還有大大小小各式各樣的魚鉤。

「最煩惱的是小孩子的學校，在一年半的時間裡，是否回國的混亂一直無法塵埃落定，也沒有能去的學校就這樣一直下去，後來，因為君嶋先生（船長）的太太曾經是國民學校的老師，所以就拜託她，每天上課到中午為止，學生有一年級兩名（男）、四年級一名（女學生）、五年級兩名（其中一位是女生），總共五人。」

在說著這些話的同時，金城次郎先生來了，他是留用者之一，原籍是沖繩縣系尻郡系滿町六五二，雖然不高但是看起來精神飽滿，全身曬成暗紅色，而且長滿了黑色看起來很恐怖的體毛，像是棕熊一樣健壯且溫柔。

太太叫做Kama，女兒是千代子和良子，兒子叫良次，笑瞇瞇地說著家族的事情，最後終於講到去遠洋捕魚的事。

153 今日的臺東縣成功鎮芝田部落。
154 原著為雅美族村落，可能為繕打錯誤，據查當地一直是阿美族的村落。
155 〔原註〕金關老師指出與有段石斧的形態相似。

說到安達曼那邊，他被當地人丟長槍，因為被那傢伙刺中了肩膀，所以就單手游回船上，哈哈哈哈哈……。

茶谷國松先生來了。他說要回去沖繩八重山石垣町。岡田先生要回去千葉。君嶋先生要回和歌山。聽說現在一個人出海的高崎先生要回大分。他們始終抱持著要回國的念頭在生活著，這是每一位在這裡看到的日本人所過的生活。

君嶋先生回航了，他要我過去，讓我看看「教室」。打掃得很乾淨的客廳有一塊小黑板，準備著四張利用船材所做成的長桌，客廳的一面牆壁上掛著釣線和釣鈎。

岡田船長終於回來了，雙手抱著一尾看起來很重，頭尾都切掉還滴著血的平鰭旗魚，沒多久就被切成不知道幾百份厚厚的生魚片了。君嶋夫人在幾個大盤子上放著快滿出來的握壽司，好不容易才端上來，當然上面放的是旗魚，大餐桌上整個桌面都是旗魚、旗魚、旗魚。原本不在的山本老師也因路過被拉了過來。到了晚上，松山先生帶金關老師、金子壽衛男先生、原田先生、馬廷英[156]隊長和陳禮節[157]院長過來。大家一起喝酒。

金城先生放聲高歌，但不知道到底在唱什麼，看到我在一旁偷笑，就大喊著「喂！」在這個時候，他抓著原田先生，說要摸他的頭，用盡全身的力量拉著頭髮，弄得一團亂的時候，ＸＸ先生說，好了，該放開了。後來，原田先生非常輕而易舉地將灰熊金城先生的手鬆開，事後才知道，原田先生以前是馴獸師。

這裡的其中一桌，叫來了兩位臉塗著白粉，十五、六歲的雅美族少女，用還很稚嫩的聲音唱了幾首日文歌，她們是在城鎮小酒店工作的人，我看著她們感到心痛。

金城先生隨意大喊，講一些像是日本精神之類的，這個時候松山先生為了要緩和一下，所以就站起來，舉起一隻手的手掌像是蛇的脖子一樣，把另一隻手放在手肘上，配合著抖動不停的動作，開始跳起很不可思議的蛇舞。

過了不久，喝得爛醉的松山先生跟我、金關老師和金子先生三個人互相攙扶回到旅館。記錄像這樣子的一天，完全不會覺得沒意義，所以就照實寫下了。

---

156 馬廷英（一八九九—一九七九），我國著名地質學、古生物學者，曾任臺灣大學地質系主任兼海洋研究所所長等研究機構職務。提出地殼剛體滑動說、古氣候與大陸飄移之研究與臺灣西部海域蘊藏石油等重要論述。一九四五—一九四六年間任蘭嶼調查團團長。

157 陳禮節（一九〇六—一九八四），中國醫學家，戰後一九四六年隨陳儀來臺接收日本赤十字社支部病院，改隸為國立臺灣大學醫學院第二附屬醫院，擔任醫學院教授兼院長。是第一位非臺籍院長。一九四八年返回大陸擔任浙江杭州醫院院長，文革期間遭到不人道對待病死獄中。

蘭嶼紀行（第二回）

五月三十日

早上六點乘船，七點出航，臺東縣縣長因為要視察蘭嶼所以坐上這艘船，縣長似乎對我們的船長感到不安，因此要求新港一位有名的船員君嶋船長一起搭船。從船長室的窗戶可以看到君嶋先生的臉，天空多雲，陽光偶爾會照在海面上，但光線無法穿過海水，使得海水看起來一片漆黑。在上下搖晃的船尾，水手輕鬆地綁著繩子。大概有兩次，胸肩部像是生氣一樣聳起的扁平金黃色大魚被釣上來，只要每次大喊著小偷[158]、小偷，都會有人步履蹣跚地跑出來看。

十點五十分抵達火燒島。面積的八十八%都是荒涼貧瘠的土地，因為下雨而在臺地上顯現出紅土的顏色。

上岸後，分成幾個班分住一晚。我去了鹿野忠雄博士曾經試掘過的油子湖遺址[159]看看。本來想要找金關老師和松山先生，但教授因為受香港腳所苦不能去，松山先生因為前一晚新港的大宴會宿醉所以也不能去，只有我一個人前往。

在中寮的國民學校問路，還很年輕的校長說著：「你是日本人啊，真是稀客。」帶著可愛的學童做介紹。

比較像部落的只有在公館的部落，為了要抵擋秋天的強風，屋頂盡可能的蓋得很低，牆壁用珊瑚礁岩堆成，補強用的灰泥盡可能使用厚材料。「這裡有年輕的日本女人，是漁夫的妻子。」少年這麼說令我感到驚訝。走到海岸，看著美麗岩礁；早坂老師在《日本地理風俗大系》中曾說明，這些岩礁輝石安山岩受到風化侵蝕作用後所形成；另外，雖然我只顧著匆匆前進，但耳朵裡不斷迴響著「有年輕的日本女人」。

從中寮灣繞了一圈東北方的海岸，走到比較傾斜的東南沿岸臺地的坡道，遇到一位背著甘薯的中年農夫走了下來。向他詢問關於油子湖的事情，他說是他住的部落。說到石器與陶器，他說：「石器與陶器的話，十年前有一位胖胖的日本學者來到這裡，尋找這些東西出現的地方，當時，我有幫他帶路而且在部落的田裡挖到。」鹿野教授在那個時候已經開始變胖了，所以才會留下「胖胖的日本學者」的印象吧？我以非常豐厚的回禮為交換條件，成功地請他帶我到他的村莊去。

平緩的臺地長著短短的青草，以波狀相連接，圍繞在底下的珊瑚礁十分發達。每個臺地一波波層層相連，朝著大海深處像是陷落的地方，都是扇形地形很發達可做農耕用的土地。

158 日語中鬼頭刀的其中一個別名為「万引」，中文意思即為小偷。

159 今日的臺東縣綠島鄉柚子湖遺址，屬新石器時代晚期到鐵器時代的遺址。

油子湖是更加典型、具備這種條件的土地。

北、西、南三個方位是粗紅土的斷崖。往油子湖部落要先走到斷崖上方再往下走，之後會有大約三百平方公尺的平地，東邊是大片沙灘，點綴著珊瑚礁，大海打在岩礁上，平地大部分都是黑色的砂質壤土。有幾戶人家在與海岸相接的中央位置，與鹿野博士前來發掘時相比，看來完全沒變化。

遺物四處散布在住家附近的田地中，他說：「上次日本學者挖的地方在這裡。」我發現沿著田地的草叢裡標示著一個地方，連探坑的方向都在地面上標示出來。鹿野博士在〈臺灣東海岸的火燒島的史前預報〉中提到，「文化層[160]的厚度應不到一公尺，位於粗粒帶赤色的表土底下六十公分左右[161]。」

但現在這個地方以及附近區域，土壤已經不是厚約六十公分左右粗粒帶赤色的表土，而是堆積著黑色的砂質壤土。在草叢附近有條小路，我曾經在路面下看到貝殼，所以覺得是貝塚的遺跡，但用尖鎬在那個地方挖出文化層進行測量的結果，卻是厚度為四十五—五十五公分的黑色砂質土，底下是帶淺褐色（推測是由珊瑚礁風化而形成）的砂質層，且在這一層沒有發現遺物。

這裡可採集到的遺物，除了鹿野博士報告的東西之外，我有興趣的是典型的靴型石器和貝斧以及珊瑚石灰岩製的大型石斧。

感到累了所以就回去了，晚上在南寮區公所有臺東縣長的招待會，所有的美食都是火燒島當地居民帶去的吧，桌子上鋪著白紙，桌上擺著豬、鴨、魚讓大家取用，白飯則是做成飯糰。

縣長跟馬隊長的致詞都是用中文，很遺憾我一句話都聽不懂。同樣也是一句話都聽不懂的 Schwabe 先生一直跟我聊天，說著關於他在智利發現 Never touched 且 Never known 的 Neolithic site（新石器時代遺址）。

Schwabe 先生不論在什麼時候，都在講跟學問有關的話題，而且我大概了解 Schwabe 先生講的內容。但是如果 Schwabe 先生講了太多，會變成只在說自己的事，讓人很困擾。「你講的東西我多少都了解。」「但是如果是在講你自己的事情，對我來說很困難。」只要這麼一說，Schwabe 先生就會說 All right，之後開始講冰島的事情或是溫泉的話題說個沒完。

在歡迎會結束後，他提出陳禮節院長為何像是在爭辯一樣的方式說話，是發生了什麼事？那樣的說話方式，我想是 Schwabe 先生表達對中國人的感受吧。

晚上，分成幾組住下來，金關教授和我以及松山先生去國民學校借用校長宿舍的其中一間房間打地鋪。

隔天一早，年輕的校長夫人端牛奶給我們，我一邊享用，一邊想著「這是聯合國救濟總處苦心送來的救濟物資吧？」

160 人類活動與自然營力交互作用所形成的堆積地層，考古學稱之為文化層。

161 〔原註〕《人類學雜誌第十七卷一號》（昭和十七年一月）。

油子湖遺址補記

鹿野博士寫到文化層在厚約六十公分左右粗粒帶赤色的表土底下，但現在完全沒有符合這種條件的地方。

遺物的範圍很廣，散佈在花生田的表面，所到之處都可以在地表上採集。

火燒島的史前遺址可能不只有油子湖遺址，根據鹿野博士的記載，島上東北部的呂麻蛟、西南部的白沙尾的田地中，以及西北部南寮部落蘇國民宅附近的田地裡，據說曾經出土石板製成的組合式石棺，這點很引人注目。

特別是西北部南寮部落蘇國民宅附近田地裡發現的石板製組合式石棺，仰躺在裡面的人體骨骸中，發現了長約三十公分的青銅短劍和綠色手環，令人相當有興趣。鹿野博士測量其長接近一五〇公分，寬不到九十公分，厚度約三公分，還有寫到發現一塊長方形和幾片小型的石板。金關教授很久以前就說這和組合式石棺文化有關連。

我認為，這種組合式石棺，跟東海岸北部新城[162]或是東海岸一帶發現的組合式石棺有關連，也和墾丁的組合式石棺文化有關，特別是人體採仰身直姿與墾丁一致這點，是讓人有興趣的共通點。

青銅製品在呂麻蛟溪河口的沙丘中，鹿野博士找到了兩個青銅器的碎片，另外還有從公館原住民那邊得到黃銅製的手環，這顯示出這個青銅文化與伴隨著東海岸的石板組合式石棺文化的青銅文化之間的關連。

此外，雖然覺得臺灣本島以及火燒島的組合式石棺文化與紅頭嶼的組合式木棺文化有關，但從紅頭嶼側身屈肢葬的埋葬形式來看，或許在系統上有些不同。

火燒島派出所備忘錄中記載：「在東北端的頭山住著三十戶的紅頭嶼蕃人，但逐漸減少，最終滅亡。據傳這些蕃人是在紅頭嶼打敗仗而漂流過來的。」這個記錄說明了火燒島原住民與紅頭嶼原住民有某種程度的關係。

鹿野博士在一九二九年來到這裡時，公學校長齊藤典治先生告訴他說：「漢族來到這座島的時候，就居住有『未開蕃族』，他們有著『祖先是從天而降的葫蘆破成兩半，各自誕生出男女一人』這樣子的神話。」總之比較確定這座島到近代為止是有原住民族的，而且與臺灣本島東海岸之間有往來，過去是要前往搬運做石棺用的石板，是時代比較相近的期間所建立起來的東西。

問題是這些人是怎麼絕跡的，傳說在漢族遷徙到這裡時，有些人逃走，有些人死亡，有少數人成為漢人的勞役與漢人混血，他們的子孫就是在中寮附近三十戶左右的李姓人家，這個傳說鹿野博士也聽過，我在中寮國民學校也能夠採集到。

這裡再回到油子湖遺址的問題，這個遺址位於生活條件比較好的地方，會不會是分布居住的

162 今日宜蘭縣蘇澳鎮新城遺址，一般認為屬新石器時代中期遺址。

組合式石棺文化人最後的據點呢？占據位在頭山偏東南方，斷崖下的低地裡像痣一樣小小的地方，萬一發生什麼事就可以逃到海上，直線前進就能抵達紅頭嶼的伊拉拉來社[163]。

從地形上來看，怎麼看油子湖都是慘敗者會占據的地形。在這個遺址出土的軟玉製耳環，可以在伊拉拉來社的出土文物中找到完全一樣的東西[164]。

三十一日

早上，在海岸發生了一件震驚島上小孩的事，「日本老人會把眼睛拿下來用水洗。」應該是我們一行人當中的原田先生把義眼拿下來洗的時候被看到了。

七點半上船，君嶋船長掌舵。過了十二點，到處傳來看到島嶼了的聲音。強壯的松山先生抱著相機在船上，也不管搖晃得很厲害，走到船頭準備要拍大片雲層散開的景象。

我躺在船裡看著他用最大努力捕捉到逐漸接近的小島景象。

金關老師也很習慣搭船，不斷地抽著菸。研究植物的山本老師在船長室裡下棋。Schwabe 先生在船長室，馬、陳兩位巨人在船長室，是山本老師的下棋對手。其他的成員就像我一樣抱著頭，在浪花不斷打上來的船隻前段船艙蓋著毛毯，周圍是高麗菜或蔥的臭味，一句話都不說就只是橫躺著。

三點半，在 Iranumiriku 灣[165]下錨——紅頭山的連峰被白雲團團包圍。因為白色的潮線上直接與濃綠的森林相連，所以對 Iwaginu[166] 的 Kanitoan（墓地）的景色印象很深刻。Schwabe 先生說那些是原生林吧，「對啊，所以這些是墓地」。因此，我也提到砍伐這裡的樹木和接近這裡是禁忌，他連說了好幾次 Much interesting，眼睛都亮了起來。偶爾會下驟雨，雨停之後，海岸的岩礁和墓地的森林閃耀出美麗光芒。

搭雅美族的 Chinurikuran[167]（可乘坐十人的大船）上岸，立刻搭起營帳。位置在以前 Iranumiriku 教育所前面的廣場，海洋研究所、醫學院、理學院和氣象臺等等，分別在營帳下工作。

日落後開始吃飯。雅美年輕人聚集在營帳裡。跟一九三六年我待在這裡的時候相比，日語有顯著地普及，讓我非常吃驚。那個時候要找一位翻譯都很難，除了 Shimanokasu 和 Shamankariyaru 之外，可以當嚮導的也沒有幾位。現在除了老人之外，大部分的年輕人都懂日語而且也會說。因

163 蘭嶼鄉的朗島部落。

164 〔原註〕在油子湖出土令人驚嘆的軟玉製品中，也可以在墾丁出土的軟玉製品中發現。因為金關丈夫老師很早就注意到連接組合式石棺文化相互間的關連不應該用我的名字公開發表，所以必須要寫清楚。但是為了要寫有關油子湖遺址的備忘錄，所以也觸及了這個問題。

165 蘭嶼鄉的東清灣。

166 蘭嶼鄉的野銀部落。

167 拼板舟的大船。

為從那時候開始十年的時間，日語教育以及戰爭中許多的部隊都來到了這座島上。

只要是男生，不論老少一直來要菸令人非常驚訝，雅美族已經不是不知道菸草的部族了。

晚上，少女們用緩慢的聲調唱著帶有哀愁之意的歌曲，情緒一點也沒改變。而且我心裡想著：雅美族是不是漸漸地在改變樣貌呢？在上岸的同時，心中一直有這樣的感覺。

日文編者註：〈蘭嶼紀行（第二回）〉原文是「蘭島紀行（第二回）」但與第一回統一為「蘭嶼」。

正在改變樣貌的雅美族

戰爭結束後還能來到紅頭嶼是做夢也想不到的事，在五月底到六月初這段時間，我得到了一次機會。我原先想，這次一定要整理出調查日記，但被一些讓人分心的工作妨礙，就只能這樣了。

自從戰爭結束後，雅美族在各方面開始改變樣貌，純樸且善良的雅美族漸漸地學會了討價還價以及懷疑別人。

因為特別行政區的限制廢除，所以漁船可以自由進出，當然可以預期的是漁船之間會有各式各樣的交流。雅美族人異口同聲地說：「高雄來的船每個人都是小偷。」「火燒島的船小偷比較少。」透過這樣子的表現，很容易想像得到雅美族的人們開始接觸到的人，到底對他們做了什麼事。

不知道香菸的雅美族變得非常喜歡香菸，看到人就討香菸。明明那麼喜歡貝殼製品和玻璃鈕扣，現在連看都不看了。像鐵斧之類不輕易離手的東西，在鐵變多的時候，開始用毛巾等等物品來交換，紅絹布在婦女之間造成轟動，形成一個話題，美麗的拼板舟（Chinurikulan）上的雕刻逐漸被忽視，出現了沒有雕刻的拼板舟等等。由這幾點來看可以發現雅美族在許多方面的轉變，在這些轉變的背後，他們精神生活應該也有了變化。

不管現在條件如何，不管雅美族是否持續改變，我認為詳加採訪與探討這樣的事情也很重要，包括要重新撰稿來發表調查日誌，並呈現出正在改變的一面和沒有改變的一面，進而分析這些變與不變，與新發生的事物之間有何關連。

在此我請出松山先生，只寫一件去伊拉拉來社時發生的事情，想要藉此為這段時間都沒聯絡表示歉意。

約莫是在六月四日，松山先生和我以及前陣子回去德國的 Schwabe 先生三人離開當作基地的伊拉奴米里庫[168]，一離開伊拉奴米里庫沒多久，他們就翻越了在 Demakagen 山和 Dorako 山之間、雖然很低但是有點陡峭的岩場。Schwabe 先生說著 Moss, Moss（「青苔、青苔」）爬上了 Demakagen 的岩石，松山先生和我在隆起的珊瑚礁上走向伊拉拉來。伊拉拉來是這位於座島最偏僻的村莊，因為被荒涼的岩礁隔絕，即使是來探訪這座島的人也不會去的地方。這次的調查，如果排除掉我們的話，大概也會對這座村莊敬而遠之吧。

一到了村莊，（戰爭後選出的）鄉長Shamankeiyan[169]穿著雅美族的丁字褲，在他古銅色的皮膚上，穿著中國式的水藍色短袖襯衫，露出黑黑的屁股在涼台（tagakaru）上睡覺。

我以前就認識 Shamankeiyan（雖說如此，從十年前至今才第二次見面），所以久違的兩人互相聊著鹿野忠雄先生的事情等等。因為這個村莊跟碼頭隔絕，這裡的人不會像伊拉奴米里庫或是伊莫烏羅德的人那樣對人有戒心。

在松山先生拿著相機到處拍照的時候，我很想得到他們家中保存的磨製石器，所以拿出手帕、內衣、白襯衫、火柴等等，幾乎有什麼都拿出來，拚命想要交換。有趣的是，由祖先流傳下來、很珍貴、據說可以保祐不會生病的石器，連心臟很強大的鹿野忠雄先生都無法得到（就是因為他無法得到，所以到現在還留在這裡），他卻也毫不猶豫的拿出來。最後兩件小型石器，我留下回去基地最少必須要穿的襯衫身體的部份，用兩邊的袖子交換。

在戰爭時會有飛機墜落，被潛水艇擊沉的船隻上的工具或材料不斷漂到這邊來，所以他們擁有很豐富的鐵材，石器完全失去魅力，對於流傳至今傳說有神奇力量的石器也完全不在意。正因為完全不在意，才會讓我們以襯衫的袖子交換。知道他們現階段已經不需要這些東西，所以我們很安心，想著說不定可以收集到這座村莊留下來的所有史前資料。

我們正在收集的時候，有一位年輕人來到我們占位子的涼台，「日本人嗎？」用標準的口音提出詢問，我嚇了一跳，他說很久沒看到日本人所以很開心，我們從他也會英文開始聊了起來。

Mai Furendo Eishi　大家都是朋友

Monisa　早安

Gurumonin　早啊

168 可能為日治時期的東清社，今日蘭嶼鄉東清村。

169 可能是戰後蘭嶼鄉第一任鄉長江瓦斯先生的族名。

Gudobai	再見
Awafutanun	午安
Japanen wa Taiwan ni Surupu	日本人回來臺灣
Sukuru Pafu	學校的小孩
Gurutsuniino Rai	我殺了你喔
Gu do	好
O Kei E	好的
Esu	是的

跟這位年輕人漸漸熟悉，這是他講的英文和翻譯。

他最後跟我們說「你知道日本人遇到女人的時候會說什麼吧。」不懂人情事故的我，陷入沉思時，他很理所當然地說是 I love you。

他從日本兵那邊拿到的筆記本裡，上面寫著像阿拉伯文一樣的羅馬拼音。然後還有幾個單字是用日文的假名寫成。

問他什麼時候學會的，他說是在戰爭結束後，有兩次美國的船進來，當時有很多高大的紅髮男人上岸，教大家英文。再問到除了你之外還有沒有人會說英文，他回答伊莫烏羅德的 Shimanokasu 比他還流利。後來去伊莫烏羅德找 Shimanokasu 的時候，他已經完全忘記了。

就在這座島上最時髦的少年教我遇到女人時的作法後，他看到我褲子的口袋裡滿出來、漂亮且充滿光澤的 Bakobakon 葉子，指著葉子說，日本人，不好了，不好了，從涼台上跳下來，之後男女老幼都跑出來聚集在涼台指著 Bakobakon。我很驚訝，把 Bakobakon 從口袋拿出來，一位老人好像是涼台的主人，急忙衝出來，很激動的揮著手，像是告訴我不能把 Bakobakon 放在涼台上。我把 Bakobakon 塞到口袋裡讓大家看不到，但最後大家還是都來了，很擔心的看著我膨脹的口袋。

我問：「這是什麼樹？」「Bakobakon。」剛才的時髦少年小小聲的告訴我，聽說是摸了這種樹的樹葉後，吃飛魚的時候，會發生「魚在肚子膨脹」這樣嚴重的事。Bakobakon 是長得像欖仁的美麗樹木，它的樹葉表面是深綠色，背面淺綠色的厚葉，充滿光澤非常漂亮。山本教授（已故）在營地詢問這種樹的時候有說：「哪裡有這種樹？我正在尋找。」

松山先生跟我在村外的 Kanitoan 墓地的遠處撿枯木生火烤飛魚，吃著使用臺幣向雅美族買來的雞蛋當午餐。（這裡也能用紙幣這件事，知道這座島的人會很驚訝吧。）但是，好險飛魚沒有在我們的肚子裡膨脹，我們的肚子沒有爆炸。

這一天回去的時候遇到豪雨，那天極度的疲勞影響了松山先生的健康，最後成為造成他神經痛的原因，對於松山先生我感到非常抱歉。

追憶臺灣蘭嶼的長老 Shamankapogan 先生

三月時，我收到國際放映公司製作人高林公毅先生的來信，他去年（一九八二年）二月底去了蘭嶼攝影；信上寫著：「Shimanokasu 先生重病，穿著破舊的衣服臥病在床，我帶了伴手禮跟他說是國分老師送的禮物，但他已經無法言語了。」我很感謝高林製作人的好意，同時心裡深受打擊。

我是在昭和十年的夏天認識 Shamankapogan 先生，不用說當然是 Shimanokasu 時代，他當時還只是十六歲的年輕人。但他是島上日語說得最好的，所以來到這座島上的人文與自然科學界的研究者，我想沒有人沒被他照顧過吧。那年夏天，鹿野忠雄博士向伊莫烏羅德[170]派出所借了一間房間住在那裡。伊莫烏羅德有 Chinurikuran（大船）的下水祭典，他說要去做詳細的記錄。鹿野博士跟雅美族出身，聽得懂雅美語的 Shimakayo 先生一起工作，所以我就獨占了 Shimanokasu 先生，調查了樹木砍伐、造船過程、搭船成員以及漁獲分配。

我曾經記下那年夏天的下水祭典、祭典後的事情以及有關我們日本人（駐在所的巡查、鹿野博士、我以及同行的畫家）變裝走到伊莫烏羅德社的事，我還記得 Shimanokasu 先生看到我們巧妙的變裝隊伍時臉上的驚訝表情；之所以會有變裝隊伍，是因為與我同行的二科系[171]畫家御園生暢哉[172]認為，這個時候我們也應該要去表達祝賀之意，而提出了這個想法。
雅美族的人們雖然很吵雜的來看但很滿意，甚至碰了隊長畫家的鼻子，就是所謂的磨鼻子。而就在這些事情之後，Shimanokasu 先生變得與我們更加親近，從那時候開始他成為我難以忘懷的朋友。離開蘭嶼後，收到好幾封他寄的信，不是流利的對話，內容卻很有趣。「國分先生，你的力量還很充足嗎？」我還記得他曾寫過這樣的句子。

戰爭結束後，臺灣大學海洋研究所的馬廷英博士和金關丈夫博士進去做調查的時候，他改名稱為 Shamankapogan。

令人驚訝的是，他會伸出手說「You my friend。」穿著丁字褲和水藍色的上衣。頭髮剪成短髮，就是所謂的西瓜皮的髮型。沒有紋身，雅美族是剪短髮的族群。

特別行政區的制度廢除，正在組自治組織，所以蘭嶼第一個知識分子 Shamankapogan 先生，參加了改革自治組織的工作。

戰爭結束後，美國軍機不定期來到蘭嶼，他的英語就是和暫時登陸滯留於島上的美軍學的。

170 今日的蘭嶼鄉紅頭村。

171 所指應是御園生暢哉所屬的美術會「二科會」，成立於一九一二年，標榜與官方展覽不同的在野美術展覽，推廣別於官方的新思潮美術思維。

172 日治時期任教於臺南第一高等女校的教師兼畫家，畫作獨鍾臺南風景，曾獲得臺展賞第二名。

當時來到蘭嶼的人之中，有一位歷史與人類學家，擔任駐臺副領事的 Kerr 博士[173]。過了一段時間之後，他就能直接向博士本人請教，我覺得 Shamankapogan 先生是語言天才。

我在昭和三十八年（一九六三年）三月與攝影家三木淳先生、考古學者劉茂源先生再度登島的時候，他不只是中文說得很流利，也懂福建方言。那個時候，他成為了已成立的自治組織的鄉長，髮型是七三分，穿著西裝和皮鞋。也許是率先成為生活改善的範例，他將半地穴式建築的坑洞填平，在那上面蓋了前方又長又低、後方稍微高一點且短的屋頂的房子，並住在那裡。在深的半地穴式建築中，往裡面漸漸加高，有三層的房間，Shamankapogan 先生的新房子地板結構也下了功夫朝內加高了三層，問到屋頂不用稻草而用一般建材的原因時，他毫不保留地告訴我新環境所產生的問題。雖然使用大量的ＤＤＴ所以不會有瘧疾了，但現在為了要在蘭嶼拘留臺灣本島的犯人，監視的軍隊開始駐防在這邊。屯田兵為了種植水稻，奪走雅美人努力開墾的芋頭田水渠，結果種植芋頭的水就不夠了，因為禁止在平地上點火燒田，鬼茅蔓延開來，茅草減少，所以修築屋頂變得很困難。大概就是說了以上這些事情，身為蘭嶼的行政長官，在居民、中國人官員和軍方這樣複雜的關係當中，好像非常痛苦，他也告訴我想要存錢引進商品，開一家商店，我覺得很有趣。

島民的生活有各式各樣的轉變，由於香菸的引進，結果連小孩都會抽菸，這是 Shamankapogan 鄉長煩惱不完的事情。

在精神生活方面，長老教會的傳教士開始在各個村莊經營小規模的教會，他們盡最大努力在做的一件事情，就是想要改變Anito（惡靈）的觀念，牧師說人死後不會變成惡靈，而是昇天成為神，村人常常來問是不是真的，「只要不引起戰爭，不偷人的東西，不流血鬥爭，這樣的人一定會去天國。」我很努力的在說明。

雅美族的墓地（Kanitoan）是很昏暗、無法形容的恐怖地方。Kanitoan的意思就是有Anito的地方，而現在他們的墓地會變得多明亮呢？

最近從高林製作人那裡得知，Shamankapogan先生在四月三日過世的消息，雖然已做好心理準備，但無法言喻的悲傷仍然襲來，而高林先生又再度前往蘭嶼。

蘭嶼第一的知識分子、蘭嶼的行政長官並且是基督徒，這樣子的Shamankapogan先生，島民們會如何將他送進Katonitoan呢？

早年受到Shamankapogan先生照顧的研究者大多都已去世，沒有能夠互相表達追憶的人，讓我在此刻感到無限的感傷。

（《海上之道——倭與倭的世界的摸索》福武書店，一九八六年）

173 George H. Kerr。中文名「葛智超」，一九三七至一九五〇年間於臺灣擔任英文教師、美軍情報人員、海軍武官、外交官等職務，對於臺灣與沖繩問題長年關注。著作中以一九六五年出版的《被出賣的臺灣》（Formosa Betrayed）最為人所熟知，描述戰後及二二八事件發生的過程及當時臺灣社會與政治局勢。

國分直一（左）、Shamankapogan 江瓦斯（中）、劉茂源（右）。

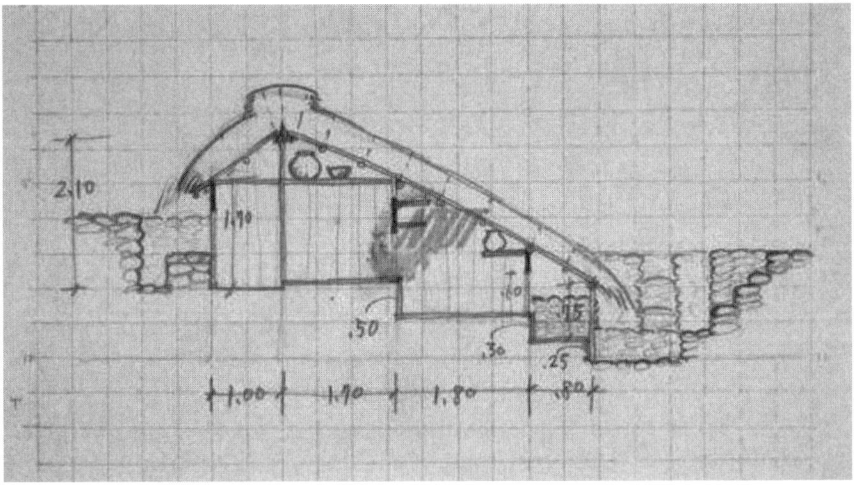

蘭嶼半地穴式家屋，屋內三層地板結構。（千千岩助太郎一九四四繪製，取自《典藏台灣》）

東上等兵就是 Shitarack 先生

我在一九六三年的春天，與攝影家三木淳先生、考古學者劉茂源先生一起造訪蘭嶼，出發時很期待跟老友 Shamankapogan 先生見面。我跟 Shamankapogan 先生相遇是在戰爭前的一九三五年左右，當時他還是十六或十七歲的年輕人，名字仍是 Shimanokasu。如果結婚生小孩，要用 Shaman 開頭然後加上長子的名字，改名為 Shaman 某某，因為 Shimanokasu 先生結了婚，生了 Kapogan，所以名字改成 Shamankapogan。一九六三年再度造訪的時候，他因為擔任重要職務非常忙碌，所以沒辦法好好接待，但我另外還有一位很好的老朋友。

他自稱「在下是東上等兵。」但本名是 Shitarack，結了幾次婚，但沒有小孩，因為離婚所以一直都用小名 Shitarack。他是伊拉泰村的居民，我第一次遇到他是在戰後第二年，也就是一九四七年，當時我還是臺灣大學文學院的一員。我在那年五月，以臺灣大學海洋研究所所長馬廷英博士所組成的蘭嶼科學調查團成員身分來到蘭嶼。我就在那個時候，認識了漢名為「施田樂」的 Shitarack 先生。日治時代他在蘭嶼的番童教育所受了四年的教育，學會日語，太平洋戰爭末期在臺灣臺中市郊外的ミヤマ部隊（高砂義勇隊）受訓，改成「東秀雄」這個日本名。有過幾次失敗的婚姻，第三次是和有五個小孩的寡婦結婚，但他的母親說：「一起過來的小孩會吃掉太多的芋頭。」所以就離婚了。即使如此他還是很開朗、樂觀，再度見面的時候，跟我說真是稀客，忘記要跟三木淳先生他們介紹自己是東上等兵。Shamankapogan說他事實上是二等兵，但很嚮往上等兵，所以自稱是上等兵。寫東上等兵的事，是因為認為觀察日本文化是如何在外地滲透是有意義的。東上等兵回到我們的宿舍時，雙手緊貼在兩腳旁，上半身向前傾斜約十五度左右說：「東上等兵，回來了。」戰後抽菸的風氣傳遍雅美族之間後，島民不分老幼，會圍著外地人索取香菸，東上等兵絕對不這麼做。再訪的時候，時間在四月中旬左右，所以飛魚還沒出現，但雅美族仍然忙碌地生活著。修理涼台、修理Tatara（三人乘坐的拼板舟）受損的地方、割藤蔓做籃子，有各種工作。因為東上等兵單身，必須要巡視小米或甘薯田，但還是盡可能陪我們久一點。他常常唱日本歌，像是〈高砂義勇隊〉、〈軍艦進行曲〉、〈勇敢的水兵〉、〈白虎隊〉等等豪氣或是悲壯的歌，還有像是〈田地裡的稻草人〉這樣的小學歌謠，甚至是〈支那之夜〉這種甜美的歌曲，他學了很多首歌，〈四條畷〉是他喜歡的歌曲之一，「走出吉野直取目標，向飯盛山的松濤……」他會特別充滿感慨地唱著。

有一天他站著不動開始在背誦〈教育勅語〉，從「朕維我皇祖皇宗，肇國宏遠，樹德深厚」開始到「明治二十三年十月三十日　御名御璽」為止，一字不漏，佩服的是他用被海風鍛練出來的沙啞的聲音背給我們聽。某天晚上，他開始背誦在番童教育所學習用的教科書中，題目為〈天皇陛下〉這一課的其中一段。

「第一課，〈天皇陛下〉。陛下是第一百二十四代天皇，天生聰明，在二十六歲時繼承大正天皇的皇位，成為我國萬世一系的天皇，文武諸德兼備，並且傳承了大正天皇的氣質，展現出仁愛之心。」

他正在背誦的時候，同席的其中一位與我悄悄地說了一些話，他停下了背誦，大聲地說：「在那邊發什麼呆啊！」我們嚇到脖子都縮起來，他在高砂義勇隊的時候，常常被隊長罵「在那邊發什麼呆啊！」他從隊長那兒學了這樣一流的日文。他完全聽得懂我們的日語，他說出來的日語，不論是背誦出來的〈教育勅語〉和〈天皇陛下〉都是相當完美，但是說話方式還是支離破碎的，例如像以下的例子。

「國分先生，上次有來，去伊拉泰，很可憐，心裡這樣想吧。雨很大，睡得著吧。」

我想起來第一次遇到他是在十六年前夏天剛開始的某一天，在傾盆大雨中淋成落湯雞，來到了伊拉泰村，意思是他覺得很可憐。這樣子還好，如果再講下去，聽他說話的人會很累，要重新連接、組合他破碎的日語。看到這個情況，他會笑笑地說：「辛苦了。」

東上等兵是戰中派[174]代表性的存在，我們可以透過東上等兵來了解教育在純真、無文字社會的人身上，發揮了多大的效果。有一次他叫我去他那邊吃早餐，跟他的叔叔一起，他的母親將芋頭放在木製容器裡堆得像山一樣端出來，又很得意地端出盛在大的Vaga（陶製湯碗）裡加了醃漬

174 在戰爭中成長的人，特別指的是在大正末期—昭和初期出生，青少年時期在二次世界大戰中度過的人。

小魚的湯，芋頭很好吃，湯裡的小魚也很好吃，吃完飯後，他們割下檳榔，包著硨磲貝烤成的石灰跟荖藤葉（檳榔葉）一起吃。他們把吃檳榔叫做「野外的日本菸草」（跟日本的菸草相同），抽菸的嗜好以前不是很明顯，但是在戰後卻變成吃完檳榔就要馬上抽菸，他們說這是無法言喻的美味。

雅美族人是萬能的工匠，不管是食物、衣服、瓶子、碗、各式容器、住家甚至連船都自己做，他們自己就是工人。他們凡事都會好好地想過，絕對不會急躁、慌張，乍看之下很懶惰，但這就是他們在熱帶島嶼氣候中，自然形成的步調。東上等兵的叔叔就是這種典型的雅美人，就算是跟我要菸，態度很悠然卻也不失威嚴。

救濟物資有很多舊衣服，所以少女們對於複雜的織布技術開始感到厭煩，他們製陶的工藝依然沒有丟棄，到了製造陶罐的季節（夏季）就會開始燒陶。東上等兵的叔叔說：「我還在燒陶壺，什麼都會做，就算沒有回饋也沒關係。」這句話包含了所有生活在其中，將這座小島認定為唯一的「人之島（Ponso no Tao）」的雅美族人心中的感慨。

東上等兵是很純真的人，我們都很崇拜他。在我們離開蘭嶼的時候，大家都送他禮物，攝影師三木淳先生送了他穿的長褲跟鞋子。東上等兵心想這樣三木先生回去的時候就沒有東西可穿了，所以就帶了 Baribaricon（用蕁麻科的纖維植物織的 Igakujyuto 也就是丁字褲）給他，要他穿著回東京，那雖然是已經穿了好幾年的二手褲，但他有加上灰在溪流裡洗過，所以看起來很潔白、很好穿。我們出發的早上，他穿著三木先生送的長褲跟鞋子，從伊拉泰村過來。因為還很早，我們跟他說謝謝你特地過來，他說：「如果沒來，你們在這邊，會想為什麼我不來。在船上，在路上，都會這樣想，想到這點就很難受。」他跟同行的劉茂源先生說，請幫忙傳達給國分先生，到了臺東幫我買鋸子送過來，不敢直接跟我說，表現出相當客氣的態度。我一到了臺東，馬上就去買鋸子並且用船運送過去，對他們來說鋸子是令人驚訝的新銳道具。

跟他道別的時候，我們握了手。身為造船組的得力成員，他的手非常地結實，手掌很硬。

之後過了大約十年左右，我才有機會再度造訪蘭嶼。在三年前，Shamankapogan 先生去世，東上等兵也去世了。我雖然知道了 Shamankapogan 先生去世的消息，卻完全不知道東上等兵的事。我即使問 Shitagai 先生過得如何，也沒有人回答我，他們很忌諱「他已經死了」這句話。不能隨便說出「死」這個字，在他們的世界裡存在著言靈。我心中有說不出的感傷。

（《海上之道——倭與倭的世界的摸索》福武書店，一九八六年）

東上等兵 Shitarack（左）與國分直一。（劉茂源家屬提供。經蘭嶼作家夏曼・藍波安確認，確為漢名施田樂、族名 Shitarack 先生，拍攝於紅頭村警察局附近）

回憶兩本雜誌——《民俗臺灣》與《Ethnos》運動

我從甲元真之教授[175]在東京大學文學部研究所的學生時代開始，就從他獨特的研究思維得到刺激，經常開啟我的眼界。甲元教授還是一位友情深厚的人，對教授來說，我不只是老朋友，他還想要給我一些什麼而支持著我。

現在，我已是垂暮之年了，因此被要求寫我自己的回憶錄。難得獲得這個機會，所以突破萬難寫了這篇回憶錄。

到目前為止，有兩個運動與我相關且難忘。其中一個是在二次大戰昏天暗地的日子中，我十分熱衷參與的《民俗臺灣》運動。這是由在自然、人文兩個領域中學識淵博的研究者，同時也是人文主義者的金關丈夫博士所指導的運動，雖說筆者跟這項運動有關係，不過就是非常熱衷參與罷了。不過說到第二項《Ethnos》運動，這是我主動參與的運動，這個運動是在熊本大學文學部草創期的考古學教室，與修這堂課眼神充滿光輝、意氣風發的學生們，想要試著實踐這兩年間所累積的構想而開始的運動。這是我在一九七四年從熊本大學退休後努力了十三年的運動，因為一些不得已的事情而遭受挫折。

一直想要寫下這件事情的始末。

回顧《民俗臺灣》運動誕生的溫床

《民俗臺灣》是在昭和十六年（一九四一年）七月創刊，那年的年底，日本發動大東亞戰爭。

當時，臺北帝國大學文政學部有土俗人種學教室，研究對象是臺灣原住民族，但是在昭和十年完成「臺灣高砂族所屬系統」的大型研究之後，就再也沒有進行組織性的研究。

在臺灣的近山丘陵地區以及濱海地區有漢化的原住民社會，被稱為「平埔族」。這些原住民族可以追溯到遙遠的史前時代，數波乘風破浪地登場，是臺灣開發的先驅者。但是到了歷史時代，特別是明朝以後，從華南遷徙來的福佬和客家兩系的大部族，將臺灣的沃野全都開發成稻作農田。但是因為初期的華南系移民以男性為中心，所以開始和平埔族女性通婚，促進了福佬和客家移民初期的定居扎根。

平埔族社會的調查，在日治時代初期，由伊能嘉矩先生和鳥居龍藏博士的推進下，不久便把

175 甲元真之，日本考古學者，熊本大學名譽教授，專長東亞史前考古學。實際上國分直一先生較甲元教授年長許多，甲元教授的學生時代之時國分直一先生已經是大學講師。

重心轉移到漢族居民的風俗調查，臺灣習慣研究會開始發行月刊《臺灣風俗記事》。除了發行這個漢族社會風俗的調查紀錄之外，大正年間還有大規模發行《臺灣私法》、《清國行政法》，最後到這個刊物發行終止，漢族社會的風俗調查研究便中斷了。

至於臺灣原住民族的調查，在有在大正年間發行的《臺灣番族調查報告書》、《臺灣番族風俗研究》、《臺灣番族志》、《臺灣番族圖譜》這些大型調查報告；接下來，臺北帝國大學文政學部的土俗人種學教室也繼續進行除了平埔族之外現存各族的調查研究。

然而，對於漢人社會生活文化的研究可以說是中斷了，因此，《民俗臺灣》的創刊引起了對漢人社會生活文化的關注，在填補臺灣社會研究的空白上具有重大意義。

金關丈夫博士開始行動

當時在臺北，有一間以戰時在東京成立的三省堂為中心的東都書籍株式會社分店。那間分店的職員持田辰郎先生對漢人社會的民俗文化有興趣，就透過親戚，找上正在調查漢人社會、並且有撰寫文章的池田敏雄先生。池田先生從臺北師範學校畢業後，在漢人子弟初等教育的公立學校擔任教師，池田先生可說是具有進入漢人社會最佳立場的人。

東都書籍臺北分店的持田先生或許是受到池田先生的啟示，在這個令人窒息的時代不斷驅策之際，抱著希望能夠書寫不僅僅是民族誌雜誌的想法。

為了實現這個計畫，池田先生仰賴當時臺北帝國大學醫學部教授的人類學家金關丈夫博士的指導與協助，於是《民俗臺灣》誕生。金關丈夫博士是體質人類學的研究者，也是考古學、民族學、民俗學等領域的研究者，文筆很優美。

金關博士是從很早開始，就對柳田國男先生的民俗學運動以及柳宗悅先生的民藝運動有共鳴。他期待被漠視的漢人社會生活文化能夠被更加重視，於是答應池田先生他們的邀請。

我當時正在臺南全力進行西海岸南部地區史前遺址的調查，我傾全力透過山地或海島原住民族的工藝技術來了解出土遺物的功能，得知進入歷史時代後，必須要再加入原住民族與華南漢族移民的折衝史，我特別關心的是開始漢化的平埔族。

我和臺南的鄉土史學家石暘睢先生，以及後來成為阿拉伯史權威而眾所周知的前嶋信次博士（當時在臺南一中任教），一起進行了臺南地區漢族社會的民俗採訪。

臺灣民俗研究者的池田先生在昭和十六年正月假期的時候，帶著金關博士的邀請南下，希望我能從《民俗臺灣》創刊起開始幫忙。

剛好臺南州東石郡關於巫師乩童（日文編註：薩滿）的徹底調查，透過東石郡警察的協助正在進行中。我被委託整理調查報告，所以創刊的時候，從創刊號到第三期連續投稿了〈乩童的研究〉上、中、下三篇。

多彩多姿的版面

《民俗臺灣》創刊號的第一頁刊登了以下對投稿者的要求：

一、本雜誌蒐集臺灣本島以及相關連的各個地區的民俗資料。

二、不單只是民俗，也記載各方面鄉土的歷史、地理、自然誌等。

三、在成為記錄、研究誌的同時，也希望發揮介紹、連絡或是交流空間的功能[176]。

從創刊號開始，收集了符合以上要求投稿的報告、紀錄、隨筆、投書等，另外，還有一個名為「亂彈」的同人投稿專欄，也收錄了書評。此外，每期還刊登了攝影師松山虔三先生美麗的風景照以及畫家立石鐵臣先生的民俗圖譜。

金關博士應該是以博士在京大時期投稿的《Dolmen》雜誌[177]為範本，但是風景照和民俗圖譜展現出《Dolmen》所沒有的創意，再加上每期連載金關博士充滿魅力的民俗工藝解說。

染鉢、赤繪的盤子、香爐、硯臺、筆筒、燭臺、玻璃畫、穿瓦衫、花布、竹椅子、木匙、茶罐、草鞋等等多樣化的漢人日常用品，每一期選出一種來解說它樸實的美。這些民藝資料的照片都是松山虔三先生拍的，只有少數幾張會是金關博士拍的。

裝飾在土樓建築民家外牆的穿瓦衫、「出殯」、「三亞港的蜑民」等等出色的照片是金關博士自己拍的。

我從金關博士的民俗工藝解說學到民俗工藝所代表的涵意，可以提升我的眼光。

臺籍文化人的協助

雜誌陸續收到來自臺籍、日籍民俗研究者或是關切民俗的支持者的投稿。臺籍研究者中有戴炎輝、陳紹馨、楊雲萍、黃得時、吳守禮、曹永和等等學術研究者，還有像是石暘睢先生的鄉土史學家，張文環、龍瑛宗、吳新榮等作家，民俗研究者朱峰、黃棨木、黃連發、連溫卿、李騰嶽等人，若是再加上其他的投稿者，人數相當驚人。

三島格先生是《民俗臺灣》的熱心支持者，同時也是投稿者，透過他得知臺北的程大學先生將投稿至《民俗臺灣》的臺籍投稿者和主題列表統計後，共有一百三十九篇。但是在這當中，日籍的翁長林正先生與石敢當先生（三島格先生的筆名）被歸類在臺籍裡，所以嚴格來說，臺籍的

176 實際上完整的要求還有以下兩點：四、不只是作為會員、共同興趣者的會誌，也希望成為一般人都能利用的雜誌。五、避免國策上無用的印刷，原則上從第二號開始不行寄贈，需要的人希望盡可能先繳交半年或一年份而成為包月讀者。

177 「Dolmen」雜誌日文名為ドルメン，岡書院。Dolmen 的意思是由巨石所構成的石棚墓，日本與韓國稱為支石墓。該雜誌是戰前一九三二—一九三九年間多由年輕學者執筆投稿的考古學、民俗學與人類學相關通俗性質的雜誌。

《Dolmen》雜誌

《民俗臺灣》雜誌

投稿必須要修正為一百二十九篇。但是，要如何看待如此多的臺籍學術研究者、民俗研究者跟一般知識分子對這個《民俗臺灣》運動的支持呢？

一個原因是身為科學家且深愛藝術，同時也是人文主義者的金關博士的魅力吸引了如此多的臺籍人士，可是還有其他原因吧，以下是我自己私人的判斷。

隨著戰爭進行，在歇斯底里推動、令人窒息的皇民化運動空氣中，對於傳統文化感到驕傲的臺籍知識分子們，心中暗藏著藉由支持《民俗臺灣》或是透過在這裡發言，來確立自己的自我認同（identity）的想法吧？

聽說這本雜誌在戰後，而且是最近幾年又要再刊行了[178]。

在戰後開始的中央研究院民族學研究所的民俗部門裡，有劉枝萬博士如此優秀的研究者展開大量的研究活動，此外《民俗臺灣》再發行這件事，應該被認為是展現出即使到了今日，這本雜誌在臺灣仍可能具有相當大的意義。

生活在多民族社會

那麼日籍的我們，心中是用什麼樣的想法來支持這項運動呢？回過頭來看這些筆者，都是想著在多民族、多種族社會裡生活的同時，確立其他族群的生活與習俗，透過尊重它、記錄它，這麼講有點誇大，希望在人類史的研究中寫下一小段的心情，但這不是虛假的想法。

就算是這樣微不足道的想法，在這場註定走向毀滅的戰爭中，也有填補心靈空缺的意義。

我除了做史前考古學的調查之外，還進行了臺灣南部西拉雅平埔族的採訪。隨筆的報告投稿至《民俗臺灣》和《民族學研究》等。在昭和十八年初，因為學制改革而準備要前往臺北師範學

178 《民俗臺灣》一九四一年創刊到一九四五年止。創刊號為「台灣」之後各卷號變更為「臺灣」。戰後雜誌未再發行新刊。國分先生所指的再刊行，所指的應該是重印發行，其中一九九八年由臺北南天出版社所重印的版本最為完整。

在臺北師範學校。（第一排右二繫領結的人是國分，一九四三年之際）

校本科，擔任日本文化史的講師而搬到臺北。

這一年的二月一日，軍隊開始從瓜達康納爾島撤退，二月十八日，聯合艦隊司令山本五十六上將在索羅門群島上空戰死的消息被報導出來，此外二月二十九日報導在阿圖島的守軍全滅。

在新制師範學校本科的學生當中，有《民俗臺灣》運動的支持者，還有投稿者，他們給了我勇氣。每個週日為了要去除沉重的氣氛，與這些學生一起去臺北盆地或桃園臺地的各個臺籍村莊做採訪。

其他的時候，下課後通常都是去金關博士的研究室，博士提供他所收集的國內外龐大文獻讓我閱讀，心胸寬大的博士，特別為了我在研究室設置了專用的位子。

週日採訪的成果為細川學、潮地悅三郎兩位合著〈淡水河的民船〉、潮地悅三郎所著〈土造民宅—土塹壁〉，客家出身的黃旭初、張上鄉兩位則是走出臺北盆地，統整出桃園臺地的客家村落的採訪報告。

這些研究報告收錄在《民俗臺灣》第四卷的二到六號。

大東亞民俗學的礎石

昭和十八年一月，金關博士和民族學家岡田謙、憲法學者同時也是民俗研究者的臺北帝國大學教授中村哲兩一起前往東京，到柳田國男的宅邸拜訪。

昭和十八年十二月發行的《民俗臺灣》第三卷十二號收錄當時的詳細紀錄。

金關博士在與柳田老師的談話中，提出這樣的請求：「為了日本的民俗學以及東亞的民俗學，我們正期待在臺灣的這些研究，還具體有各式各樣的東西想要調查，希望您能夠指教，作為我們的參考。」

在這次的談話中，柳田老師在接觸到民俗學與民族學的關係後，他說，要以大東亞民俗學之類的目標前進，臺灣會是非常好的舞臺，表示了對《民俗臺灣》的期待。

這本雜誌也收到來自外地的投稿，直江廣治教授從北京投稿〈北京民俗通信〉（收錄在三卷十二號），還有天野元之助教授投稿的〈瓊崖襍記〉（收錄在四卷八號、十號），若是戰爭帶來的毀滅沒有這麼快來臨的話，《民俗臺灣》確實會成為將東亞各地民俗研究統整為民族學的所在地。

在戰禍之中

但是到了昭和十九年，戰況越來越不利，八月三十一日開始對臺籍人士實施徵兵制，於是也向純真且勇敢的高砂族進行了大規模的徵兵。

對學生的軍事訓練比上課更受到重視，為了整頓飛機場、修築防禦用壕溝，教員也同樣跟學生們一起動員。

昭和十九年三月為了參加在海邊的軍事訓練來到臺灣東海岸的蘇澳地區，六月動員到淡水河河口的八里庄砂丘地區修築防禦用壕溝。因為蘇澳地區的南方澳有來自沖繩本島、宮古、八重山地區漁民的移民村，找到訓練的空檔，就觀察與臺籍漁民友好一起從事漁撈活動的沖繩漁民的移民生活，並以漁具與年中行事為中心製作採訪筆記。前篇提到的潮地悅三郎，兩位沖繩人宮城寬盛、大城兵藏以及在基隆漁業資本家的家庭裡成長的河合隆敏都參加了，報告書收錄在《民俗臺灣》四卷第十二號。

來幫忙的其中一位大城同學在西里伯斯海上的北婆羅洲的斗湖[179]出生成長。父親是沖繩人，母親是當地土著，會跟他講馬來語，他將我對於南島的憧憬更加延伸到南海諸島，我也是從那時開始自學馬來語。

從東海岸被緊急調至淡水河河口附近八里庄的海濱沙丘，修築壕溝的時候，聽到美軍登陸塞班島的消息。校長集合正在施工的學生們，在沉重的氣氛下聽著校長演說終於快要到一億玉碎[180]

的時候了，正好紅紅的夏日太陽下沉至臺灣海峽。

勉強壓抑著不去亂想，在僅有的休息時間中撥空收集跟八里庄臺籍漁民的生活與民間信仰、漁船、漁具相關的資料。除了潮地悅三郎之外，還有細川學跟吉田忠彥兩位也來幫忙。

在學生當中也有人說：「老師，這不是沒意義的事嗎？」大家都抱持著同樣的想法。但是，因為有這篇〈海邊雜記〉，最後一期的《民俗臺灣》第五卷一號好不容易才有第一篇，這本雜誌就再也沒有復刊的機會了。

臺灣各地已經開始遭到美軍 F6F Grumman 地獄貓戰鬥機的空襲，我和金關博士在昭和二十年一月僅有的休假，在機槍掃射的空隙中前往東海岸南部卑南社附近的巨石遺址。可能是從飛機上看下來的時候，怎麼看都像是在做什麼軍事作業，每當受到機槍掃射的時候，我們都躲在巨石遺構旁出現的組合式石棺裡，等待敵機離去。

這個遺址在最近幾年，透過臺灣大學人類學系的宋文薰、連照美兩位教授進行徹底的發掘調查，才展現出了全貌。

在發掘了一處巨石的居住遺址回到臺北後，我馬上又被召集到雷神部隊，去金關博士的研究

179 今日的馬來西亞沙巴州第三大城市。

180 二戰末期日本窮兵黷武，國內民生匱乏，然而軍國主義者不願投降，為達到全民動員所提出的「一億玉碎本土決戰計畫」的焦土計畫與口號。

室打招呼時，博士用綁腿將腳支撐住，穿著白色的工作服尋找相關的文獻。博士說：「雜誌已經不會再出了啊，你一定要平安回來。」

貫徹的科學精神

雖然之前有提過，《民俗臺灣》最後還是無法繼續出刊。雖說如此，在那個困難的時代裡，很難得地在發行時從來沒有休刊過。現在回想起來，深深體會到正因為這個運動是以金關博士冷靜的科學精神和人文主義來進行，才能得到臺日兩地研究者以及同好的共鳴。

戰爭結束後，池田敏雄先生、立石鐵臣先生和我都回到臺北。隔年昭和二十一年三月中，住在臺灣的日本人全部都必須要回到祖國，但是有一部份的研究者或有特殊技能的人員，受到中國政府留用。我因為接受了留用的邀請，將家人送回日本，自己獨自留在臺灣。

我和臺灣民俗研究者池田敏雄先生一起，一開始是在臺灣省編譯館，只待了九個月之後，池田先生繼續留在編譯館，我在接收了臺北帝國大學、正在整頓體制的臺灣大學文學院以副教授身份被任用，待到昭和二十四年為止。

黃鳳姿小姐是臺籍女性，受到詩人佐藤春夫等人注意，說她就像是在大戰開始之前發起綴方教室運動[181]的豐田正子一樣的人，日本人正在撤退的時候，她與池田敏雄先生結為連理，是在臺灣大學英文學者矢野峰人教授夫婦的媒妁之下。我在那個時候，被池田先生請求，以代理父親的身分參加婚禮。

我十分祝福《民俗臺灣》運動最主要的推動者池田先生與臺籍女性結為連理，但有一件事情我出錯了，並且在家人回日本後也犯過同樣的錯誤，在很輕鬆的氣氛下，我穿著在戰爭時穿著、腳後跟已經破洞的舊襪子出席，因此吸引了參加者的目光。後來池田先生經常會說：「國分先生的少根筋真令人困擾。」陷入了這種窘境。

我在戰爭結束之前的昭和十九年時，應東都書籍東京本社邀請，整理以臺灣南部平原地區的西拉雅族的採訪紀錄為中心的散雜報導，出版了以《祀壺之村》為名的書。但當時是美國海軍潛艦開始用魚雷攻擊，日本到臺灣之間的海上航行變得極為困難的時期，所以一次校正都沒做就這樣出版了。讀了一遍之後，有超過一百多個印刷錯誤的地方，很令人難過。但是這些印刷錯誤的地方，都在昭和五十六年法政大學出版局重新發行的時候被校正了，另外在重新發行時，也加入了前一版放不下的報告書。

我在戰爭結束前整理了在臺期間努力從事關於臺灣的史前遺址與文化的概論，並且由東都書籍臺北分店出版。戰爭結束那年的三月到我入伍為止，校正也完成了，但是在戰爭結束後，回到

181 日本在一九三〇年代開始，鼓吹以日常生活作為題材的生活作文，培養兒童寫作能力的教育方式。《綴方教室》就是這時期由東京下町的小學教師大木顯一郎所編輯出版的刊物，呈現出兒童生活中樸實純真的視角。生活指日常生活，綴方是語詞的連結方法，也就是指作文之意

臺北去拜訪東都書籍時，臺籍的職員告訴我有一千本《臺灣先史時代概觀》被當作廢紙處理掉了。可能是基層職員要報復日復一日的苦悶日子吧，聽說我的作品以外的東西也成為了犧牲品。

「日本人的良心」

在這個困難的時代指導了《民俗臺灣》運動的金關丈夫博士消失在我們面前，很快地已經過了十多年。在金關博士長眠時，臺灣的明朝史權威、也以詩作著名的楊雲萍教授，回想金關博士主導的《民俗臺灣》運動，評論說這個運動是「日本人的良心」。這是給故人至高無上的贈言。後記於此。

《えとのす》（Ethnos）運動的始末

長年的構想

我在昭和四十九年早春的時候，離開了熊本大學的教室，新日本教育圖書的藤田修司社長來到我的研究室，我想是因為他非常關心沖繩的民俗以及藝能，所以才來找我吧。

新日本教育圖書總公司在下關、東京有分公司，在美國的洛杉磯也有分公司，不僅是地方出版社，跟外務省有連繫，也出版東南亞與南太平洋法屬各個島嶼的觀光用刊物。

藤田先生在早稻田大學文學部主修東洋哲學，他說考古．人類學的課程是聽西村正衛教授與西村朝日太郎教授的課。只要與他談話，就可以知道他視野有多寬廣，原因應該是從很久以前就開始紮根吧。

藤田先生問我離開熊本大學之後的去處時，我如實告訴了他暗藏在心中的夢想。

「因為是南北狹長的列島，從地區來看的話，在生態上的複合性就很不一樣，可想而知透過日本海和東海的海上之道與大陸地區也會有關係，很想試著追溯看看，只要動員考古學、民族學、民俗學、文獻學的方法，就能夠重現已消失的文化。我想要出版小型刊物，只要出版的話，一定會有志同道合的人出來幫忙。」

我說出了這個夢想，令人驚訝的是，藤田社長立刻有所共鳴，告訴我他正想要推出以平凡社出版的《太陽》為版型，完全彩色印刷的新雜誌。彩色印刷技術是他的兄長藤田康雄先生在歐洲留學時所導入的，是他經營的瞬報社的招牌技術。他的公司也在下關市，修司先生也在那裡擔任重要職務。

幸運的是，我在離開熊本大學後，來到下關市的梅光女學院大學任教，所以跟藤田先生聯絡變得很容易，沒想到我的夢想就這樣朝實現踏出了一步。

我想要找出在日本列島各地區持續形成的地方文化，同時，也要用寬廣的視野，做出跟我們的民族文化形成有關的週邊各民族與文化的報告。所幸有承接的出版社，因此在跟金關丈夫老師報告要發行這個目的的雜誌時，老師立即給了我珍貴的指示，將雜誌命名為為《えとのす》[182]，此外還幫忙題字。

被說了「把頭給你」

同樣的書信也寄給了岡正雄老師，但岡老師卻回絕了。「我不寫比電報還要長的東西。能出到第四號的話，我把頭給你。」收到他不想多談的拒絕信。

在本州的最西部地區，而且是沒有名氣的研究者所監修，這是很狂妄的嘗試，可能會被認為沒什麼希望吧。

當然，連我自己也對於能不能得到共鳴感到不安，所以想到將每位擔任編輯委員的著名研究者名字刊登在頁首。於是就厚著臉皮，刊登了跟我很熟的金關恕、竹村卓二、小谷凱宣幾位老師以及下關市役所文化財部門主管吉村次郎老師的名字。

後來，也拜託了大林太良、宮田登兩位老師與九州史學會的三島格老師。老實說，我想過如果有這幾位老師的名字，就能得到老師的支持者們的協助。

很不像話的是，在創刊後的十三年當中，一次的編輯會議都沒有開，由我獨斷與偏見所製作的企畫，因為藤田社長天才般的編輯能力之下才能以華麗的形式產生。

之後在一九七七年的年初，東京一間出版社學生社編輯部的上村俊介先生登場，成為《えとのす》的編輯人員。上村先生大學時期專攻西洋史，所以我漸漸變得較為輕鬆。

在上村先生來之前，我和新日本圖書的年輕職員山田博文先生，走遍國內外各地，參訪大學和博物館，或是拜訪當地的研究者們。

訪問臺灣的回程，攝於飛機的空橋上。
（臺灣公論報記者游詳年攝）

「Eberhald」教授的事

創刊號要從黑潮水域的大基地臺灣出發，我為了前往臺北要跟臺灣大學的研究者聯絡，當時藤田社長也同我一起前往。

意外的是，當時耶魯大學以研究華南地區文化聞名的 W. Eberhald 教授正在臺灣，所以就跟教授聯絡希望能獲得協助，他回覆在早餐的時候過來，五分鐘的話可以見個面，大概是利用這個時間將採訪排進去吧。

坐到教授用餐的位置旁邊後，明明說好是五分鐘，但我很厚臉皮地講了一個小時左右。當時

182 日文刊名「えとのす」，新日本教育圖書。一九七四—一九八七年間出版，共三十二集。該刊物中收錄了許多戰後延續日治時期臺灣民俗學與原住民族的相關報導。

講了關於《えとのす》雜誌的計畫，希望他能夠幫忙。他馬上皺起眉頭說，斯德哥爾摩在半世紀前已經有名為「Ethnos」的刊物，造成混亂就不好了。我說是用日文的假名「えとのす」所以不可能會造成混亂，但教授說在歐美發行的時候會翻譯成 Ethnos 還是會混淆。看著我困惑的臉，教授終於提供了一個解決方案，他說在副標題加上「Ethnos in Asia」。

我那時提出想要去沖繩看看，但是因為沖繩的飯店很貴所以被教授否決了。第一次見面的時候，教授突然問了我的年紀，之後露出因為「我比國分小一歲」開心且天真的表情，對照因為沖繩飯店的住宿費而拒絕我皺著眉的表情，直到現在我都還有印象。

因為岡老師說：「能出到第四號的話，我把頭給你。」所以到第四號發行前都特別的努力。

採訪愛奴人的村落

剛好聽到消息，在釧路市北部深山的村落裡，要舉行近文愛奴最後的大酋長 Kuchinkoro Ekashi 的追悼會，我就去早春深埋在雪中的愛奴村落拜訪山田博文先生，見到了愛奴人的男女老幼。之後跟大學以及博物館的研究人員見面，請求他們協助，完成了《北邊的世界　北海道與阿拉斯加》。

以市立函館博物館秘藏平澤屏山[183]繪「蝦夷風俗十二個月屏風」的攝影為主要目的，雖花了一點時間取得許可，但最後成功取出來攝影，前來追悼 Kuchinkoro Ekashi 的各方人士的照片也一起收錄在第四號的卷頭。

吉濱五郎教授的〈阿拉斯加的雲與冰與人〉、更科源藏教授的〈動物們是神〉、犬養哲夫教授的〈北方海洋的動物們〉這幾篇隨筆報告，伴隨著令人屏息的彩色照片，都收錄在第四號中。

我開玩笑的在書上寫著「《えとのす》第四號已經發行，近期將會去取老師的項上人頭。」將雜誌寄給岡博士，但沒有得到回應。

一波三折的韓國之行

山田博文先生走了很多地方，在韓國半島之旅要結束的時候，遇到了意想不到的事。

我在一九七二年春天，隻身前往韓國採訪的時候，在首爾某一間大學的博物館，用日文打招呼而被斥責了。因為我知道來接待的職員在慶應義塾大學修過考古學，所以用日文表達來意，結果他說：「來我們的國家，用日文打招呼是要做什麼？」

因為發生過這樣的事，後來到了其他的採訪地，一開始一定會用英語打招呼，再問「可以用日語嗎？」大多數的人都是回答：「嗯，一點點……」然後幾乎所有人的日語都講得很流利。

183 一八二二—一八七六，活躍於江戶時代末期到明治時代初期的畫師。

山田先生去韓國的時候，因為有《えとのす》計畫，想要立刻在韓國半島這個連接大陸文明最大的橋樑，見識這裡的視野，心中充滿著這樣的心情出發前往釜山。

心裡想著《魏志倭人傳》的道路，準備搭船渡過海峽在等船的時候，遭遇了意想不到的事。他被一群學生團團包圍，其中一個人給我一張紙條，用英文寫著「你們是日本人嗎？」「請問有什麼事呢？」我問他們。「有事情想要問你們。」因為他們這麼說，所以就帶他們到附近的咖啡廳，坐下點了咖啡、茶點之後問他們：「有什麼事呢？」

一個像是帶頭的人用英文說出：「你們到現在還是看不起我們嗎？」並顯露出很嚴厲的表情。就跟以前大學騷動時學生之間的緊繃氣氛相似，僅僅是這樣的一句話，我就很沉痛地感受到他們大概是在日本時代有過痛苦的經驗吧。

我不加思索的開始說出以下的話。

「我因為學習古代史，所以知道我國的古代文化是從韓國的古代文化學來的，我是所謂人際關係科學的民族學研究者。這次造訪韓國，是為了探求 human relation 的雜誌《えとのす》而來，來請求韓國的研究者協助。」

話剛說完，學生們可怕的臉都變了。我介紹了山田先生後，請他們也做自我介紹，每個人都站著介紹自己所屬的科系，他們都是釜山大學的學生，科系橫跨了文、法、教育、水產。

後來在氣氛比較緩和之後，首爾大學的學生情緒高昂，甚至還有人在抱怨。我說「到處都有秀才的」、「絕對不能自卑」來跟他們告別，他們跑來要跟我握手。覺得年輕真好，我們也可以心情愉悅地搭上船。

那時候去朝鮮半島的成果，對於製作十二號的《大陸之門》以及三十號的《朝鮮・對馬海峽之道》相當有幫助。

無法為民族學點燈

回頭看，一九八四年的早春，直到製作二十三號結合《漠北與南海—其民族與文化》與《邪馬臺國探訪》的特集為止，我在藤田社長與上村先生他們優秀的編輯支持之下，過了如夢一般的生活。

在那個時候，我完全沒有在意與會計有關的事務，也沒有人通知我。

但是到了那個時候，因為特集的主題，販賣量有明顯的增減，購買者少而庫存很多的話，就會有稅金產生，考古學領域的特集很受歡迎，但民族、民俗誌相似主題的特集很明顯的會產生庫存，這樣的事情在村上先生告訴我之後，著實讓我感到很驚訝。

在過去很常出現像是委託八幡一郎先生的《繩文的信濃》（八號）或是甲元真之先生協助的《阿蘇—海與山與村莊的文化》（二十二號）等追溯史前或是古墳文化的主題。

接著，在一九八四年，請近藤義郎、河本清兩位老師協助製作橫跨第二十四號、二十五號的《吉備的考古學》特集，不一會兒就銷售一空。

但是，因為《えとのす》本來的目的並不是只做考古學主題的特集，所以如履薄冰的試著在二十六號做《東北的古代文化》、二十七號做《無文字社會的生態》特集。後者以 Bion Griffin 教授的〈呂宋島北部的 Agta 族的生活經濟與聚落〉、小川英文教授的〈佩尼亞布蘭卡矮黑人〉以及拙作〈對矮黑人的關注今昔記〉為中心。以矮黑人的聚落與生活方式為主的彩色照片特集至少可以吸引年輕人的注意吧？不過，令人驚訝的是，這一期並不受歡迎。

考古學者岩崎卓也教授協助第二十八號《常陸風土記的世界》、賀川光夫老師協助二十九號《豐（大分）的考古學》、在三十號製作《朝鮮・對馬海峽之道》的特集後，三十一、三十二號請齋藤忠老師製作《古代日向人的生活空間1》，賀川光夫老師製作《古代日向2》渡過危機時，會開始想要經營充滿著令人舒暢的山川大海的民俗世界。

徵詢了我在東京教育大學時代所敬重的朋友高松敬吉先生（後來成為鹿兒島大學教授），廣邀東北的民俗學研究者，希望製作以河川與海洋生業為報導中心的特集，但是這個計畫受到上村先生的強力抵抗，因為最終還是會賣不出去吧，聽說藤田社長也是抱持相同的意見，我認為要持續《えとのす》這個名字的運動變得越來越困難，決定中止《えとのす》運動。

剛開始的時候，為了要請求國內外研究人員的協助，一起奔走的山田博文先生，那時候在東京分公司。對於山田先生，以及不論如何背負著十三年來累積負債的同時仍給予寬大支持的藤田修司社長，還有很會忍耐又很努力的上村俊介先生，我對他們都相當感謝，永難忘懷。

重生的東北民俗

曾經受挫的《東北的歷史與民俗》並沒有就這樣消失。而是被我尊敬的友人——宮嶋秀先生（慶友社社長）採納了。就是該公司「考古民俗叢書」中的《東北的民俗—海洋與河川與人》[184]，在這裡再次列出協力的執筆者以及題目。

I. 歷史與民俗

東北的海洋與河川與愛奴語族	國分直一
與海洋和河川相關的愛奴語地名	橘善光
菅江真澄與民俗學	宮田登

II. 舟・筏與技術傳承

Nebuta・Sanpa・Kawasaki 的北進與遠洋漁業	赤羽正春
陸奧灣與艪的技術傳承	田村勇
福井縣丹生郡越前町的筏	坂本育男

III. 漁撈技術

東北北部的漁撈	外崎純一

184 國分直一、高松靜吉編《東北の民俗—海と川と人》（考古民族叢書二十四），（東京：慶友社，一九八八）。

關於河中打魚　高松敬吉
Ikatsuke（釣烏賊）漁法　高松敬吉
IV. 生活與民俗
津輕海峽圈的民俗　澀谷道夫
岩手的海洋民俗　小林文夫
陸前地區的海與信仰　三崎一夫
日本海的半島上的宗教民俗　西山鄉史
富山縣的 Nebuta 活動　森俊
漁夫的死靈觀　高松敬吉

唐吉軻德的牢騷

我在想有一天要寫下《えとのす》運動的始末，原因是被問了好幾次為什麼要中止。承蒙甲元教授的抬愛拜託我寫些東西，所以就寫了兩項跟我有關連的運動。

特別是關於後者的運動，我想要跟當時年輕的諸位同志報告在巨樹亭亭聳立的熊本大學研究室時的夢想是如何展開，然後受到挫折。已經有覺悟會被笑說：「老師有著像是唐吉軻德的地方啊。」

（《蒼海を駆る─國分直一先生の軌跡》，熊本大學文學部考古學研究室，一九九六年）

何謂《民俗臺灣》運動——以川村湊先生的所見來談

讀了著名的評論家川村湊先生最近的論著《大東亞民俗學》(講談社選書メチエ80,一九九六年)讓我想起當年在戰爭時,跟學生們進行臺灣農漁村民俗採訪的時光。

關於川村先生在他的論著中,盡全力地概觀日本帝國主義下的殖民地(朝鮮、臺灣、南洋的委任統治地、滿州國)民族、民俗學的表現方式並加以評論。評論的其中一個焦點是,關於柳田國男先生對大東亞民俗學的構想,以及從柳田先生構想下的機緣所引出的《民俗臺灣》運動,可說是特別聚焦在關於性質上的評論。

大戰結束已經過了半個世紀,在朝鮮、滿州、南洋地區等地,雖然有筆者銘感在心、仍然記得的研究者,但他們都已經不在人世。但是在臺灣,協助金關丈夫先生且在《民俗臺灣》運動當中位於指導立場的中村哲先生、以會刊的編輯人員身分活躍的池田敏雄先生的夫人(黃鳳姿女士)、對創刊時的宗旨提出不滿的楊雲萍先生都還健在,協助會刊的筆者也還仍在人世。

川村先生提出了在日本帝國主義下全部的殖民地,但本篇集中在筆者所參與的《民俗臺灣》運動相關問題,並由筆者的見解來闡述川村先生之所見。

《民俗臺灣》的指導者金關丈夫先生

川村先生的臺灣研究圍繞著伊能嘉矩先生與鹿野忠雄先生的活動，也提出了柳田國男先生與臺灣的關係。

關於柳田國男先生，他以《民俗臺灣》運動的關聯出發，發想出來的「大東亞民俗學」此一構想進行批判。

但是一個重要的焦點，對於「民俗臺灣」性格的批判，連帶著對於會刊的指導者金關丈夫先生的評論。

在內容中，川村先生作為根據的主要資料是《民俗臺灣》創刊時的宗旨。《民俗臺灣》的創刊，是在發動太平洋戰爭前夕，臺灣總督府正歇斯底里進行皇民化運動的時候。在提倡臺籍社會的民俗研究運動時，必須要避免政治上的牴觸，所以不能率直地講述它的意義。

可以看出楊雲萍先生的反感是從這一點來的，但是他後來說：「回想起當時在混亂的時勢中，還很年輕的我無法理解教授們的苦心，《民俗臺灣》的創刊，真的是日本人的良心及勇氣。」（取自《Ethnos》二十一號）

儘管楊雲萍這樣冷靜地表達了感觸，但是關於不同論點所觸及的資料無法被參照的時候，就只能定着在既有的資料基礎上的見解。

川村先生在理解金關丈夫先生上有一點注意，就是圍繞著金關先生的體質[185]研究而提出的文章，但在文章中他似乎將之視為種族主義。在人種學的立場上，金關先生的老師之中也有研究體臭問題的人類學者，每一位都是留學德國的人，後來金關先生也去德國留學。現在想想，在戰前就有以德國為中心的人種學學科，在談論人種的優劣，後來造就了納粹主義的出現。

就算對我們的體質人類學者有意見，這怎麼說也讓人覺得很不可思議。在幕末時代因為歐美列強而開國，接著在整個明治時期我國政府疲於修正不平等條約。我們身為知識分子，在嚮往歐化的同時，很少私下沒有反駁西方優越的人種主義的人吧？金關丈夫先生曾在某一天，向筆者說：「阿道夫．巴斯蒂安[186]（一八二六—一九〇五）所說的心智一致性就是在說人類具有普遍的心理上的一致性。人類學就是從這裡出發。」金關丈夫先生的本質就在那邊。他是完全沒有民族優越感的人。

在虔誠的基督教家庭中成長，舊制高等學校時代也曾經是托爾斯泰[187]的信徒。天生的幽默家，是用很溫暖的眼光對待弱者的人。此外，他通曉自然、人文兩方面的學問，但卻不曾表露出任何一點驕傲，所以臺日雙方的人們都很敬愛他。

像金關丈夫先生這樣（在學界中）交遊廣闊的人也很少，這是因為他懂得英、德、法語的緣故。

金關丈夫先生與中國的斐文中博士交情很好，因為他們都是體質人類學者所以一點也不意外，但讓筆者驚訝的是，在一九三六年八月他和由蔡元培擔任會長所率領的吳越地史學會的研究者進行交流，也曾經和以東南亞民族學、考古學聞名的海內・蓋爾登博士[188]以及位於河內，法國的極東學院的研究者交流。

筆者仰賴金關丈夫先生寬大的胸襟，才能拜讀海內・蓋爾登博士著名的論文〈南島語族最早的原鄉與移動〉（Urheimat und fruheste Wanderungen der Austronesie，一九二八），也能翻閱極東學院製作的龐大研究報告。

在戰後，不只是中國，也可以見到歐美各國的研究者頻繁來臺。

金關丈夫先生接受中國政府的請求，續留在接收臺北帝國大學的臺灣大學醫學院，所以只要去金關研究室拜訪，就能遇到這些外國來的研究者。隸屬吳越地史學會的金祖同先生也在其中，也見到了北京天主教大學的 Rud Rahmann 老師以及與他同事的研究者。Rahmann 老師他們為了

---

185 體質人類學、人種學研究。

186 Adolf Bastian，十九世紀德國學者，對於民族學、人類學有重要影響，其主張的人類心智一致性論點更對後來的美國著名人類學者 Franz Boas 有很大的影響。

187 Leo Tolstoy（一九二八—一九一〇），俄國小說家、思想家與政治家，和平主義者，著有《戰爭與和平》等經典長篇小說，多次獲諾貝爾和平獎提名卻未獲獎。

188 Robert von Heine-Geldern（一八八五—一九六八），奧地利考古學家和民族學家，以研究東南亞民族的起源、聚居模式、物質文化和藝術形式而聞名。

躲避中共軍隊進攻北京而來到臺灣。能夠得到這個機會是因為筆者也再度接受中國政府的請求，一開始在臺灣省編譯館，沒多久就被留用在臺灣大學文學院。

戰後，安陽發掘的龐大資料，透過李濟博士等人，從北京送到在臺北新成立的中央研究院，因此筆者的恩師梅原末治博士屢屢來臺，博士曾說：「完全不知道金關先生如此受到臺灣知識分子的敬愛。」

金關丈夫先生在日據時代的臺灣待了將近十年，從來沒有穿過所謂的官服，筆者看到的是金關先生對殖民地官僚世界的無言抗議。

川村湊先生的《民俗臺灣》的性質批判

川村先生抓住《民俗臺灣》創刊〈趣意書〉[189]中提到「熟悉理解支那民族之外，最重要的是必須要預先了解臺灣本島人，而且可以順道強調出我國國民於他國優越」的句子，他說到「若說理解臺灣人的文化就能直接理解支那人的文化，只是讓人感到有點厭惡。這種事情帶來的是一種支那風情（Chinoiserie）的流行，如果這就是《民俗臺灣》這樣的雜誌定期會出現的結果，那就是充滿惡意、很誇張的事吧？」

筆者認為這是川村先生對於漢人社會的歷史地理關係的理解不足才發表的言論。

為了不誤解以上〈趣意書〉的內容，就必須要掌握漢人民族社會的歷史與社會文化。

在臺灣有福佬跟客家兩大族群，是華南的大部族。與本國的交流如果去除戰爭時期，不斷地以戎克船在進行著。

華南地區在大陸不是被孤立的地區，那裡不斷的吸收中原文化，同時受到中原世界的影響。在了解中國人的社會文化時，當然要了解臺灣的漢人社會文化，其中蘊含了很重要的線索是無庸置疑的。

戰後從臺灣回國後，長期擔任法政大學校長的中村哲先生，他在「中村哲老師集會」中說到：「《民俗臺灣》相當於要求以民間信仰代替政府端的天皇信仰。因此這個雜誌變成傳播土著文化與當地的民族主義的管道。」（收錄在《沖繩文化》三十六）川村先生對這段發言提出了以下的見解：

這怎麼說都是臺灣的筆者們（中村哲說的是「隨筆趣味」的筆者們）的想法，他們與金關丈夫等日本人，不就處於同床異夢的情況嗎？結果雙方都沉溺在「臺灣趣味」這種異國情調（或是殖民地主義）中。

189 《民俗臺灣》創刊之前，由金關丈夫執筆的〈趣意書〉發表在《臺灣日日新報》、《興南新聞》的新聞媒體上，署名的發起人共有金關丈夫、萬造寺龍、須藤利一、岡田謙、陳紹馨、黃得時等六人，提出創辦《民俗臺灣》構想。

但是這樣的片面判斷中也有從誤解而生的想法。這個誤解是，川村先生指出《民俗臺灣》與當時以支那趣味的浪漫主義唯美派詩人而聞名的西川滿先生所主持的《文藝臺灣》之間有親近性。

當時民族、民俗學的研究者以作家身分活動的人們，幾乎都集中在臺北。兩派的人們互有交流，《文藝臺灣》以民俗為主題的座談會活動，《民俗臺灣》相關人士有機會來參加這一點都不奇怪。但是兩本雜誌之間，從一開始的風格就不同，加上在時局變得緊張的時候，選擇兩本雜誌的讀者們之間，因兩本雜誌風格不同而產生的疏離感很強。

《文藝臺灣》雖然有協助西川滿先生的濱田隼雄先生，但濱田先生對《民俗臺灣》抱持著批判的立場，他的力作〈南方移民村〉的結尾也以順應國策作結了。

與當時《文藝臺灣》對立形式發行的是《臺灣文學》，主辦人是站在現實主義立場的張文環先生。筆者為了能在理解臺系社會上更有幫助，而親近了《臺灣文學》。

《民俗臺灣》每期刊登的臺灣庶民工藝品，其有趣的解說中都附上了松山虔三先生拍的美麗照片。在臺灣這片土地上，在庶民生活中維護的生活用具，確實十分展現出它的實用性，也是很美的事物。對柳宗悅先生的民藝工藝運動相當有共鳴的金關丈夫先生的解說，對於日籍的我們來說是很難得的。在這本雜誌中，還刊登了畫家立石鐵臣先生的民俗圖繪，讓這份刊物更加流暢，但是這些作品應該沒有人認為是沉溺在支那趣味的東西吧？

在戰爭期間，到了確定會敗戰的一九四四年左右，高等、專科學校幾乎都不能上課，因為教官跟學生都被借調去做機場的整備、修築防空壕或是防備美軍登陸的壕溝等等。筆者跟學生一同去工作的時候，主要是去臺灣北部的海邊地區，聽到塞班島的駐守部隊全滅這個悲痛的消息時，是在貫穿臺北盆地的淡水河河口附近的十三行地區的漁村。因為有時候會在工作中利用一點空閒時間與學生一起進行漁村的民俗調查，在學生當中有人反應：「老師，不會徒勞無功嗎？」

早晚會遭到艦砲侵襲，我們所修築的壕溝也幾乎派不上用場。我們所熱愛的漁民們可能也會消失，至少要做一些簡單的紀錄吧？說起來有點誇張，但這也會在人類史上留下一小部分不是嗎？

筆者很難過的想起這些曾和學生說過的話，當時臺日雙方的學生一起默默看著火紅的夕陽沉到臺灣海峽。

利用一點空閒跟學生一起收集漁村的民俗紀錄，很艱困地收錄在開始都市轟炸的一九四五年初的《民俗臺灣》最終號。在那之後，筆者與學生被徵兵到雷神部隊，一個只有名字看起來很強的部隊。

輾轉動員到臺灣北部的海邊以及空軍基地所在的桃園臺地的同時，利用空閒進行採訪作業的學生是臺日雙方的學生，但我們並不會沉溺在跟我們同床異夢的異國情調、殖民主義。

臺灣光復後的今天，《民俗臺灣》是如何被看待的呢？

對人文主義者金關丈夫先生所提倡的《民俗臺灣》有共鳴、進而參與的臺日雙方純真的人們大多與世長辭了，仍然還在的筆者，至少要為這些人說出真相。

臺灣回歸原來的祖國時，用的是「光復」這個詞。這個光復，已經過了半個世紀，而這半世紀之間，廣為人知的是，臺灣並沒有成為完全安定的臺灣。

臺灣人可以自由發言是到民主制度穩定下來的時候。

光復後，透過大陸搬遷來的研究者重新再出發的中央研究院人員，還有從臺灣大學畢業前往美國留學的臺籍人士當中都有優秀的社會人類學派研究者，到一九六〇年為止，他們幾乎都集中在臺灣原住民的研究上努力，他們開始進行臺灣的漢人社會研究是在一九七〇年代吧。《民俗臺灣》在臺灣再版也是一九七〇年代。筆者的《祀壺之村——臺灣民俗誌》的中文譯本也能在書店裡看到。

記得筆者受聘來到臺灣大學文學院授課，出席短歌與俳句聚會接受招待時嚇了一跳，覺得變得非常能夠了解臺灣知識分子。後來《民俗臺灣》也再版好幾次。

筆者愚鈍，最近才知道有「日本語文學會」，而且到去年秋天為止已經開了七十九次例會。

有趣的是，《民俗臺灣》被接受用來當作教材。

在臺北發行，前年的《中國時報》（一九九五年七月一日）刊登了李蔚前先生撰寫有關《民俗臺灣》創刊以及這個運動的意義的評論。首先上面刊登了金關丈夫先生年輕時的照片，內容提到，「考慮到會被誤解成將臺灣的民俗流出，金關丈夫決定創辦《民俗臺灣》」，以及「這本雜誌保留了臺灣的風俗與民俗」。而且還提到在各地進行的民俗採訪。因此，他寫了「在皇民化的壓力下，日本人的編輯贏得了敬重與肯定。」並大力讚賞「《民俗臺灣》培養了臺灣人對民俗與古蹟調查的興趣，到了戰後仍有影響。」

前面提到在臺北的日本語文學會的成員之中，也有以《民俗臺灣》為主題研究的研究者。就是臺北東吳大學的講師陳豔紅女士。陳豔紅在一九九五年十月一日的日本語文學會的例會上發表〈金關丈夫的作品《民俗臺灣》〉，在這個作品當中，她介紹了金關丈夫先生執筆並發表的作品，內容詳細到令人驚訝，最後提出以下對金關丈夫的看法。

「金關丈夫對於民俗的興趣與研究，不輸他專攻的人類學及考古學。」此外還提出了書評、民藝解說、隨筆文章，如同以下所述：

書評提到，文章裡一定會對照臺灣的民俗研究，並不限於只有與民俗、民藝相關。讀這本書的人會得到一些啟發，並且看到作者懇切希望能為臺灣的民俗研究開啟新的視野。不論是民俗解說、非系列的隨筆文章，他在發揚臺灣之美與喚起臺灣人的自信心所做的努力，我要給予高度的評價。

陳豔紅女士來日時，筆者有機會與她對談。筆者很感動陳女士說她和目前僅存的《民俗臺灣》運動相關人士見面，並翻閱文獻，還有改正因誤解而生的解釋。

以上就是筆者對於川村先生批判《民俗臺灣》運動與臺灣方面的評價的感受，但是在川村先生的發言之中，也有筆者認同的地方。川村先生提倡的是新的比較民俗學，可以歸納如下：必須摒棄所謂的「大東亞民俗學」，成立在東亞，不以中國或日本為中心，全新的「比較民俗學」的開展。

現在，我們完全是在這樣的立場，所以當然一定要向前推動我們的研究工作。關於這一點，筆者非常期待以筑波大學佐野研究室為中心進行的「比較民俗學研究」的開展。

川村先生的力作《「大東亞民俗學」的虛實》是涵蓋了過去日本帝國主義下廣大區域的偉大著作，但筆者只能針對《民俗臺灣》所產生的問題來發言，筆者謹此致歉。

（月刊しにか（Sinica）一九九七年二月號，大修館書店）

《同人回覽雜誌》回憶錄

讀了梅光女學院大學的占部教室一群有相同興趣的人所製作的《梅之峠》，讓我想起了年輕時曾經參與過同人雜誌[190]。除了製作調查的田野筆記之外，我有兩次機會參加具有文學氣息的團體。第一次是在舊制臺北高等學校的時候，另一次是在太平洋戰爭後，被中華民國臺灣省政府留用的時候。

來到舊制的高等學校後沒多久，就成為同人誌《翔風》的一員。那些夥伴中成為作家的人有我的同學中村地平跟學弟邱永漢等等。中村地平在東大學習美學，很快的就發表了〈熱帶柳的種子〉、〈南方郵信〉等佳作。後者在他成為芥川賞的候選人之後，就直接成為文壇的一份子。戰後中村地平偶爾在岩波出版社的《世界》發表創作，但是漸漸沒辦法再寫了。他被要求擔任他父親所經營的銀行董事長，但內心並沒有勉強。邱永漢則是寫他在戰後逃至香港的事情，得到了直木賞，但是因為經營各種事業，還有開始以撰寫經濟評論居多，所以也遠離了文學活動。但是，

190 「同人回覽雜誌」在日文所指的是一群有相同興趣的人，共同集合稿件，常以親筆原稿集結成冊相互傳閱，或自費印刷出版發送的刊物或雜誌，通常是較為小眾的刊物，印刷數量較少。

每一次被問到，「國分啊，你寫了什麼？」的時候，我只能感到很慚愧。由於不適合文學所以我在大學選了史學。應該是馬克思所說，將事實及現象用於歷史、社會上的關聯來探討的這個方法深深打動我的關係吧。當時的年輕人幾乎都是Marx Boy。但是，我畢竟還是傾心在人類學領域的史前學、民族學、民俗學，原因是在我知道如果要追溯各式各樣複合的民族要素的層疊直到底層為止，光靠文獻史學是做不到的。大學畢業之後，因為某些原因我來到臺灣。

在大戰末期，我跟大家一樣從軍去了。但是，戰爭結束回到臺北後，等著我的是轉移成中華民國的新方針。請日本人不要將未完成的研究帶回國而是繼續將它完成，這被稱作「知識接收」，而大部分的日本人在終戰隔年的春天，就回到了祖國，我的家庭由當醫生的岳父帶回日本。以三省堂為中心的東都書籍株式會社臺北分店，則是幫助仍然留下來的我們保留了大量的原稿。

終戰後我留在臺灣省編譯館，旋即又擔任臺灣大學的副教授，總共留在這裡四年。日本人大規模返回日本後，以大學人員為中心進行所謂「知識接收」的少數日本人，都被寂寥感所支配。那個時候，因為有整理好的原稿，所以向金關丈夫教授提議要不要做同人誌呢？同人社團就因此誕生了。社團的成員也蠻有趣的。金關丈夫（臺灣大學醫學院，解剖學、人類學）、森於菟（臺灣大學醫學院，解剖學）、矢野峰人（臺灣大學文學院，英語文學）、宮本延人（臺灣大學文學院，民族學、考古學）、早坂一郎（臺灣大學理學院，地質學）、立石鐵臣（臺灣大學文學院，畫家）、松山虔三（臺灣大學文學院，攝影師）、池田敏雄（臺灣省翻譯館，民俗學）、國分直一

日籍研究者的團體照。（左起第二人是國分直一，依序為池田敏雄、楊雲萍、立石鐵臣，前排左二是金關丈夫，中村哲。松山虔三攝）

從左邊開始，《同人回覽雜誌》第十五號《小集樂》、第三號《雙魚》、第一號《花果》。

（臺灣大學文學院，考古學、民族學），除了以上的成員之外，還有兩、三位臺灣大學的成員加入。

從一九四六年夏天出版第一號《花果》以來，到一九四八年秋天的《小集樂》為止，我們作了十五本的雜誌。大家輪流擔任編輯，由負責編輯的人來決定刊名。裝訂和印刷也是輪值的人來做，雜誌完成，大家傳閱過後，就會去輪值的編輯那邊開合評會，接待也是由他負責，所以輪到當編輯的時候會很累。大家各自在傳閱的時候，將讀後感想集合起來，再寫在雜誌的空白處。

臺灣省政府很寬容地為我製作了圖版，以臺灣大學文學院講師的資格，留用畫家立石鐵臣先生。但是，隸屬於國畫會所的名畫家立石鐵臣先生，應該是對將這些考古學與民族學相關的石器或陶器，還有其他在民俗學用得到的物質文化加以圖象化沒有興趣，所以他很偷懶，花了一年的時間只做了大約十幾張彩陶素描還有實測圖，就相當吃力了。不過，在製作雜誌方面的裝訂跟插畫上，卻十足的發揮了他的天分，所以每個輪值編輯都讓他幫過忙。立石先生也是位隨筆作家。

前面稍微提到了雜誌的刊名，從《花果》開始，接著是《如意》、《雙魚》、《無絃》、《太太》、《紅玉》、《踏青》、《海燕》、《Minotaure》[191]、《青銅》、《茄苳》、《冬扇》、《扇狀地》、《刺桐》、《小集樂》。雜誌在一九四八年十月號結束，原因是留在臺灣大學的日籍研究者陸續返回日本，最後只剩下金關丈夫、早坂一郎兩位教授和我。投稿的內容也非常有趣，但沒有一一介紹的空間，所以我想舉出兩、三個例子就好。

金關丈夫教授除了固定的專欄「落穗集」和非常棒的「美術隨想」之外，還有隨筆文章〈佐川田昌敏〉。矢野峰人教授著有〈去年的雪〉、〈回憶片岡鐵兵〉、〈追憶芥川龍之介〉、〈澤正登場前後〉等等文章。專攻近代文學的學生們對這些作品特別有興趣。森於菟教授是森林太郎（鷗外）的公子，隨筆文章也很優秀。鷗外夫人（於菟的繼母）在世時反對而無法發行的〈半日〉在第四號裡發表。森教授除了像「隨筆、閒談」如此有趣的作品之外，也翻譯了德文的〈魯道夫・維爾肖的信〉，我也刊登了幾篇拙作，受到金關以及森兩位教授讚賞的〈部隊記實〉，立石大師委託我所翻譯，刊登在美國雜誌《LIFE》（一九四七年十二月號）Charles C. Westenbyker 的〈藝術的肖像——畢卡索的誘惑〉[192]以及調查紀行。我想，整理每一號所有的內容，是有朝一日該做的事。

雖說我們的雜誌是同人誌，但因為僅是一本雜誌在一群有共同興趣的人們中傳閱，稱作傳閱雜誌比較合適。因為每一本都很厚，在一九四九年夏末，解除留任回去日本的時候，把它裝到隨身的行李後，就沒有多餘的空間裝其他東西。於是由金關教授幫忙保管，但教授已與世長辭，所以放在我這邊，有一天有機會也應該讓學生們看看。

這本臺灣留任時代的雜誌讓我感受到自由創作有趣的地方，金關丈夫教授曾讓近代文學館的小田切秀雄先生看過，不知道兩人有沒有談到內容，但聽說小田切先生曾跟金關教授說：「拘留者的文學吧。」我在戰後第一次接受臺灣省政府的任用是用「徵用」這個詞，後來改成「聘用」，

191 Minotaure 法文，希臘神話中的有著人類的身體與公牛的頭的怪物，牛頭怪常被象徵為被本能衝動支配的人。

192 【日文版編者註】這篇文章介紹六十五歲的畢卡索，「畢卡索的誘惑」不是國分教授的翻譯，而是之後立石鐵臣大師的文章。

後來想想也可說是因敗戰而拘留吧。

我寫的東西，連文學的「文」字都達不到，也不是在寫什麼很偉大的事情，占部教室的每位同學們，由於你們有很難得的、洗練的表達能力，所以請各位有機會的時候，不，是希望你們製造機會來寫。寫出來的作品因為會遠離自己，所以能夠客觀地觀察自己的思想軌跡。我很喜歡閱讀年輕的你們所寫出充滿感性的作品。因為從這些作品散發出的青春情懷非常棒。

《同人回覽雜誌》一覽

號數	書名	發行日	國分直一執筆部分
第一號	《花果》	一九四六年七月九日	〈鄉愁記〉
第二號	《如意》全三冊	一九四六年八月二十五日	〈離愁〉
第三號	《雙魚》	一九四六年九月二十五日	〈有木棉花的學校〉
第四號	《無絃》全三冊	一九四六年十一月四日	〈山中日記〉（國分一子） 二、三冊無
第五號	《太太》	一九四七年一月	〈部隊記實——加羅〉 〈思源埡口〉

第六號	《紅玉》全四冊	一九四七年二月二十五日	〈幼年時代、北安曇的群山〉（第一分冊）〈代理父親記〉（第二分冊）
第七號	《踏青》全二冊	一九四七年三月	〈幼年時代〉（第二回）
第八號	《海燕》	一九四七年八月	〈後記〉
第九號	《Minotaure》	一九四七年九月	〈正在改變樣貌的雅美族〉
第十號	《青銅》	一九四七年十一月日	
第十一號	《茄苳》	一九四七年聖誕節	〈蘭嶼紀行〉（第一回）
第十二號	《冬扇》	一九四八年二月	〈蘭嶼紀行〉（第二回）
第十三號	《扇狀地》	一九四八年三月	〈藝術家的肖像〉（翻譯）
第十四號	《刺桐》	一九四八年五月	
第十五號	《小集樂》	一九四八年十月	〈話說回去還是不回去〉

來自同時代的見證

國分直一，昭和八年畢業於京都帝國大學文學部史學專攻。現在（昭和二十年），在臺北師範學校教中國史、英語等科目。曾經從斷崖上墜落，但在九死一生之際倖免於難，從此以後都避免前往深山幽谷，在平地走路也有一直注意腳步的怪癖，因為偶然撿到石刀等，便開始熱衷於史前時代的研究，最近在臺灣發現了彩陶陶器，教授的臉開始變得像彩陶陶器了。教授的脾氣非常地好，說到教授的英語會話，在懂英語的人聽起來，像是戀愛的悄悄話一般。對一些事物都有感觸的人，有人叫他感心居士。可能是因為他很會褒獎人吧？曾聽說不少女性愛慕教授。

（立石鐵臣．《同人回覽雜誌》第一號）

直一兄又名ゴゼン（Gozen）[193]，從二十年前到現在，他的為人一點都沒變，再加上他學識文才兼備，〈離愁〉中優美的文章是令人回味的作品。八月二十七日

（馬場生知．《同人回覽雜誌》第二號第三分冊）

雖然常聽到國分教授因為慌張而把事情搞砸了，但是他匆忙的行禮後就變成了神明的事，可

說是在他諸多慌張事跡中的傑作。

這是國分教授居住在臺南時的故事。從道路另一端走過來的婦人（感覺像是少婦）向他行禮，雖然怎麼樣都想不起來是誰，但覺得之後就會回想起來，所以國分教授也很有禮貌地回禮。然而之後他想起來的不是那位少婦的姓氏，而是當時兩人正在臺南神社前面，才發現少婦是對著臺南神社鞠躬，所以國分教授就晉升成為活神仙了。但說不定，這是我的幻想，那位少婦在臺南神社低頭的樣子，事實上是跟活神仙鞠躬。

（立石鐵臣《同人回覽雜誌》第八號）

193　指的應是日文中的「五善」，謹守佛法五戒的人。

II

對學問的感受

珍藏的故事

接觸異文化——少年時代的故事

訪問者：劉茂源

請老師說說您少年時代的事情。

我出生於一九〇八年（明治四十一年）四月底。我在艱困的嬰兒時期被送去靜岡，大約在那年的年底，母親帶我來到臺灣，父親在高雄。

那是臺灣最南邊的地方啊。

那時候高雄寫做「打狗」，是一個叫做 Ta-kao 的族群所在的地方，有很深的海灣，對面是旗後，我住的這邊叫做哨船頭，哨船頭是開發區，福建籍的漁民住在旗後，會有中國來的戎克船，那裡有一些貿易商，是非常有趣的地方。全部都是紅磚瓦的房子，地面上鋪著紅磚，可以感受異國情調的好街道。我就在那裡成長，大致上是福建人的社會，稍微往南也有廣東人，從華南來的戎克船不斷的從那邊進來，也有從日本以及各地來的人，所以我的幼年與少年時代，就生活在各種各樣族群文化的世界之中。

在少年時代，我的興趣之一是到海岸去看從中國來的戎克船。戎克船上會祭祀媽祖（保祐航海安全的女神），因此知道船員出航時，會敲鐘並進行祭祀等儀式。

戎克船是將原木裁切，將自然面朝外組合而成的船隻。我曾經問過臺灣人：「這有特別的用意嗎？」答案是在撞到的時候可以減少損壞的。我覺得特別優良的結構，是位在中央的「隔間」，詢問到這個的意義是「即使某個地方損壞了，可以將淹進來的水控制在那個部份。」日本的船就沒有這樣的構造，這是非常優良的構造。

後來，讀了李約瑟的《中國的科學與文明》（思索社）這本書之後，書上寫到「這是中國船隻在構造上優秀的地方，也是世界級的優點。」說到「這個想法從何而來？」李約瑟說是「竹子」，竹子有「節」，是從這裡得到的點子。

巨大的戎克船浮得太高的話會不穩，所以船內會堆一些沙，或是大量堆放陶瓷器；因為陶瓷器很便宜，所以當時臺灣底層社會的人們漸漸地都在使用。當時年少的我，用自己的眼睛清楚看到了他們以這個方式讓船穩固。

另外，**Rudolf P. Hommel** 在一九三七年（昭和十二年）寫到，有一個非常有趣的習慣（國分直一譯《中國手工業誌》，法政大學出版社，一九九二年），是將棉花嘭嘭地彈著、讓舊棉花變得膨鬆如新的道具，叫做「棉弓」，這也是一種智慧。除此之外還有一個將大的木頭切割開，然

與劉茂源在西表島的網取聚落遺跡。
（一九八八年一月，安溪遊地拍攝）

後打楔子用來收集花生油的道具，叫做「Tsou Ma-yu」（做麻油）[194]。看著這些東西，我從很久以前就對中國的技術感到興趣，應該是在那個時候，不知不覺中奠定了對中國的物質文化、技術感到興趣的基礎。

也在那個時候知道中國的婦女是相當強悍的，那時候夫妻吵架的話，太太會站在門口說自己的老公是多麼不像話的傢伙，我因為聽不懂她們說的話，就只是呆呆地聽著而已，自然就學到雖然中國男人很不像話，但是中國的婦女很強悍。

現在的我，是出了名的邋遢，但以前是很認真的少年。在睡覺的時候，也是兩腳併攏很確實地躺著，可能會在睡著的時候翻身吧。小學放學回家後，會將當天的事情都記下來，在父母親面前實際表演，如果是體操之類的就繞著房間跳來跳去。曾有過這麼認真的一面，如果一直保持下去我會成為秀才，但因為漸漸變得越來越聰明，成為現在這個樣子。

那時總督來巡視，老師說：「如果總督巡視到這裡的話，要確實地敬禮，會對大家喊口令，大家一起敬禮。」我問老師：「怎麼敬禮才是最正確的？」老師教我：「有一種方式叫做最敬禮。」後來，戴著金色徽章帽子的安東大將的車子經過時，我照著老師說的，自己一個人站出去行最敬禮。結果每個人都哈哈大笑，總督是不可能會跟這麼笨的少年打招呼的，我還記得自己曾經是這樣子的少年呢。

我曾有過這麼一個世界觀，地面是平坦的，而天是碗狀的圓形，所以我認為天跟地有相連的地方，這就是全世界。母親常問我「跑到哪裡去玩了？」我會回答：「去天與地相連的地方。」這種憑空想像的回答。雖然曾經是這樣的少年，但又得過瘧疾，是很虛弱的人。

當時因為是石川啄木寫《時代閉塞的現狀》的時候（一九一〇年）[195]，社會情勢漸漸變差。

但是在歐洲戰爭過後[196]，又稍微恢復一點，日本來到了大正民主主義時代，我在這個時期渡過中學生活，閱讀了夏目漱石以及大正民主主義等等的書。但是，很快的出現了宮本顯治的「敗北文學」（芥川龍之介等人提出的文藝評論，一九二九年），在文學界要推廣「普羅文學」，那個時代很不景氣，所以年輕的我們有著「做民俗學好嗎？」這樣的擔心。我的畢業論文題目是「變革期的時代」，也就是這個原因。

就這樣，我從自己的社會生活環境開始，對那些「擁有我自己所沒有的事物」的異文化產生

194 或可稱為「楔子榨油機」。
195 詩人、評論家石川啄木批評當時的文壇雖打著自然主義描寫現實的口號，實際上卻不敢面對當時國家的天皇統治制度對社會的強大壓迫，形成了一種時代閉塞的現狀，鼓勵青年進行社會主義革命，將眼光放在建設美好的未來。
196 以歐洲為主要戰場的第一次世界大戰於一九一八年結束。

從玉山西峰附近望向關山。
（一九三五年八月，國分直一拍攝）

憧憬。自從決定住到山裡面後，也理解原始文化，所以就更加期待。單方面來說，因為社會的衝擊變得更強，所以才會覺得「只有透過社會革命才能突破吧。」但是，投入革命的話，就要不顧「將一生賭注在學問上」的這個心願（雖然是很渺茫的心願），如果被抓的話，因為「鐵則」，恐怕會因為被檢舉而死去……。我不參加「共產主義青年同盟」等團體的理由，就是擔心這些事情再加上膽小。

從事共產主義運動的人們利用了我，他們把跟同志們之間類似「往來書信」的東西帶到我住的地方，因為我住在曼殊院（京都市左京區），大家都在阿彌陀佛的底下，刑警覺得阿彌陀佛底下怎麼可能會有社會主義者的往來書信，所以雖然派人盯著，但卻沒有被發現。戰爭前是一段痛苦的回憶。同志們，也就是在獄中死去的友人們，一直是我心中的一個糾結。

真正能安心投入自己的研究是在戰敗之後。實施了一般選舉，女性也能和男性一樣有相同的政治力量，進行土地的解放，共產黨員被釋放，成立了工會。從痛苦的時代轉換到如夢一般的時代後，「真的很抱歉、很抱歉」這樣的情結逐漸消失了。然後，開始埋首於研究，也寫了幾本書。能感受到研究是我生存的價值，我的心就漸漸感受到「安心」的狀態。

少年時代的環境對於老師的人格養成很有幫助呢。

我也這麼認為，在少年時代身處於異國文化當中這件事，可以說是決定了我的生涯。真的很慶幸自己對於異國文化抱持著尊敬的態度。

藉由這樣的經驗，後來就去高砂的原住民社會，我記得在終戰後的學生時代，曾被老師說：「劉同學，這麼不加思索地讀人物傳記是不行的。」老師讀了登山家的傳記，去爬了壽山，後來還從山上墜落，聽說因此傷了視神經，甚至連耳朵都受傷了。

右眼看不到了，後來耳朵也……。

在臺灣您常常登山呢，大霸尖山是最後登上的一座山吧。

第一次登山目標是大霸尖山，失敗了。

我在戰後因為受到老師的薰陶而去登大霸尖山時，還看到有繩子留在那，是老師綁的嗎？

是的，還因此被罵了。

不，我覺得對登山者而言，有那個反而是好的。

這樣啊，我還有打釘子進去，這還沒關係，但繩子會漸漸的腐蝕，之後來的人會很慘的，所以才被批評。

還有最近去除掉了。都是老師留在臺灣的足跡啊……因為老師從幼兒時期開始到少年以及青年時代幾乎都是在臺灣度過的，在少年時代接觸到這些異國文化，對於培養老師現在的人格與學問很有幫助。

是啊，我自己也這麼覺得。在不知不覺中接觸到異國文化，為自己的學問開創了一條「道路」。

有木棉樹的學校——經歷了京都再度前往臺灣

訪問者：劉茂源

老師所寫的「有木棉樹的學校」就是臺南第一高等女學校[197]吧，請老師說說老師來到這裡之前的學生生活（就是京都大學時代）以及來到臺南一高女的經過。

大學時代，我對於從自己生活體驗中所發生的「異國文化問題」、「民俗學方面的問題」感到興趣；當時美國的人類學家法蘭茲．鮑亞士的著作之中也只有《原始美術》（*Primitive Art*）的研究出版[198]。我因為崇拜鮑亞士，現在有一個非常大型的鮑亞士綜合研究，內容是現在美國的大學通識教育課程中常用到的「習俗」、「Culture」、「文化」。但是，那是這種東西還沒有出現的時代。即使說「來做吧」，也只是很模糊的憧憬，無法想像能有立場真的用來書寫畢業論文。

因為社會上的壓迫感漸漸加重，再加上被「唯物辯證法」所影響。「在『底層結構』之上構

197 今日的國立臺南女子高級中學。

198 Boas, Franz *Primitive Art*, Ed 1st. Dover Publication, New York. 1922。

成以『上層結構』為主的政治或思想形式。」我曾經有過一個自負的想法，認為如果抱持著馬克思或恩格斯的立場來看待歷史，這樣一來，在這個疾風怒濤的時代，自己的學問或多或少都能有些貢獻。

畢業論文的主題選擇了早期封建制度的崩壞、後期封建制度形成的時代。但是在那個時候，出版了一本書，給了我很大的衝擊，就是共產黨員野呂榮太郎所寫的《日本資本主義發展史》（鐵塔書院，一九三〇年）。這本書非常強調「底層結構」。此外，在原稿大致快完成的十月初，西田直二郎老師的《日本文化史序說》（改造社，一九三二年）出版了，抓住了近代初期的「上層結構的轉換」。那是個個人主義式作品漸漸推出的時期。

這個時期，有些自由主義的思想也出現了，在堺市的商人們之中特別明顯。在底層結構的變化中，上層結構又是如何支持的呢？我用「底層結構的轉換」這樣的觀點來寫論文。

我和老師曾有過一樣的看法呢。

「上層結構」由西田老師研究，「底層結構」則是由野呂榮太郎研究，那時我覺得沒戲唱了。可是，野呂沒有掌握到「與上層結構的關連」，西田老師沒有掌握到「與底層結構的關連」，而我掌握了兩者的關連；因此，心想「也只能這麼做了」而提出論文。經濟學部的小島祐馬教授對我讚譽有加。我記得我的成績並不是很好，但只有這篇得到「優」。

但是，在那個時候發生了「瀧川幸辰事件」[199]。瀧川教授是刑法教授，以人道主義的刑法學者著稱，風評很好。我們以前因為想要聽他的刑法課程而去上這堂課。「刑法的存在，不是為了懲罰罪人而是為了解放罪人，讓這個世界沒有罪人。」他用《刑法讀本》（大畑書店，一九三二年）來講述這個基本思想。

在強烈的國民精神（論）式的傾向，以及對異國文化非常排斥的時候，瀧川教授在《刑法讀本》卷首上放了他的夫人穿著中國服飾的照片，可以說是對「時代的批判」吧，用衣著來表達對時代的一種抵抗。

瀧川教授的夫人是中國人嗎？

不是，她是日本人。上面連說明都沒有，大家看了這張照片，雖然覺得奇怪但還是認為「這是一種反抗啊」、「是充滿反抗且批判的照片」。我們明明是歷史系的學生，還是去買了書。結果，文部省以他是危險思想家的理由發出了「辭職勸告」。後來法律系和經濟系發動了大罷課，學生和老師們也都團結了起來。我也在書寫論文的同時，參加了罷課的遊行活動，下賀茂警署的刑警，一直都在監視著，也做了很過份的事。由於我們是脫了衣服參加遊行，所以就在襯衫上蓋

199 一九三三年京都帝國大學法學部教授瀧川幸辰，對於「通姦罪」只適用於妻子一方的日本法律提出批判，被認為是受共產主義影響的赤化思想，遭內務省禁售著作，遭文部省行政壓力被迫辭任。面對此事，京都大學法學部三十一位教授集體辭職以示抗議。對當時日本社會而言，是對當時社會的狀況不滿的實際反映，官員的鎮壓反而激起自由主義知識分子的文化運動。

了「印」，之後再來調查我的行動，所以馬上就知道我住在曼殊院，每天都來找我。

這個時候十分艱困，如果留在京都就可能會被帶去島原拘留所，臺灣的恩師認為「根據聽到的消息，國分現在好像非常的危險，如果都不管的話，恐怕會加入共產黨，身陷其中了，把他救出來吧」。所以學生的主事者把我叫出來說：「你與其這麼痛苦，不如去臺灣吧，你的老師很擔心。」就這樣我決定去臺灣。

我來到的學校庭園裡亭亭立著木棉樹，春夏之際會開柿子色的花。那是說不出的美麗且溫暖、現在想起來還會很懷念的花。街道上有鳳凰樹，車站還有巨大的榕樹，旁邊有刺桐，開著像火焰一樣的花，中國的泉州以這開這種花而聞名（《東方見聞錄》的莿桐城）。

這是有歷史的美麗街道。前嶋信次教授住在那裡，後來他成為慶應義塾大學的教授，當時他是臺南一中的老師。另外，還有一位叫做石暘睢的鄉土史研究者，前嶋教授和石老師一起努力進行鄉土史的研究。我也被邀請加入，石老師非常照顧我，後來，我在臺南好像獲得了清朝中國的精髓。學生們也很純真，入學的都是好人家的女兒，很高雅也很聰明，給人很好的印象。

說到臺南，就會提到「一府二鹿三艋舺」，是臺灣最早開發的都市，其次是鹿港，第三個就是臺北的萬華。臺南女中的學生都是日本人嗎？

是的，在臺灣這裡都是好人家的優秀女兒們。

戰後第一次去臺南的時候，老師以前的學生舉辦了過去留在臺灣的老師們的歡迎會，老師很受歡迎，身為教育者這是很棒的生活吧。

沒有，我覺得自己沒有很受歡迎。當老師的樂趣是隨時都要學習，除了跟學生接觸之外，還要看著學生知識的成長。那個時候的女子教育是非常好的，還記得我曾忘我地讀著倍倍爾的《婦人論》[200]。

在臺南住十年左右嗎？

住了九年。

那段時間，讓臺南一高女的女學生參加發掘，與臺南一中的前嶋老師深入進行歷史研究，老師您非常努力進行考古學的遺址調查呢，例如，牛稠子[201]等。那些都成為現在臺灣考古學的基

200 August Bebel，德國社會主義學者，主張女性地位的解放。

201 牛稠子遺址，位於今日的臺南市仁德區一帶，是臺灣西南部新石器時代中期（繩紋紅陶時期）的代表遺址，年代距今約三千三百至三千八百年。一九三八年由萩原直哉發現，國分直一、翁長林正調查確認。國分先生的臺灣考古研究論述中經常以本遺址出土之考古遺物作為比較基礎，例如，與一九四三年透過丹桂之助的協助辨識出石器的石材是來自澎湖的橄欖石玄武岩，也透過本遺址所在沙丘貝塚的空間位置探討溪南地區海岸線變遷與人為活動之間的關係、出土的石器器型與中國大陸東南沿海一帶的關係等研究，牛稠子遺址是國分先生的臺灣考古研究中的極具地位的重要遺址。

礎。

就是啊，在海岸的沖積平原上發現的是新石器時代以後的遺址，隨著當地地形的不同，出現的文化也不同。離海岸最遠的是沙丘臺地，在海進時代是海洋直達的邊緣，當時恐怕是像孤島一樣被海水包圍著。接著出現的就一定會是年份僅次於它的古老東西。之後海水漸漸向後退，海岸邊開始出現新東西。臺灣最早的編年史就是以這種方式來編年，而不是以發掘調查來編年。

那個時候完全不能做「社會方面的研究」，所以為了填補精神上的空白，只能做這些事情。在舊制高等學校時期，曾經聽過被封閉在山裡可憐高砂族的事情，所以就想要證明「他們才是這裡的主人」，我進行海岸的考古調查，再到山裡面取得與高砂族物質文化的關連，沉迷在這個「民族考古學」式的調查中。在進行調查之中，不管你願不願意，都會像泡沫一樣被潮流所沖散，戰爭就發生了。在臺南九年的時間，就是這樣的時代。

在那九年的期間，臺南臺地的調查從臺南延伸到鳳鼻頭，連中坑門周邊和離島都有調查。老師就是在這個時期發現了在臺灣最早的中國大陸系的黑陶跟彩陶吧。

大湖貝塚的黑陶是在我的計畫之中發現的，因為透過這個發掘而得知中國大陸系的黑陶出現在臺灣西海岸，所以更加關心與中國東南沿岸的史前文化之間的交流關係，而彩陶是在桃仔園[202]發現的。

跟澎湖島良文港的彩陶相比，哪一個先發現的？

先發現良文港的。

在桃仔園有警察跟著，他們說「（發掘是）改變地形」，所以連一尺都不讓我們挖。又說桃仔園要「興建海軍的分校」（後來成立了海軍部隊）。在那裡擔任主任的中校跟我說：「從這裡挖出了很多東西，你可以來看一下嗎？」因為正在興建軍港的港灣，所以用怪手不斷的挖掘地面。但是他特別容許我進到工地裡，因為中校本身也很有興趣。還說「帶石膏來幫忙復原。」所以就帶著一罐石膏去進行復原作業。

重要的東西當然是帶不走的，但是因為中校沒有注意到彩陶這樣的東西，所以我就帶回去畫了測繪圖。只是，因為無法做調查所以不知道黑陶與彩陶的層序是何種關係，後來是因為張光直調查了鳳鼻頭才終於知道。

常聽人家說臺南的街道像日本的京都，雖然是老街，但是有很多的廟。

是啊，有武廟跟佛寺，而且都非常的美，那些廟是紅色的。

202　今日高雄左營區的桃子園遺址，年代距今約三千五百至兩千年前新石器時代中晚期的遺址，發現大量史前紅色、黑色與彩繪陶器，還有石器及甕棺，是高雄市最早被發現的史前時代遺址之一。

而且，在街道上還保留很多古老的東西。

媽祖的臉也很美，雖然是一片漆黑的臉，但還是很美。

能夠去這些地方，真的是很開心的回憶。之後還會來臺北吧，我還想再多問老師一些事情。

但今天就到此為止……，謝謝老師。

鹿野忠雄——消失在婆羅洲的民族學家

訪問者：安溪遊地

每個人在生涯中都有一個人深刻地影響了自己，對我而言鹿野忠雄先生（一九〇六—一九四五）就是我無法忘懷的其中一人。

我從小生活在複數的種族文化裡，一開始是臺灣南部的高雄，那裡有福建籍的人，然後稍微偏南一點，叫東江[203]的地方有廣東籍的人，也有日本人，從九州或滿州來的人。從畿內來的人很少，意外的是甚至有從東北來的人，我的父親也是從東北來的。我從幼年到少年時期，跟中國系的人就十分熟識，因為父親說：「這裡有很多從大陸來的人，對這些人一定要很小心的對待。」

我開始關心山上的居民是受到鹿野忠雄先生的影響。鹿野先生就讀臺北高等學校[204]理科甲

203 今日高雄市鹽埕區江南里一帶，原江東里於一九七八年因人口過少與江南里合併。
204 一九二二年成立，原址位於今日國立臺灣師範大學校本部。

類，是大我一年的學長。臺北有一個地方叫做兒玉町[205]，是用日俄戰爭時的將軍名字來命名，他在那裡的理髮院二樓租屋，用報紙包著的昆蟲標本快要堆到天花板。根據我詢問的結果，昆蟲學會早就有他的名字了。

有一天，我問了鹿野先生為什麼要來臺灣，他說要去北海道參加考試而拿了錢，結果去了小笠原[206]，從父親那裡騙到學費後，就跑到各地去調查。臺灣也是用這個方式來的，臺灣對他而言是有趣到令人吃驚的地方，因為有熱帶、溫帶、寒帶的植物跟昆蟲，還有各式各樣的生物。

他是語言能力很好的人，英文或德文就算不去上課也沒關係，但是物理跟數學就不是這樣了，所以都讓朋友幫忙，也就是作弊。只要坐在桂田德勝（後來成為大阪大學教授）的後面，桂田就會把答案給他看。那是很要求出席率的時代，但他還是不斷的去山上，所以出席天數應該是不夠的。聽說從耶魯大學畢業、自由主義的三澤糾校長說：「他會成為學者吧。就因為出席率不夠就退學也太可惜了。」

因為鹿野先生是經常上山的人，所以我也就開始上山了。他當時最常去的是泰雅族的村子，位於臺灣北部的雪山或大霸尖山等，是北部最大的種族社會。我第一次也是去了泰雅族的世界，到了那裡才知道在當地有著跟中國系不同的人群，住在山裡的原始人們，很清楚地知道臺灣在中國系移民進入之前就有種族世界，當時分成了七個種族，後來在臺北設立了大學之後，進行了調查，便區分成九個種族。

讓我感觸很深的是，當地有各種發源的傳說。有人這麼說：「我們的祖先是從堅硬的岩石裡

205 今日的臺北市古亭區一帶。以第四任臺灣總督兒玉源太郎之姓氏來命名。

206 東京都南方一千多公里的島嶼群。由三十多個小島組成，著名的有硫磺島、父島、母島等島嶼。

古樓社的早晨。（松山虔三拍攝）

出生的。」完全沒有與海洋的交流，深邃且壯觀的山聳立在那裡，走到山裡面時，確實可以感覺到他們的祖先真的是如同故事所說是來自這裡，一點都不勉強。「我們還在平地的時候，有兩個太陽，非常的熱，要將其中一個太陽用弓箭射下來，才變得適合生活。」關於祖先還有這樣的故事，置身在山裡面，會有實際的感受且理所當然覺得就是如此。我當時還沒有什麼歷史意識，認為日本的《古事紀》也是這種原始人們所誕生的世界吧。心想有一天回到日本，嘗試歷史研究，如果可以的話，想要研究《古事紀》裡的世界。當時我雖然沒有比較文化的頭腦，但因為身在種族文化當中，就習慣透過比較，自然而然地探討人類的文化。鹿野先生就是將我帶進這樣的世界的前輩之一。

他學的是昆蟲，但是畢業後進入東京大

在臺北高等學校的宿舍。（最右邊是國分直一）

學地理學科，專攻生物地理學，在京都大學理學部提出用英文寫的〈次高山[207]的生物地理學研究〉，而獲得了理學博士的學位，從那時候開始離開昆蟲學，轉變為追蹤原住民生態的研究，如此一來，就必須要探討他們到底是從哪裡來的，平地生活的傳說與山上的歷史有什麼樣的關連，無論如何都需要進行考古學的調查。另外，他開始計畫要從圍繞著仍殘留在山上的原始技術來確立ethnohistory。也就是從民族地理學的研究轉變成民族學、考古學的研究，這代表著他是世界上最早開始從事ethno-archaeology（民族考古學）的人，因為鹿野先生的影響，我也開始有了民族考古學的想法。

我從京都大學畢業後，回來臺灣成為臺南女校的教師，而他每年都會來臺灣，也是個從來沒有固定職業的人。但是就像義大利的文藝復興時期一樣，因為有位很不得了的贊助者，就是澀澤敬三先生[208]，他是澀澤榮一的孫子。澀澤先生覺得鹿野先生不是個簡單的人物，一直不斷的資助他研究費。他做的研究令人羨慕，投入最大心力的地方是紅頭嶼，現在叫做蘭嶼，他研究那裡的雅美族，在那裡詳盡的調查並記錄當地的生活文化，短則兩個月，長則四個月，儘可能學習當地

207 今日的雪山。

208 一九四五—一九四六年任日本大藏大臣，其祖父澀澤榮一是江戶末期到大正初期間的著名的幕臣（武士）與實業家。被稱為日本近代經濟之父，日本政府預計作為二〇二四年新紙鈔一萬圓的肖像人物。與臺灣關係不淺，曾擔任自清國接收臺灣後籌設臺灣銀行的委員、臺灣製糖股東、臺灣鐵道的創立委員長等。

語言，例如詢問雅美族如何開發河谷、一同搭船去捕魚等等。沉浸在原住民的世界裡進行調查，但每一件事都會有語言的問題，於是聘請一位懂雅美語的阿美族知識分子來當翻譯。

我和他一起去蘭嶼的時候，令人驚訝的是竟然帶著槍，問他帶槍的原因，說是為了要製作鳥類標本。他和山階芳麿先生[209]的山階鳥類研究所有接觸，也很注重自然科學的研究。另外，也會和植物學者一起進行植物調查。考古、動物、植物，不論哪一方面他都很關心。

他帶著可攜式的機器過去，是為了要在晚上欣賞帶過去的浪漫主義唱片，其中特別喜歡舒曼。我雖然身在臺南，但是一週會有一次船班，所以會寄些零食，有時候也會寄唱片過去。

一九三七年（昭和十二年），在造船的季節，也是暑假期間，來了一封他寄來的信，上面寫著「有很棒的祭典要不要來」，所以就跟山口縣的御園生暢哉[210]一起去蘭嶼，待了一個月。在一個叫做伊莫烏羅德的部落[211]看祭典，在部落的正中央造船，船員戴著銀製的頭盔，船長則為了驅除惡魔，手持著長刀站立。我們拚命拍照，鹿野先生很輕鬆的操作萊卡相機，我們拍二十張的時候他已經拍了兩百張，然後突然有人從一種叫做 Tagakaru 的涼台上跳下來，我以為要被攻擊了，因為有外人跑來神聖的祭典拍照。但是，這不是要對我們展開攻擊，而是像撼動大地一般的驅魔儀式。握著拳頭，雙腳用力踏地，大聲喊叫繞著船的四周，其中還有人感冒，流鼻水像吹氣球一樣有氣泡，連擦鼻水的時間都沒有，是場令人感動的祭典。

御園生是畫家，果然感受度很強，太興奮到了最後直接全裸，加入扛船的行列。我很擔心闖入神聖的祭典會不會被殺掉，但雅美人很感動，還跟御園生先生磨鼻子，我在那時候發現臺灣也有玻里尼西亞磨鼻子的習俗。很棒叫做 Chinman，否定叫做 Abo Chinman，後來當御園生先生說 Chinman 的時候，他們都很害羞所以都一邊說著 Abo Chinman、Abo Chinman 一邊跟他磨鼻子。

鹿野先生那個時候在祭典的廣場播放《藍色多瑙河》的唱片。雅美族人都知道鹿野先生會聽唱片，會跟他說請借我聽。就在碧海，不，是漆黑的大海，海浪朝著岸邊打過來的同時，播放著《藍色多瑙河》，結果剛剛還在喧鬧的人們都安靜下來聽著曲子。之後大家都站起來，跟御園生先生磨鼻子。

後來，鹿野先生統整了一個註記了「上呈澀澤子爵」的大型報告書（〈紅島嶼雅美族建造的大船與祭典〉，《人類學雜誌》五三卷四號），裸體加入行列的事情並沒有被寫進去，因為預想起來會令人感覺不好。另外，他還跟植物學家瀨川孝吉先生一起用英文寫了關於雅美族民族誌的一部大部頭報告（《臺灣原住民圖譜》，一九四五年），本來預計要持續不斷推出關於臺灣原住民的著作，結果這成為他最後的工作。

戰爭越來越激烈，最後他也被徵兵到部隊，從事占領地政務官的工作。因為他知道蘭嶼的雅

209　日本鳥類學者，日本舊皇族山階宮菊磨王的次子，是大正昭和年間日本重要的鳥類標本收藏研究者之一。今日仍設有公益財團法人山階鳥類研究所。

210　當時國分先生與御園哉先生兩人都在臺南第一高等女學校任教。

211　今日的紅頭村。

美族是從巴丹島遷徙過來的，雖然想要去巴丹島，但不是這麼容易就可以過去，所以就在那邊與出身巴丹的菲律賓大學學生接觸，做聽寫紀錄，在深入接觸一位美國的人類學、考古學家 Beyer 的同時，進行與雅美族跟巴丹島民相關的文化對比，收集了龐大的資料。但是軍人不知道文化資料的價值，曾經有一次為了使用他的房間而把重要的資料都丟出去，不過鹿野有偷偷計畫不讓這些資料散失，所以 Beyer 一生都很感謝鹿野先生。

鹿野先生曾跟我說：「像我們這樣研究人類學的人，最後都要死在研究現場吧。」他好像想要去新幾內亞。但沒辦法馬上就過去，所以自願前往婆羅洲。為了要和婆羅洲沙勞越上面沙勞越博物館的 Tom Harrison 合作，那個時候 Tom Harrison 已經組織當地原住民潛藏在地下，進行抗日作戰，所以是最糟糕的情況。只留下在終戰同時進入有原住民居住的偏遠地區的消息，就這樣消失了。他跟研究熊野民俗的朋友進入山區後就失去消息。我們都覺得正因為是他，所以應該當時就已經回日本了。

但是，一九六一年參加在檀香山的夏威夷大學的國際學會，我在學會的團體旅遊中參觀海岸上類似石洞壁畫的東西，當我坐在海岸的珊瑚礁上打開便當的時候，有一位女士走過來，她是維也納的民族學者 Berkley，她問我：「你是鹿野先生的朋友國分吧，你知道鹿野的事嗎？」我問她「您知道什麼消息嗎？」她小聲地跟我說，根據英國學會流傳的傳言，鹿野失蹤和日本的憲兵有關。

我非常地驚訝，完全忘記鹿野先生的太太還在日本，就把 Berkley 女士告訴我的事情都寫在

鹿野先生戴安全帽。

《月刊太陽》（第四號，平凡社，一九六三年），看了這篇文章，鹿野先生的太太受到很大衝擊，她覺得先生一定會回來吧，我做了一件很對不起她的事。

鹿野先生最後的著作，在英國的學會得到很傑出的評價，從 Berkley 女士處聽到這件事，我決定以後也要用這樣的方法來統整民族誌的聲音。

鹿野先生的事蹟，怎麼說也說不完。照片中鹿野先生戴的安全帽是在新加坡買的，很厚實也很涼快。

鹿野先生是堅持要找出真相、意志非常堅定的人。

臺灣研究者的群像

訪問者：劉茂源

在研究臺灣的歷史文化的研究者們當中，請老師說說還有印象的研究者。

首先就從跟臺灣研究有關且無法忘懷的人開始吧。

在臺灣政治立場改變的一八九五（明治二十八）年，首先登場的是伊能嘉矩（一八六七－一九二五），他的名字（嘉矩）正式的唸法是「Kanori」，但是他在使用筆名的時候是YI，所以我認為是唸做「Yoshinori」。

伊能畢業於岩手師範學校（現在的岩手大學），原本是新聞記者，後來在東京帝國大學的坪井正五郎老師成立東京人類學會時入會，伊能先生以人類學為志向大概是受了坪井先生的影響吧。伊能很早就知道需要研究各個民族的語言，在東京的時候就學了北京官話、朝鮮語和愛奴語。當時有一位很有名的人類學家叫做田代安定[212]，後來還相當活躍於南島研究等領域，他們幾乎同時來到臺灣。後來他一個人在臺灣待了十年，一開始學會了福建語，接著是馬來語，還有學了被稱作「生蕃」的原住民語言，特別是泰雅族語，之後回到日本，在一九二五年（大正十四年）過世了。在過世之前柳田先生[213]有去拜訪他。伊能是岩手縣遠野人，柳田先生去拜訪他，正是因為納悶遠野為何會出現關心人類文化的人，這件事很有名。

後來他的學生、成為東大教授的板澤武雄整理了遺稿，在柳田先生的努力之下，出版了《臺灣文化志》（刀江書院，一九二八年）。裡面有福田德三[214]和柳田國男寫的序，這套書在一九六五年（昭和四十年）再版，福田先生在序文中寫：「目前還沒有超越它的研究」，他的研究無法被忘記，可說是臺灣學的先鋒。

一八九六年，伊能在臺灣開始行動的隔年，鳥居龍藏博士來到臺灣，那時候他是坪井正五郎教室的助手，因為是大學委託的調查，所以總共來了四次。第一次是一八九六年八月到十二月，為期五個月，前往臺灣總督行政官員沒有觸及的東海岸南部，到臺灣東岸南部的知本溪為止。第二次是從一八九七年十月到十二月，為期七十天的蘭嶼調查。在進行這項調查之前沒多久，試掘了臺北的圓山貝塚。接著第三次是一八九八年七月到十二月，為期六個月，調查臺灣南部的恆春

212 一八九五年起赴任臺灣總督府民政局來到臺灣，是臺灣植物研究的先驅。來臺之前曾對沖繩與大洋洲進行調查，任職臺灣期間亦關注臺灣原住民風俗，因此被國分先生認為是人類學者。田代安定於一九〇一年在今日的屏東墾丁一帶創設了「熱帶植物殖育場」即今之「林業試驗所恆春研究中心」的前身，一九〇二—一九〇四年間在恆春滿州創設了多處的熱帶植物殖育試驗事業園區，一九一一年合併為「殖產局林業試驗場恆春支場」。一九二八年逝世於鹿兒島，葬於臺北的三板橋墓地（今日的臺北市中山區康樂里）。

213 柳田國男（一八七五—一九六二），被尊稱為日本民俗學之父。

214 福田德三（一八七四—一九三〇），日本經濟學家。

玉山主峰東側背面。
（一九三八年，國分直一拍攝）

半島。最後的第四次調查是從一九〇〇年一月到八月，從澎湖開始到臺南、高雄，然後到了中央山脈的盆地，也成為第一位登上新高山（今日的玉山）的日本人，並且向日本介紹了玉山。最後調查了埔里盆地平埔族聚集的地方，雖知道是以這樣的系統進行，但到頭來並沒有撰寫報告。

接著臺灣總督府委託京都大學法學部，法學部的織田萬教授與狩野直喜一起統整了《清國行政法》（臨時臺灣舊慣調查會，一九〇五年）。研究的目的是為了要統治臺灣，必須要徹底掌握清國的行政組織。後來，岡松參太郎監修自一九〇〇以後開始的舊慣為基礎，集大成的《臺灣私法》，但是都是圍繞著漢族文化（包含明顯已漢化的平埔族）的舊慣習，被稱作「熟蕃」的山地民族則沒有包含在內。

臺灣原住民族的舊慣調查是從一九〇九年開始，正式調查是從大正年間開始，報告書也是在大正年間出版。這些是分成兩個分類，同樣龐大的資料，所以全部出版了十六卷的報告書。這兩個分類的報告書是以小島由道為中心的團隊所著《番族慣習調查報告書》五卷八冊（一九一五—二〇年）以及佐山融吉所著《臺灣蕃族慣習調查報告書》八冊（一九一四—二一年），不一樣的地方只有「番族」跟「蕃族」而已。另外，前者的四冊與後者的兩冊的發行，是由臨時臺灣舊慣調查會取代了臺灣總督府蕃族調查會。因為有兩個系列而且是分別進行田野調查工作，所以調查觀點有所不同。

之後，除了這兩個團隊之外還有森丑之助的調查報告（《臺灣蕃族志》一卷（一九一七年）、《臺灣蕃族圖譜》二卷（一九一八年））。森丑之助的報告最後預計會出版圖誌十卷、圖譜十卷且

1946 年台灣省編譯館撤廢前的紀念照片。

在東京準備出版中，可惜的是在關東大地震的時候全被燒毀了。因為自己終其一生收集的資料變成灰，絕望而投水自盡，非常悲哀，我無法忘記這些人們的業績。

接下來就是鹿野忠雄、移川教授和我的時代，臺灣戰後的容貌也很有趣。

老師與戰後從大陸進來的李濟等學者們交情很好嗎？

關於這一點一定要提的是許壽裳教授。他擔任館長的臺灣省編譯館是像臺灣總督府編譯館一樣的地方。不是在編譯專門性的資料，而是以強調教化一般民眾所用的資料為主。後來成立了臺灣研究班，任命了是詩人也是研究者的楊雲萍為部長。也在那裡留用日本人，池田敏雄和我還有淺井惠倫老師都在那裡，理學部昆蟲研究室的素木得一老師也被留用。

許壽裳教授是大陸北京大學女子部的教授，也是中山大學的教授，以研究魯迅聞名。但是後來發生了二二八這個重大事件，事件之後教授不想再當編譯館的館長，而是擔任臺灣大學文學部的主任教授，過了不久被暴徒襲擊，頭部被砍而身亡[215]。他是很優秀的老師，令人遺憾。

後來，親日系的教授都辭職，傅斯年來擔任臺灣大學校長。

也就是因為要改為美國的制度吧。

臺灣的總督原本是陳儀長官，但是來的是曾任美國大使的魏道明[216]。體制完全改變，在大學裡認識的人也開始改變。親日系的人一個接一個離職……最後剩下農學部的干景讓教授。

過了一段時間，傅斯年校長邀請在臺灣留用的日本人，舉行了酒雞尾酒晚宴，因為臺灣大學的水準比日本時代要低，所以他說之後歷史研究所也要「聘請跟日本的研究者匹敵的傑出教師」，說的就是例如李濟、董作賓、石璋如一行人。

215 當時警方宣布該兇案乃因許宅遭熟人偷竊，歹徒許壽裳先生撞見，失風而砍殺許先生致死。但坊間仍流傳該案諸多疑點，懷疑是遭國民黨特務殺害。

216 一九四二年接替胡適擔任中國駐美大使。一九四六年七月任臺灣省政府主席，兼任聯合國遠東委員會副主席，參與制定二戰後對日本的相關政策。

是「發掘殷墟」的工作人員吧。

是的，之後民族學來了芮教授[217]，凌純聲[218]也來了。在民族學方面是一個「壯觀的時代」。過去在臺北帝國大學有一位研究東西交流史的藤田豐八博士；博士的業績在中國史學界中廣為人知，傅斯年校長曾經這麼說，無法帶來能與博士匹敵的人。有一位教英國文學的王國華，他是藤田博士的朋友王國偉的弟弟，我問他：「見過藤田博士嗎？」藤田博士很早就過世了，他應該不知道吧。我經常說到與博士的回憶。這些就是我無法忘懷的人們。

老師是與這些人們一起，整合在戰後發掘的臺灣考古學資料之後才發表出來吧。

是的。

在日本時代打下基礎是有意義的，再由臺灣的研究者藉此持續發展。考古學逐漸變成要進行大規模的發掘，因為具有國際觀的學者都設籍美國，運用美國的資金進行發掘，所以考古學有很大的進展。但是原住民的研究遲遲沒有展開，臺灣雅美族的研究，在社會學的研究上已經有成果了，而且臺灣漢人社會的宗教和薩滿主義的研究也有很大的進步。

可以確定戰後研究的發展是在戰前的基礎之上，所以老師在臺灣所留下的實績是非常珍貴的。

沒有這麼偉大，因為受到臺灣的照顧，能夠做出一些貢獻，就是離開臺灣時的安慰了。

謝謝老師。

---

217 芮逸夫（一八九八—一九九一），民族學人類學者，中央研究院院士。專長民族學理論、中國古代親屬制度、苗族研究。

218 凌純聲（一九〇一—一九七八），民族學人類學者，中央研究院院士。專長民族學調查，中國邊疆族群調查及大洋洲文化研究。

《臺灣高砂族系統所屬的研究》時期

訪問者：劉茂源

移川子之藏老師（一八八四－一九四七）他們是在一九二八年（昭和三年）來到臺北，那是我從舊制高中畢業、進入京都大學之前的兩年。因為這裡有南洋史和原住民研究的課程，所以我非常猶豫，是留在臺灣，進入移川教授在臺北帝大的研究室呢？還是去京都？但是我因為一方面對於日本文化的中樞有憧憬，而且對於臺灣會如何進行大學教育感到不安，所以決定去京都。就在我去京都的時候，移川教授他們傾全力發表了《臺灣高砂族系統所屬的研究》（臺北帝國大學土俗．人種學研究室編，刀江書院，一九三五年）。

另外，語言學教室的小川尚義教授出了《原住民語的臺灣高砂族傳說集》（《原語による臺灣高砂族傳說集》臺北帝國大學語言學研究室編，刀江書院，一九三五年）這本書。淺井惠倫老師在大阪外國語學校，用盡全力完成了這本書。一九三六年，小川教授辭職，來到編譯館，淺井老師成為助理教授，一直留任到語言學教室被廢止為止。

宮本延人老師（一九〇一－一九八八）第一次進入臺灣的田野是在一九二八年第一學期的期

末，穿過東海岸的太魯閣峽谷一個叫做托博濶的蕃社。以移川老師為教授、宮本老師為助手來到托博濶社，但是因為語言不通，所以請當地的警察當泰雅語翻譯。移川老師詢問頭目，父母的名字是什麼？爺爺、奶奶的名字是什麼？還有親戚的名字以及是從哪裡來的，寫在像牛皮紙一樣的大張白紙上，整整花了兩天，知道了七代、兩百多人的姓名，移川老師說：「就用這個吧，這樣就可以知道高砂族所屬的系統了。」全臺灣的種族只要這樣做，就能知道種族的系統，所以提出了這個調查方針。在下一個高砂族的村子裡，問出了七代、三百多人的名字，回來後為了要確認高砂族所屬的系統，也就是從哪裡進來，從哪裡開始發展，在五萬分之一的地圖上畫上綿密的記號，開始追蹤研究。

移川老師是福島人，感覺是非常木訥的人。修完伊利諾大學的先修課程，專攻人類學，畢業於芝加哥大學後，在哈佛大學跟著 Dickson 教授。Dickson 教授對於神話學的研究方法是，研究原始藝術到原始造形所反映出的文化，是非常有趣的領域。受到他的影響，移川教授的博士論文就是分析大洋洲與印尼附近的地區的原始藝術。一開始是慶應義塾大學授課，後來在臺北帝大開設研究高砂族的講座時來臺灣。那個時候，他帶了從慶應義塾大學東洋史學科畢業的宮本延人和曾經是東京大學經濟學部的學生的馬淵東一先生（一九〇九—一九八八）。宮本老師是攝影名家且很聰明、機靈的人，移川教授以他的名字「延人（Enjin）」取綽號叫他「火車的引擎（Engine）」，移川老師和宮本老師從太魯閣社回來後，還是學生的馬淵先生就開始幫忙老師們。

到一九三二年為止的大型調查，花費了龐大的費用，幫助他們的是臺灣總督上山滿之進[219]。他是山口縣德山人，他任職於農商務省時，是在石黑忠德局長之下擔任課長，當時他跟柳田國男老師說，要去農村的話不用來公所蓋章，直接過去。讓他自由做研究。那是柳田老師進入民俗學的機緣，當時很少看到像他這樣的政府官員。

上山先生辭去總督的時候，把他的送別金和退休金，全部都贈予給高砂族的系統研究，以當時來說是相當大的金額。上山先生非常關心受到差別待遇的部落，極力反對差別待遇。他對高砂族感到遺憾，認為一直處在這種狀況很可憐，而大學的責任就是找出他們的起源，這麼做的話他們就能產生自尊與自覺，因此將退休金提供出來。因為這樣，移川、宮本、馬淵的《臺灣高砂族系統所屬的研究》以及小川、淺井的《原住民語的臺灣高砂族傳說集》才得以發表。

在這個時期，移川老師曾一度撿回一條命。這是在一九三〇年十月七日發生霧社事件時的事。因為在霧社舉行運動會，政府官員和周圍的日本人都聚集在一起的時候被泰雅族襲擊，一百三十四名日本人被殺害的事件。老師是個不守時，說到要出差大概都會晚個一兩天的人。那天移川老師他們預計要來到霧社，好險因為延遲而躲過這場劫難，所以移川老師對宮本先生和馬淵先生說：「延遲沒什麼不好嘛。」聽說宮本先生和馬淵先生私下說：「這下子以後會延遲得更久了。」

戰後，在東京的人類學會上，移川老師發表了以「高砂族的時間觀念」為題的演說，在周圍人的擔心之中，超過了一個小時，有人說：「移川老師是生活在高砂族的時間觀念中。」

移川老師不只調查了高砂族所屬的系統，也調查了高砂族是如何從島外進來的。大型的研究是從雅美族來自於巴丹的傳說開始進行。宮本老師因為是移川老師的學生，所以一生都認為臺灣的高砂族是從呂宋來的。即使已經查明與中國江南地區的關係，但他也完全不認同。

馬淵老師以大洋洲、臺灣以及琉球的研究，成為了國際知名的學者。但是在一九八八年，他過世之後，臺灣研究進入了一個寂寥的時代，他的遺骨據說埋葬在中央山脈與池上之間的地方（日本順益臺灣原住民研究會編《臺灣原住民研究》第二號〔一九九七年〕裡有關於馬淵先生分骨在臺灣的報告）[220]，他是如此的熱愛臺灣，特別喜歡布農族，在東京外語大學還開設了布農語的課程。

在發表《高砂族系統所屬的研究》的隔年一九三六年，聽說須發了帝國學士院獎給移川老師，還有獎賞。

好像還有獎金一千日圓，老師領了獎賞，移川老師扣掉若干花費約一百日圓左右之後，剩下的都給了宮本先生和馬淵先生。移川老師有著如此偉大的地方。或許也是研究費，他帶十幾位大

219 上山滿之進，一九二六—一九二八年間任臺灣總督。籌設臺北帝國大學，推行以「高砂族」取代「蕃族」稱法。一九二八年因朝鮮人趙明河行刺（未遂）訪臺的日本皇族久邇宮邦彥王事件而引咎辭職。

220 馬淵東一先生逝世於一九八八年，他將一半的骨灰埋葬於目前池上鄉第一示範公墓，墓碑上題字「馬耳東風」。

學的人去臺北有名的料亭梅屋敷，盛宴招待他們，請了五、六位藝伎非常熱鬧，即使如此也只花費了一百日圓。

宮本老師是徹徹底底作為移川老師助手的人，在太平洋戰爭末期，成為了宗教調查官。因為曾經接觸過民族學，在整理寺廟的時候，一些重要的廟、孔廟之類的文廟，如果不能插手的話，他就會保護寺廟，所以臺灣寺廟的相關人士對他像神明一樣崇拜。宮本老師的功績統整在他過世之前出版的《日本統治時代臺灣的寺廟整理問題》（天理教道友社，一九八八年）。

聽說宮本老師在戰後去臺灣的時候，在北港媽祖廟受到歡迎，讓他坐上轎子遊行，這是守護廟的功績嗎？

是的，臺灣方面還點放了鞭炮，後來他被要求寫些什麼，就寫了一個「無」，問他為什麼要寫這個字，他說：「現在就是這個感覺。」

他在回國後，成為東海大學的文學部長，還邀請我去東海大學。我有去看看，在美保的松林有臨時校舍，「我要聘請你擔任教養的老師。」但又小聲的說：「不過我有兩個月的月薪無法支付。」問他：「部長付不出兩個月的月薪，今後還有前景嗎？」他說：「不知道。」我做了一件很不好的事，就這樣逃走了。當時，在長野縣有臺灣人，因為那邊說：「這裡會有薪水。」所以在一九五〇年任職於飯田高等學校。那是在經濟上很困頓的時期，他們都克服了過去。

金關丈夫——人與學問

訪問者：安溪遊地

金關丈夫老師（一八九七——一九八三）對我而言是教導並且訓戒我的大恩人。我第一次見到金關老師本人是在就讀京都大學的一九三〇年（昭和五年）五月左右的時候。在解剖學聞名的足立文太郎老師要讓我看北海道愛奴人的投影片，我和朋友檜垣元吉（後來是九州大學名譽教授），兩個人戰戰兢兢地去研究室拜訪，在房間一隅看到了金關老師。在那個場合，有一位高大的年輕人很機敏地指揮著學生準備幻燈機，檜桓先生告訴我：「那就是有名的金關老師。」雖然沒有直接和他講話，但是並未忘記當時的印象。

老師是從那時開始進行琉球研究，任職於京都大學醫學部解剖學教室十四年，一九三六年與森鷗外[221]的兒子森於菟先生一起任職於臺北帝國大學醫學部解剖學教室，於此之前去了歐洲三年

221 森鷗外（一八六二——一九二二），小說家、評論家、醫學家。二戰前與夏目漱石齊名。任陸軍軍醫監時，因一八九五年乙未戰爭，陪同北白川宮能久親王到臺灣。

左右。

一九三九年，臺灣南部的高雄附近、二層行溪的大湖貝塚首度出現了黑陶。我藉由發現遺址的契機，開始進行正式發掘，金關老師、移川子之藏老師、宮本延人老師都來了，我在現場指揮。其實，一開始注意黑色陶器的是金關老師，他那時已經開始關心中國與世界的貿易關係，並與北京大學的裴文中[222]老師有所聯繫。

發掘結束回到臺北後，河內極東學院的報告和Colani[223]的報告等，送來了非常多的文獻。在臺灣沒有文獻，也沒有影本，所以借來的書都用手抄。

後來我也被臺北師範學校聘請，搬去了臺北，當時臺北師範學校聚集了非常多的人才。金關教授讓我進入他的研究室，可以自由閱讀裡面的書。有一天，發現一個紙箱寫

於發掘現場。（左起：愛女紀子，金關丈夫，國分直一）

著「金關 父」，打開來看到裡面有人骨。他的父親曾是建築技師，隨著教授來臺灣，八十多歲時過世。臨終時說：「把我當成你的研究材料。」因此老師就取下骨頭，煮過後，慢慢地將肉取下。如果沒有徹底研究學問的心意，是沒辦法把骨頭取下的。金關老師也想要讓自己骨頭使用在遺傳上的研究上。「我留下父親的遺骨，為了遺傳學的研究，我想要提供我的遺骨。我的兒子是解剖學的醫師，如果他有一絲的懈怠，請叱責他。」他晚年在《解剖學雜誌》上登了這一篇廣告。

另外他也是富有藝術性的人，對海外的美術有很深的造詣。教授的研究室裡掛著李奧納多・達文西的畫。當時臺北高等學校有一位叫做E・H・Carr的英語老師[224]，他和金關老師聊了陶器與瓷器的話題，Carr老師說：「金關老師是日本的達文西。」

老師做人類學的研究，我受到老師的鼓舞研究考古學，當還是發掘技術還不發達的時代，很遺憾對於層位沒能夠好好掌握。當時沒有發掘資金或研究費，就強迫自己去領郵局的存款來進行調查。金關老師比較有錢，所以在調查的時候，明明自己不喝但都會買啤酒和點心過來。金關老

222 裴文中一九〇四－一九八二年。著名中國考古學者、古生物學者，北京猿人的發現與研究者。

223 Madeleine Colani（一八六六—一九四三），法國考古學者，任職於越南河內極東學院，以研究中南半島考古學的和平文化（Hoabinian）與石缸平原（Plain of jars）知名。

224 會不會是國分先生記錯人了？就時間點而言，可能是二戰前後以時代雜誌記者身分在世界各地活動的著名國際關係史學者 Edward Hallett Carr ？但是查詢不到他曾來臺灣的紀錄。

師的住處常有國內外的人士來拜訪，戰後還有從北京來的知名民族學者。

老師也很擅長語言，對於英、德、法和中國的古典文學都能像是讀日文一般的閱讀。

戰後，將歐美解剖學相關的書籍轉讓給解剖學教室，得到了一筆龐大的資金，他說用這些錢待在臺灣生活好幾年都沒有問題。但是教授做夢也想不到會被小偷盯上。回到家後，把錢隨手一放就去洗澡，洗完澡後錢已經不見了，好像是從窗戶用鉤子拿了出去的。一般在這種情況下都會感到懊悔吧，但他一點也不覺得懊悔，所以當我問：「不是很可惜嗎？」老師說：「很可惜啊，但是如果還感到懊悔的話就吃虧了。」「懊悔會讓損失加倍，所以不再懊悔。」夫人也完全不講一句懊惱的話，教授就是這樣子的人品。教授絕對不會做卑鄙的事，是光明正大而且非常溫暖、替人著想的人，我親身體會到老師的感化。

這樣子的性格，應該是來自基督教聖公會的教導，在松山有很優秀的牧師，他在中學時代就得到很大的感化。英語能力也是來自於牧師，就在那個時候培養了教授的人文主義，很崇拜托爾斯泰。他還經歷過大正民主主義時代。在文學方面，強烈受到武者小路實篤、有島武郎、志賀直哉和夏目漱石等人以及思想方面受到吉野作造等人的民本主義影響。後來，馬克思主義的風潮更加盛行，他也有同情的關懷。

老師曾說，美國與英國若是一直社會化下去，像是蘇維埃那樣的民主化，總有一天會遇到阻礙，我對老師的先見之明感到驚訝。此外，在太平洋戰爭的時候，日本軍隊在中國做了很過份的事。雖然民族之間的戰爭中的恨意無法消除，但老師說：「這是個人與個人之間的事。」「消除恨意的方法就是對於另一邊的人稍微親切一點。誠實面對來自另一邊的人，只要能萌生一點點的友情，就能消除民族的怨恨。」因此，對於來自中國的客人都非常周到，任何事都會幫忙，我們對此也有感受。岩波的《思想》與《教育》非常重要[225]，我們贈送岩波的《教育》給從另一邊來的師範學校校長[226]，他眼睛張得大大的，非常高興。

金關老師回到日本後才開始研究日本民族的形成，但已經完成了以臺灣為中心的東亞人類學。

臺灣時代，很多日本人都會穿軍官服，但某位學生說金關老師絕對不穿文官服。

是的，老師總是穿著西裝，不穿軍官服。教授對人完全沒有差別的意識。當時，除了對學者官吏，在臺灣對待一般中國方面的人們會有差別待遇，老師說過他一直對此感到很痛苦。

臺灣的老師們都是人文主義者。因為敗戰，日本人必須回到日本的時候，對我們非常友好。正是因為高等學校、專科學校和大學的老師們都是人文主義者吧。

在山地有高砂族，平地有漢族，在這當中具有精緻成熟的文化。老師很喜歡在這樣的自然中

225　岩波茂雄（一八八一—一九四六），一九一三年創辦日本岩波書店，創辦《思想》雜誌與出版岩波講座的《教育科學》叢書。

226　說的應該是戰後從中國那邊來的學者，可能是戰後臺灣師範大學的第一任校長李季谷先生。

產生的民藝品，桌椅使用竹製品，在日常生活中使用中國地美麗物品。相對的，教授對於他的工作——骨學非常嚴格，學生們與中國的助理教授都說，只要一變成學問上的事情就會很恐怖。

戰後，中國政府請求金關老師接續解剖學教室，請他留任。老師說：「臺灣的工作，只需要再三年就可以告一段落。史前學的工作，因為還有鳥居龍藏老師以來的資料，就請你來統整；有很多大學的資料，以及總督府博物館的資料等，都寫了很多珍貴的資料解說。」四年的期間，老師讓我住在他家主房之外的單人房，我會去玄關旁邊的研究室跟教授討論。教授常常熬夜工作到天亮，所以我也會在深夜兩點左右跑到教授的研究室。

托老師的福，在回日本的時候大致確定了臺灣的人類學在東亞所處的地位。當然，這也給了中國的研究者課題，也有需要他們修正的地方。中國的事情已經和吳越地史學會的人們聯絡，老師也是最早提出日本民族的起源是渡過海峽而來的此一說法。

一九八〇年在金關丈夫（右）獲得朝日賞時致詞。

回到日本後，老師說要以東海沿海文化的傳承來研究日本民族文化的傳承。在得到九州大學醫學部教授的位子後，目標放在《魏志倭人傳》的世界，著眼於接近朝鮮半島的九州北部和山口的彌生時代前期的墓葬遺址，收集人骨，逐漸形成那個有名的論點「由彌生人集體渡來的混血論」。當時所知道的是，韓國南部咸鏡北道的人骨和九州北部或是山口縣土井之濱的人骨相似。這些彌生人與繩文人極大的不同點是身高較高，所以認為他們是從大陸地區渡海而來，不只在北九州還在畿內地區擴張，與原生的人種之間混血。金關老師提出研究假設，認為是彌生人與繩文系的民族持續混血，身高因而與繩文時代更接近。日本人起源的二重構造論，事實上是由金關老師所確立的。

當時，戰後，金關老師的學說，成為戰後具代表性的兩個學說之一，另一個學說事由長谷部言人老師和鈴木尚老師所提出的「變形說」，認為繩文人是因稻作傳入而改變。但是在一九八〇年長崎大學的日本人類學會、日本民族學會聯合大會時，鈴木老師說：「混血也是有可能的。」首次認同這一點。而現在，混血說或稱金關說的論點是一般通行的說法，並朝向已確立的論點發展。

老師在九州大學退休後，轉到山口大學和鳥取大學，開設文化人類學的課程，完全遠離體質人類學。到了八十歲左右，還是很關心各方面的問題，但是糖尿病惡化，沒辦法再寫了。

老師曾寫過「與金關老師相遇，已經過了半世紀。」國分老師和金關老師一起度過半世紀的光陰了呢。

是啊，有終生的交情，有時還會想起「啊，老師已經不在了啊。」

兵隊記

訪問者：劉茂源

老師曾說過在徵兵檢查時是「丙種」，連丙種都要入伍嗎？

應該是戰況被逼到連丙種都要用的程度，即使丙種也都被軍隊抓去了。

的確，在一九四五年（昭和二十年）四月十八日，學校直接變成軍營了。老師還記得部隊名稱嗎？

是青木少將的「雷神部隊」，我們的部隊名為「一三八六三部隊」，是由三支部隊來的現役軍人訓練，經過了兩、三個月後，以「當地派遣」的方式，來到宜蘭濁水溪。

老師是在高砂部落的「牛鬪社」，請告訴我當時的事情。

局勢一直相當緊迫，我記得還曾經接到命令「為了美軍隨時都會攻過來，過去調查了撤退到臺北的路徑。」那時是在軍隊的時期，在這之前已經受過 F6F 地獄貓戰鬥機的洗禮了。說到一九四五年，就是戰爭快要結束的時候。那年正月，我和金關老師去做調查……。

就是發掘臺東的卑南吧。

沒錯，請醫生開了一張「假的瘧疾診斷書」，跟學校請假做調查。那個時候，在組合式石棺裡，兩個人躲進去。金關老師的體型大所以很辛苦。聽到乒乒乓乓的聲音覺得「很奇怪」才想到是被槍擊了……。F6F飛走後，撿了一個彈殼還在冒煙，曾有過這麼可怕的經驗。後來馬上就被部隊發現了，當時心想：「在這麼近的地方會有F6F，如果一直來的話，那就不能再做下去了。」

當時美國的第五十三機動部隊的艦隊來了，一直進行間歇式攻擊……。

被攻擊的時候，還有一位叫做屋良朝苗的人也跟我們一起，後來他成為沖繩縣知事，是很優秀的老師。

好像還有做過類似「鹽水炸彈」這樣的火藥實驗。

是的，用宜蘭濁水溪的板岩磨成粉做成，是一間為了做煙霧彈的研究所的產品。

他問：「這場戰爭你的看法是？」我說：「這場戰爭完全沒有勝算。即使以意識形態來講，說是八紘一宇[227]，這種意識形態應該不會成立的。出兵中國代表的只有侵略。」才一說完，因為他很單純所以生氣了……用很粗曠的聲音說：「國分先生，可以講這麼愚蠢的話嗎！小心會被憲兵殺掉。」他給我這樣的忠告。

但是在戰後，我們去琉球的時候他向老師們說：「我自己是在這樣的環境下受教育，我也在從事地下活動。」

然後，他又說：「我很清楚你的思想，你的歷史觀正確的地方我非常理解。」還記得我非常的開心。但是在那個時候，屋良老師的思想還是一般人的思想。

在那樣的環境下，是不得不說出這些話的狀況。

是的，所以我們是性質非常不同地存在。「都躲在某處了，還是被槍打中的話也無可奈何。」我覺得曾經像是像這樣的存在著。

回到前面的話題，在卑南是在格魯曼的攻擊下進行發掘的，這會永久保留在臺灣考古學史上，當然冒著危險進行發掘是做學問的精神，另一方面，這是首次發現居住的遺跡，這在臺灣考古學上是第一次的發現，關於這個居住遺跡，老師有提計畫……。

是啊，這次的調查與發掘是用平板測量器來測量，當時的平板測量器不是可以隨身攜帶的東西。在那裡放好了畫板，只帶著照準儀移動，然後躺在地上用照準儀來測量。自己測量、自己繪圖，平面圖就這樣完成了。金關老師也有幫忙，現在的卑南文化研究，就是從這裡展開的。

卑南研究就是以老師當時的發現為基礎發展起來。在修築鐵路的計畫中，偶爾還會挖。

後來就是臺灣中央山脈的調查啊。

部隊去到當地，在埤亞南[228]建造茅草屋的營房，當時利用休假時間在附近進行了調查。

把握片刻的時間做調查呢。

在「牛頭」[229]周圍的茅草屋，晚上睡覺的時候會有像青大將[230]那樣的蛇在四周爬來爬去，爬來爬去的很恐怖……後來沒有食物了，番薯莖梗掉下來的時候，沒辦法就會想要吃，於是忍不住撿起來吃了……。

但是，有一件很有趣的事。

年輕的軍人拜託我「幫我寫信。」還說「幫我寫的話就送你番薯。」那位青年跟某位「人妻」

227 二次世界大戰時日本帝國的國家格言，採借《晉書・武帝紀》中「廓清梁、岷，包懷揚、越，八紘同軌，祥瑞屢臻。」天下一家、世界大同之義。實質上這樣的意識形態只是為軍國主義擴張服務的藉口。

228 埤亞南社，今日的宜蘭縣大同鄉的南山村。

229 推估所指的是今日宜蘭縣三星鄉的牛鬥。

230 日本錦蛇。

談戀愛，然後還說了不可能的事，「沒有彩色的信封嗎？」連紙都沒有的時候，不可能會有這種東西。我撕下筆記本幫他寫信，寫了什麼內容呢？我寫了「這個人很喜歡你，但是這個人如果去妳那邊的話，因為他是很不像話的人，所以請裝做不認識，最好是連講話都不要。」後來，他用很詫異的表情來我這邊說：「收到信之後她很生氣，是怎麼回事。」還說：「我有說過要送你番薯，我不送了。」曾經發生過這件事，是很有趣的回憶之一。

因為已經到了絕望的情況，所以才下令製作軍用地誌，準備用在部隊撤退，逃到山裡面的時候，所以要知道的條件是：

- 哪一條路可以從各地過去？
- 各個地方有多少的勞動力？……但是根本就沒有勞動力，因為只有女性。
- 儲備了多少的小米？

我接到了命令，帶領大家一點一滴地寫草圖並將這些事項記錄下來。每一位學生和儲備幹部位階都比我高，但我帶了幾個人當助手。因為那個時候我是隊長，大家都很聽我的話。

我還記得還遇到兩個災難。

百步蛇是臺灣南部排灣族的「聖蛇」，頭目家族就是從這裡誕生的。原本不認為北部會有但是卻發現了。我們持續前進的時候，有個像是大香菇一樣的東西立在那邊。我說了：「很大的香菇欸，這菇是什麼啊？」之後，學生說：「老師！不好了！是蛇！」是一條很大的百步蛇，結果，他們把牠殺掉，圍在脖子上，帶到當天紮營的地方烤來吃，這是其中一個。

另一個是在橫渡宜蘭濁水溪時被沖走的事。因為有穿綁腿，所以能防水。突然被沖走，鼻子與眼睛就這樣都弄不清了。然而，泰雅族的青年幫助了我。他自己也投身入水，將我推到岩石上，我在被推到岩石上的同時，從背後拉了他，兩個人互相幫忙，泰雅族是我的恩人。

之後就翻過一座山，健康的高砂族女性都很鬱悶，因為男性都入伍或是結婚了。

是「高砂義勇隊」吧。

很純情、善良的小姐們，都在說：「阿兵哥，一起來玩嘛。」我覺得很可憐，因為沒有男性。

越過思源埡口，那邊有種蘋果嚇了一跳。

是越過中央山脈，在西邊的沙拉茅社[231]吧，那裡有種二十世紀梨。

聽說現在還是有很多。

然後，來到臺北後，天皇發佈了〈終戰宣言〉。這些軍用地誌就完全沒有用了，只能匆忙回到所屬的雷神部隊。將校之間，說出了要同時自殺殉國的話，我對此感到驚訝。

231 今日的臺中市和平區梨山部落。

我忘了名字、有一個在巴士海峽遇難來到臺北的老兵，我問他：「好不容易戰爭結束了，自殺有意義嗎？」他回答：「沒意義啊。」然後我就說：「走到什麼地方就會有小米、哪裡有防空洞，我有這些資料。」所以「帶著這些資料，儘可能的帶年輕的學徒兵進到山裡面，如果發出自殺的命令，我就要逃走。」那個老兵說：「我也要一起去。」後來發出了「禁止自殺」的指令。還好沒有逃走，因為逃走的話可能會被槍殺。在〈兵隊記〉裡有寫那時候的事情，記錄了很痛苦的回憶。

去宜蘭濁水溪的時候，糧食很充足。應該是預備在美軍登陸後的存糧。但是，老師還記得早餐變成了粥嗎？

嗯，那個粥像米湯一樣，米都浮在上面。

稀飯裡有放飛機草，去採了這種野生的菊花。因為有刺，所以把皮剝掉之後切一切，做成像雜燴粥一樣。吃了這個後，每個人都拉肚子，因為是野生的味道，真是受不了。

是啊，還記得嗎？還有一個「捕蛇隊」。

叫做「捕蛇特攻隊」吧，被選中的人不用去「修築陣地」，整天都在玩，很開心。

被問到「你們抓到蛇了嗎？」，只要說「今天沒有抓到」、「今天只有一條」就可以了。所以只要抓到一隻，就會去找當地的女孩玩。他們抓到蛇會把蛇烤來吃，大家都很羨慕（笑）。

但是如果帶回去的話，會在分隊裡被平分。根據長度切成兩公分左右的大小……真是悲慘的時期，能夠度過那段時間，像這樣在這裡與劉先生談話，好像做夢一樣，人生很不可思議。

那個時候，有想到必須在宜蘭濁水溪的平原上種稻，因為美軍的機動部隊接近了，所以每個人都給了實彈。

這是很悲慘的訓練。在宜蘭濁水溪漆黑的沙土上裸著全身，塗泥巴在身上……還有恙蟲會附著在身體柔軟的地方。演習結束後，大家全裸著身體抓恙蟲。我在手肘內側被發現有恙蟲，小小的，只有跳蚤的幾分之幾大的紅色蟲子，如果讓它侵入到皮膚的話，會有三十天持續高燒四十度左右，感染到心臟就會過世，是很悲慘的時期。

果然不能有戰爭，我絕對反對戰爭。

我也絕對反對戰爭。

留任的四年期間

訪問者：劉茂源

請老師說說戰後老師留在臺灣四年、處理剩下的工作和整理考古資料時的事情。那個時候，老師還製作了《回覽雜誌》呢。封面有紙雕，中間還有一張插圖，是立石鐵臣先生的作品，上面還有註解：「國分老師深夜努力用功之圖。放心不下在日本的老婆，放心不下彩陶，可以趕快度過這一年，可以悠閒的過這一年。回去吧，不不，留下來吧。」這是陶淵明〈歸去來兮辭〉的心境啊。

一九四六年，要解除兵役回日本的時候，臺北師範學校在四月提出「征用」的委任令。「セイヨー」的セイ是「征伐」的「征」，似乎是含有「懲罰意味的任用」。日本戰敗了，多少還有一些用處的日本技術人員就罰他們留下來，我覺得有這樣的意思。

老師您誤會了。「ㄓㄥ」是「徵用」的「徵」，所以是「留下來任用」的意思，不是「懲罰」

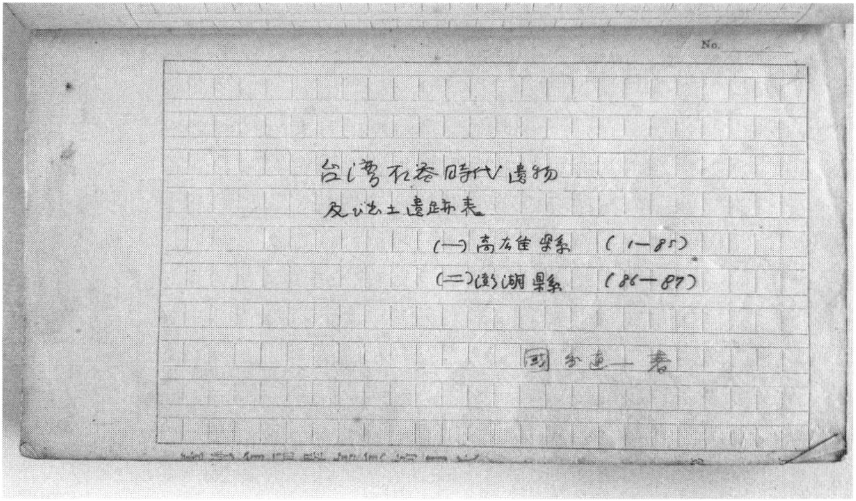

No.

台灣石器時代遺物
及び出土遺跡表
(一)高雄縣 (1—85)
(二)澎湖縣 (86—87)
國分直一 著

留用期間於「臺灣省立編譯館」建立的考古遺址清冊（劉茂源家屬提供，邱鴻霖拍攝）。

的意思。

原來是這樣啊，後來就改成「聘用」這個字了。我去臺灣大學的時候還在想「這是罰我留下來嗎？」

一開始，我還記得從耶魯大學來的校長，要我暫時教英語。十月的時候跟淺井惠倫教授等人一起被聘用到編譯館。那個時候用的字眼是「知識的接收」。我們都覺得「真聰明，很好的點子」，雖然我們不是可以讓他們那麼的「知識接收」……但是，研究史前考古的人沒有很多，所以如果可以多少留下一些資料，以講座或是論文的形式將這些內容留下來的話，對於長期照顧我的臺灣「至少有些回報」，我心裡有這樣的自覺。但是因為越來越窮困，所以家人都回去了。我的岳父回去熊本阿蘇的山腳下的小村莊當開業醫生，我一個人留了下來。

發生二二八事件（一九四七年）的約四個月

之前，招聘為臺灣省立編譯館的編審，書寫了史前時代的資料與報告。後來在一九四七年（昭和二十二年）七月，轉到臺北的臺灣大學文學院史學科的「考古人類學教室」。

李濟教授是在那個時候來的嗎？

是在我來到臺大前不久。宮本延人先生是土俗人種學教室的教授，我收到「副教授」委任令。因為博物館受到爆炸攻擊，所有的資料都埋在被炸毀的東西下面，民俗學資料也被埋在底下。因為是放在厚玻璃櫃裡面，所以玻璃都破得亂七八糟，也被埋在天花板的灰泥牆等等東西下面。光是整理瓦礫就要花大約六個月吧。從裡面找出來，對照清冊，清冊裡沒有的東西，就重新寫上去。那裡的要求是：「用『中文』和『英文』來寫。」我記得，因為我不會中文，所以就英譯成英文，再請中國人翻譯（簡單的東西我就以漢字來寫）。第一次過這樣子的生活。有一些時間的時候，就會去做地方調查。另外，說到「無法確定是哪個貝塚的，不知道是什麼種類的貝殼」，就會去貝塚做採集。

然後，第二年的二月二十八日就發生了那件事。

二二八事件的時候，我跟金關教授一起在曾文溪做調查，聽到「臺北發生暴動」雖然很想趕回臺北，但火車到了新竹就不開了。聽說是臺灣大學的學生指導之下，火車才停開的。

中國製糖公司的技師，帶著年輕的女兒。因為發生暴動，所有中國內地來的人都受到了脅迫。金關老師與我在新竹火車站[232]對帶著女兒的技師說：「你們會有危險，我們馬上就要去飯店

一九四九年二月七日在臺灣大甲東遺址，右邊是國分直一。

避難，一起來吧。」後來就帶著那位技師（會說英文的人）到最裡面的房間待了四天左右。因為他帶著女兒所以非常擔心……非常地可憐。之後我和金關老師討論，我說：「我們帶他們去臺北吧，可以安置在金關老師那裡嗎？」金關老師說：「好，就帶到我那邊吧，我們來救他們兩個人。」我就拜託夫人「請給這位小姐裙子」，只要穿上裙子，就分不出來是不是內地（中國）的人了。因為她的父親穿著西裝，只要女兒變裝就好。

這位爸爸非常擔心的說：「要怎麼做才好？」「不管語言通不通，只要日本人一開口，別人就會認為是日本人」，所以沒辦法只好說著不流利的英文前往車站。有人聽到了我們的講話，「你現在說什麼？你是哪裡人？」「我是日本人」、「你講的不是日語啊，是中國人吧？」不管怎麼辯解都沒有用。就算我說：「他們是技師，真的是技術人員。」這些人也（搖搖頭）不相信。結果，帶走了他們兩個。這是我一直無法忘記的痛苦回憶。

232 指的是當時新竹縣的竹南火車站。

因為沒有救到他們吧。

沒有救到啊。那個人說：「如果你妨礙我們的話，就把你殺了。」回到臺北一下火車，裝甲車就開槍了。我跟金關老師兩個人都跳到溝渠裡，等到槍擊結束後，才跑出來回家。之後的一個月都不能出門，所以那時候的《回覽雜誌》才能做這麼厚。東都書籍的臺北分店送來了製作《回覽雜誌》的稿紙。戰後，我跟分店長見面時說：「可以給我們稿紙嗎？我們很無聊沒辦法只好大家一起製作《回覽雜誌》。」「可以，請使用。」所以送來大量的紙張。之後以金關老師為中心寫的作品就是《回覽雜誌》。成員還包括森於菟老師和早坂一郎老師等人。

經歷了一段很辛苦的時間啊。現在臺灣正在調查二二八事件，曾經有過這樣不愉快的時代，可惜沒有救到那對中國的父女，明明已經盡了全力。留在我的心裡面很久。一想到「到底怎麼做才好？」還是很想要哭。

不，我想他們本人也知道老師的心情。真的非常感謝。

紅頭嶼（蘭嶼）的回憶

訪問者：劉茂源

老師在戰爭前後去了紅頭嶼好幾次，一九六三年（昭和三十八年）的時候，跟攝影師三木淳先生一起，我也同行一共待了二十天左右。現在已經沒有大型部落了，但是有雜誌刊登了當時的照片，就是《月刊太陽》第四號（一九六三年九月）以「海上的高砂族」為題的特集。三木先生的照片都是很棒的照片呢。

我就先從一九四七年與金關老師、德國人 Schwabe 先生以及臺灣大學海洋研究所所長馬廷英先生進行理蕃行政的調查開始講起，之後再說三木先生等人的事。

中國系的學生們在大學的接收工作結束喘口氣之後，自己也想要在臺灣做一些調查，所以李濟老師也上山了。因為馬廷英先生是海洋研究所的所長，所以目標就放在紅頭嶼。因為之後也讓日本的學者參加，我就和金關老師也加入了。後來有貝類專家金子壽衛男，他是早坂教授那邊的講師，還有德國生物學家 Schwabe 先生，他們組成一個團隊加入。那個時候有一個事件，被金關老師寫成了「被槍林包圍」的文章。

其實我因為考古學方面的興趣，一直在收集他們祖先流傳下來的東西。他們很重視布料，所以就用我全部的布製品去交換石器，最後只剩下要穿回臺北的襯衫，我連襯衫的袖子都給了，所以是穿沒袖子的襯衫回去。

像西裝背心一樣啊。

嗯，大家都在笑「你那是什麼樣子」。就是有著如此回憶的調查。在椰油社的海岸有個叫做Igang的三角形岩場，金子壽衛男在那裡跟我說：「有人骨喔。」

是kanitoan（墓地）吧。

不，不僅僅是墓地，後來才知道是埋葬沒有親戚及有關係的人的地方。我那時候很笨，因為是回家之前，還穿著襯衫。金關老師也穿了一件全白的短袖襯衫，蔡滋理先生的老師、那裡的講師也穿了全白的襯衫。三個穿著白襯衫的人爬上全黑的火成岩，因為從椰油社看過去很清楚，所以造成了島內大騷動，直到我們走下來之前都不知道這件事。

我們上去之後發現岩石上遺骨成堆，也有被風吹下山崖，消失在海中的遺骨。那邊也有類似組合式石棺的板子被組合過的痕跡。我問老師這些遺骨如何？他說這是非常貴重的雅美族體質人類學資料。原本只打算帶走完整的頭部，但接著也帶走四肢的骨頭。因為曾經想過沒辦法的時候要露宿，所以就帶上了毛毯，於是用毛毯包了七具左右的遺骨。我雖然個頭最矮小，但因為是最敏捷的人，所以就將這些骨頭頂在頭上走下岩場，金關老師也因為這樣就能更清楚地知道雅美族的體質人類學，因此非常開心。

然而在接近椰油社的時候，被槍林給包圍了。我原本還想路過椰油社去要些水。走去岩場的途中，有很多的枯木，上面附著了很多像蠑螺的東西。後來才知道那是驅魔的東西，那裡是非常恐怖的 Anito（惡靈）的世界啊。沒有家屬的人，因為死後會作祟，所以不會葬在部落的墓地（kanitoan）。就這樣放在岩石上隨風而逝。但是，因為我們把他們認為已經變成 Anito 的東西背了下來。於是所有的男性都跑出來，手持木製的長槍，甚至還戴了頭盔。因此在我接近椰油社的時候，心想「啊，會被殺了吧。」難得留在臺灣，覺得自己多少也做了些事，居然會在這裡被殺死。「我們沒有其他的用意，不是想要做出失禮的行為，如果你們生氣的話，會好好的放回原來的地方。」我畫了測繪圖，所以想要跟他們說：「拿給測繪圖給你們看，會好好地放回原來的地方，如果有失禮的地方請原諒。」就和蔡滋理先生兩個人靠近他們，走過去的時候，只感覺應該也有懂日文的人吧，漸漸靠近人群的時候，他們同時舉起長槍，發出了非常大的聲音。

我可以理解，啊，是因為我拿著 Anito，我們如果帶著 Anito 進到部落的話，會帶來重大的災難，他們才會如此生氣。

於是我們沒有靠近部落，而是馬上折返去了海岸的方向，部落的騷動雖然平息了，但眾人還是一直拿著長槍凝視我們。儘管我們較為安心了，但因為認為「這樣還是沒有把握不會被殺掉」，所以我說：「老師，走珊瑚礁的沙灘上吧。」「但是帶這個回去的話，會在伊莫烏羅德社引起騷動，就默默帶上船吧。」剛好在那個時候，有一艘船進來了。

到那邊的距離大約八公里，所以只能拚了命地背著，在珊瑚礁上沿著海岸前進。後來，回到伊莫烏羅德社後，正好有一艘船運貨進來，不能讓伊莫烏羅德社知道Anito，所以我們什麼都沒說。如果等一下椰油社的人們追過來的話，會是很可怕的事，所以完全沒跟伊莫烏羅德社聯絡，就把東西運上船。這件事情被金關老師寫成了隨筆〈被槍林包圍〉（《南方文化誌》法政大學出版社，一九七九年），非常有名。

這裡有三木先生拍的照片，就是像這樣戴著銀頭盔的人們吧，老師，那時很可怕吧。

是啊，很害怕，因為他們很生氣的拿著長槍，我還以為就要在這裡被打殺而結束了生命，真的是很不好的回憶。

沒想到會活下來吧？但是這些貴重的資料，現在放在臺灣大學醫學系。現在使用這個資料的人，不曉得是這麼辛苦才得來的呢。

是啊，跟自己沒有任何關係的東西是會作祟的，所以不會埋在自己的墳墓裡，在英文叫做platform exposure，就是曝葬。曝葬在西南群島廣為流行，九州的山區周邊也有，觀察史前時代到古代，也有同樣系統的想法。

曝葬與風葬不一樣嗎？

一樣，柳田老師等人都是用風葬這個字詞。

戰爭的時候，原住民是沒有什麼物資的，所以在終戰的同時，美國傳教士進入山區，只要帶著奶粉與衣服，每個人就開始信奉基督教。儘管有 Anito 或是靈魂概念，但原住民是沒有宗教這樣的東西，所以才會完全改變。老師還記得在戰後我跟您一起出發的時候，老師還成為了牧師的事嗎？

從美國來了一位女性的傳教士，她學了雅美族語，將《聖經》翻譯成雅美族語言來傳教，在那些牧師們回國後，由雅美族的知識分子中擔任她們助手的人來代理牧師職務，每個星期天都在船上小屋裡做禮拜。椅子是海邊的圓形石頭，圓石一字排開，每個人坐在上面，有些地方有黑板，有些地方沒有。

我每個星期天都會去觀看，因為如此熱心去觀看，所以他們誤會我是牧師，而且還要我講一些基督教相關的事，讓我非常困擾。

美國的牧師說，人死後會到天上：「人死後會到天上，來到上帝身邊，是真的嗎？」我們死了之後，會變成 Anito，死者是很害怕死亡的，但是死後真的會到天上的上帝身邊嗎？他們都這樣子問我，每一個雅美族人都來問。

所以我就這麼說，你們都沒有殺人、偷東西，也沒有說謊，跟這次的戰爭一點關係都沒有，所以像你們這麼善良的人們死後，不用去想會變成可怕的 Anito，當然一定會到天上，前往上帝的身邊。「原來如此啊。」，結果他們聽得非常的感動，這就是被誤認為牧師的事件。但是，也有人會冒充牧師。

我想這個與那件事應該沒有關係。隔天，一間一間登門拜訪進行民俗調查，出去的時候，老師還記得您被狗咬了嗎？

有、有，小腿肚被咬了。

那說不定是什麼在作怪，當時我很擔心。如果有狂犬病的話就會很嚴重了，所以之後的一個禮拜，老師睡著前我都醒著。心想，該不會「汪汪」吠叫吧。之後離開紅頭嶼來到臺南的時候，告訴了醫院的劉醫師發生的事情後，醫生說，過了一個禮拜沒發病的話就沒事了。

那這樣就太好了，我還說已經沒希望了啊。

您有說過沒希望了？

是啊，已經過很久了。如果生病的話，那就完了。

原來是這樣啊，那現在才去打針也沒效用。

對，我曾經很失望，心想到了發病的時候，要咬劉先生你一口（笑）。

沒發生這樣的事真是太好了，謝謝您告訴我這段有趣的故事。

對南島的感受

訪問者：安溪遊地

請國分老師說說一九五四年（昭和二十九年），您和金關老師一同前往波照間島調查的事。

金關老師在京都大學擔任助理教授時進行了沖繩調查，以沖繩遺址出土的人骨為主題，完成了學位論文。我對那時的事情有很深刻的記憶，在一九四〇年我寫了若是無法再去參訪那美麗的守禮門，自己的一生會很不幸的一篇隨筆（金關丈夫《胡人の匂ひ》[233]東都書籍臺北支店，之後再收錄於《琉球民俗誌》法政大學出版局，一九七八年），聽說沖繩的人們都非常感激。

我能夠參加沖繩的調查，雖然也是託了金關老師之福，但其實是柳田國男老師的關照。我回來後，石田英一郎老師立刻邀請了我參加民族學會，梅原末治老師也邀請我參加考古學協會，之後柳田老師邀請我加入日本民俗學會。柳田老師在一九五二年寫了一篇有名的論文〈海上之道〉，而且因為沖繩終於從戰後的混亂當中恢復了，所以覺得必須要進行沖繩文化的綜合研究。他自己本身已經上了年紀，所以無法去現場調查，不過是以柳田教授的名義取得研究費。之後，從柳田老師研究室來的酒井卯作先生做民俗調查，金關老師擔任調查隊隊長，永井昌文老師以助手的身分參加。在沖繩是多和田真淳老師以考古學與植物栽培權威的身分參加。我是擔任考古發掘的負責人才得以跟著過去。

這是第一次來到沖繩，剛好是刺桐花開的時候，非常美麗的季節。我離開臺灣的時候，從商船大學的日本丸號的船上遠眺沖繩首里和那霸的景象是滿目瘡痍，一點綠地都沒有；但是在一九五四年跟金關老師一起過去的時候，所有的綠地都復原了，老師也說：「沖繩也變好了呢。」我也寬心多了。

多和田老師是農業試驗場的所長，他太太在戰爭中被炸彈傷到臀部，因為化膿腐敗，造成很嚴重的症狀。那個時候，美軍來了，因為擔心會在某個地方被拋棄，他硬是讓沒辦法走路的妻子搭上卡車。在多和田老師擔心的同時，他太太跳上卡車卻跌落下來，從此就沒有她的消息了。聽到這件事，我心裡覺得很難過，這是多麼悲慘且殘酷又悲傷的事情。一想到島上的居民們飽嘗這些辛酸，我來進行調查，就感到非常的沉重。

波照間是座位於遠方的島嶼，有個稱呼是「在盡頭的Uruma（沖繩的古稱）」，所以沒有受到戰火侵襲，島上的人們都很意氣軒昂。那裡也抓得到魚跟貝類，還可以種小米，他們說自己不需要美軍的協助，是非常健康的一群人。

233 或可譯為「胡人之美」或是「胡人的魅力」。

令我驚訝的是，家家戶戶都掛著皇室的照片。當時的我強烈任為，是因為天皇釀成這次戰爭，才面臨這種局面，所以覺得不可思議。多麼純真的人們啊，有一戶姓山田的農家，不只同意了我們的發掘，還用番薯等東西準備了便當，非常照顧我們。但是，要提供勞力是不可能的，因為他們光是每天的生活就已用盡全力。

我們首先是每六公尺挖一個探坑，共挖了三個長方形的探坑。然後很嚴密的照著層序取出遺物，這個作業完成後，金關老師、多和田老師還有老師的助手永井老師都走掉了，多和田老師做植物調查，金關、永井老師進行人體的形態測量。後來只有我能做，立起平板測量器和測量竿，自己來觀測，進行這個很辛苦的調查。

但是，這種調查方法不能做到完整的測量，我非常擔心。回到了沖繩，有一位司令官叫做「ディーゼンバッハ」，他說有實測圖，是從飛機上拍的照片加以實測化的東西，他送給我們，

在前往沖繩的 MIDORI 丸船上，
左邊是金關丈夫。

金關老師用來比對我的測量圖。我提心吊膽著，心想要是被說國分的測量不行那就糟了。但是，老師說：「都正確耶，就算只有你一個人也能做正確呢。」這件事到現在想起來都會讓我很開心。

當時，刺桐開著火紅的花在一片綠地上。這個情景讓人想到濃厚的油畫的氛圍，所以老師很興奮的一邊走一邊說：「是梵谷、是梵谷、是梵谷」，那時的事情我記憶猶新。

地形測量是非常單純的測量，沿著探坑到海岸的岩礁（reef）為止，一直到海平面向下取一條線。另一邊是沿著海岸線拉一條直線，然後製作等高線的工作，只有做這件事情，因為是我一個人作業，所以我記得非常的辛苦。

那個時候，在墓地都能發現有瓷器丟在那邊，那些瓷器看起來是日本的古陶瓷，令人垂涎的傑出作品，外觀像古伊萬里，說不定有幾十萬價值的東西丟在那邊。詢問波照間的居民，他們表示是跟死者一起被遺忘的資料，所以帶走也沒關係。金關老師就將這些東西收集帶回來，但不是收為已有，全部都擺在柳宗悅先生的日本民藝館裡，我覺得他真是偉大的人。

後來，回到東京，我們兩人去拜訪柳田老師，向老師說波照間的居民過得很好，一點都不懦弱，還有人說：「我們就算沒有美軍的援助也能夠生活。」老師聽到這些話，很開心的說：「這樣啊，真是太好了」，然後告訴我們：「天皇非常地擔心，所以明天請去面見天皇。天皇十分擔心你們。」我覺得這場戰爭天皇承擔了很強烈的責任感。

老師立刻打了電話給侍從長，但是我因為自己弄得很髒，又穿著軍靴而感到很苦惱，覺得怎

在甲板上看田野調查紀錄。（一九五四年三月十六日，金關丈夫攝影）

麼能用這麼髒的穿著去面見天皇，所以向池田敏雄先生借了西裝，可是他的西裝非常的長，我記得是把袖子折起來穿才過去的，還把鞋子上擦了鯨魚油，這樣看起來就體面多了，我問柳田老師這樣的打扮可以嗎？他回答：「沒關係啦，總之就是要向天皇報告那邊的狀況。」

天皇看著我帶去的幻燈片，看了五十分鐘左右，因為他很關心，所以伸長了脖子在看。之後與法國大使以及從歐洲回來天皇身邊的人們一起舉行了像是座談會的活動。在其他大使很謹慎且沉默當中，天皇獨自問問題，他對日本原始文化有關連的事物感到興趣。我記得天皇問了「與繩文有什麼關連呢？與彌生時代有關連嗎？」後來金關老師說：「天皇可以成為新制大學的講師喔。」

回來後，「陛下如何了呢？」柳田老師非常關心，因為他是非常喜愛天皇的人，想用自己計畫的調查讓天皇安心，因此只關心天皇的心情。然後金關老師說：「似乎非常感到興趣也很安心。」柳田老師聽到後馬上展露出高興的表情……到現在仍歷歷在目。

我真正感到欽佩的是，金關老師將當時用伊士曼（Eastman）拍的彩色底片都送給柳田老

石垣島遺址調查。(一九八九年八月五日，安溪遊地攝影)

師，在學會上發表後全部送出，相當不容易。

後來他跟我說，波照間島上現在沒有什麼書籍，收集一些送過去吧。我們就收集了雜誌、參考書，能收的全都收集起來送了過去。這對島上的居民來說是件相當高興的事。

新城祐介是波照間島的巡查，對我們非常的好。他的弟弟在下關豐浦的結核療養所住院，金關老師還特地來找我一起去探望新城先生的弟弟。這是在幻燈片送出去之前的事，所以我們讓他看這些幻燈片，跟他說要快一點好起來，你的故鄉現在是這樣的，村子的人每個人都很好，他眼淚都快落下來，新城先生病情好轉之後出院，跟護理師結婚，現在住在川棚。

這段故事可以感受到沖繩的人們很善良且堅強的生活方式，還有金關老師很溫暖的與沖繩的人們相處。

是的，金關老師與沖繩的人們之間有很多動人的故事。他在臺灣的所有與沖繩相關的文獻全部都要捐贈出去，但又慢慢的從裡面拿一些出來。可能是那時大家都很需要文獻吧，結果就散落各地，教授覺得非常可惜。

現在石垣島也有頗具規模的圖書館。每一座島上都會舉行兒童文庫的活動，所以我想金關老師的心願已經實現了。

與推土機互瞪——越南戰爭與綾羅木鄉遺址

訪問者：平川敬治

老師在國內也進行過數次的發掘調查，請教您關於山口縣下關的綾羅木鄉遺址的事情。調查綾羅木鄉遺址的時候，我還是中學生。我想起來曾經看過電視報導遺址遭破壞的新聞，這個遺址的內容十分豐富，在開發與文化資產的問題上引起了社會的關切，而且引發了大型的市民運動。這次要請老師說跟它相關的事情。

綾羅木鄉遺址的發現可以追溯到明治三十年代，那個時候就知道有這個遺址，但是後來被埋在沙裡失去了蹤跡。可是一九六五年（昭和四十年），在這裡發現了非常大型的豎穴建築遺跡，而且不只是大，還擁有許多的豎穴建築遺構。

這個契機是越南戰爭，在越戰時金蘭灣的矽砂，鑄造業者用來製作模具，那是純白且非常美又新鮮的砂，但是金蘭灣的矽砂無法進口了。金蘭灣的矽砂，幾乎是未加工的，九十八%的高純度就可稱作完美的矽砂，然而因為美軍占領無法進口，所以日本的鑄造業品都拚命在尋找出產矽砂的地方。

山口縣下關市豐浦町．中之濱遺址發掘現場，右邊是國分直一。

綾羅木鄉遺址所在的臺地是更新世的古沙丘，覆蓋了彌生時代之後形成的新沙丘，所以最上面一層是黑色的耕地。耕作的黑土底下是沙子氧化後形成的紅色地層，這被認為是在更新世的里斯—玉木間冰期的副熱帶性的炎熱時代氧化所形成的。這個紅色地層有三公尺，有的甚至厚達四公尺左右，將沙土去除後，底下會有一層純白的矽砂層。注意到這一點的資本家瓢屋產業，給付權利金給村子的每一戶人家而獲得挖掘的權利。之後，用推土機（bulldozer）將上層刨除同時開始採矽砂，彌生時代的遺址就是在紅色的地層被挖到，一部分有到達矽砂層之處，因此豎穴之所以被發現，就是在破壞了包含豐富遺物的豎穴開始，那是在一九六五年時的事，引起了很大的騷動。

當時我在下關水產大學，我知道這是非

常重要的問題，但是在下關沒有設立考古學系的大學，我所在的學校也沒有這類的講座。因為了解要對於這個大規模的破壞進行緊急大型調查，需要相當大的組織，所以我拜託金關老師，「老師，能請您當團長嗎？」「如果老師是團長的話，不論是哪一位考古學者都會來的。」他回答：「那麼就由我來擔任團長吧！」所以就以金關老師為團長，開始了綾羅木鄉的調查。

實際上我用盡了所有的方法。另外在技術方面，因為金關老師的兒子金關恕先生是非常優秀的田野考古學家（field archaeologist），所以他也來幫忙了。那是我第一次用水平儀做調查，一邊看著箱尺一邊調查。因為那時候我的眼睛看得還蠻清楚的，所以可以看箱尺又看水平儀，我想這是我最後的調查了。

然後在一九六五、六六、六七年，我很強勢的和瓢屋產業交涉「在我們調查後再刨除紅土層」、「在調查結束之前請再等等」。當然市政府也給予我們射擊掩護。一開始瓢屋產業也了解，只是我們被認為很麻煩也不是沒道理，因為很花時間。那個時候問到：「純度有多少？」他們說：「幾乎跟金蘭灣的矽砂沒兩樣」、「非常好」，接著又說：「我們明明得到了採礦權，被妨礙的話會造成非常大的損失。」我很清楚他們的立場，但怎麼樣也無法停止直接破壞下去，所以一直不斷跟他們交涉，下雨、下雪也在做調查，晚上要工作到太陽完全下山為止。

這次的調查，下關市立大學的學生、梅光女學院的短期大學和大學部的學生以及水產大學校的人們都來幫忙，後來市民也來參加了。市民的參與我想就是瓢屋產業讓步的理由，市民們會送茶和點心過來，另外，市公所社會課課長以下的全體職員都來幫忙挖土，所以對於這些人的熱情，他們無意間就覺得不能讓推土機進來吧。實測資料一個接著一個完成，他們也漸漸無法再壓抑住了。

一九六七年一月東京教育大學的八幡一郎老師退休，因為他說：「接著就讓國分來做。」所以我就前往東京教育大學上任。我不在的時候，那年春天，發生了先前那樣的大破壞。他們應該是認為最囉嗦的國分去東京了，總是反抗他們、親自與他們接觸的國分已經去別的地方了，因為已經無法再忍耐下去，所以十幾台的推土機開進去，然後開始破壞，調查的預定地點全部都破壞了。他們覺得已經破壞得亂七八糟了，再也沒有調查的意義了，所以應該會放棄吧。

伊藤照雄先生（之後在下關市教育委員會）打電話來，在電話中泣訴，「糟糕了，被做了非常大的破壞」、「幫忙想想辦法吧」、「趕快，快點回來」。但是，我就算直接飛過去也沒有用，現在阻止破壞的方法只有將它指定為史蹟，只要指定史蹟的命令下來，他們動手的話就會犯法。

我立刻用電話與八幡一郎老師聯絡。已經是緊急狀態，沒空去八幡老師家了。我說：「因為已經沒有時間去召集國家的文化財的人士來開會，要麻煩老師，請您幫忙用電話聯絡所有的審查委員，然後在電話上決議好嗎？」接著又懇求八幡老師「審查委員們如果明確的有意願指定這裡的話，文部省的官員們應該也會說ＯＫ吧。」後來八幡老師用電話聯繫了所有審查委員，而且還幫忙與文部省交涉。文部省的調查官主任平野邦雄先生，任職於九州戶畑的某一間工業高等專門學校（後來的九州工業大學），是著名的古代史學者，他馬上就能理解這件事要立即進行。

因為有了八幡老師和平野老師，隔天就完成史蹟的指定。在提出指定的同時，河野良輔先生

在農林省水產講習所的研究室。
（學生攝影）

（山口縣教育委員會）到達現場宣佈這裡成為國家指定史蹟，他們就再也不能動手了，這就是鄉臺地事件。

那個時候河野先生和伊藤照雄先生在那群茫然的人的正中央，站在推土機前張開雙手呢，真的是盡全力了。如果我沒有去東京的話，不會這麼快就完成的。即使別人覺得我很冷淡，因為在東京工作，我想也沒有其他的辦法了。在執行這件工作之後拜訪了綾羅木鄉，真的是很茫然，像這樣子的事件。

這裡有張照片是老師在這裡調查綾羅木鄉遺址，居然會有推土機來破壞遺址。國分老師在寒冷的天氣裡進行實地測量，然後推土機靠近，於是瞪著那台推土機的照片。這張照片刊登在一九八八年出版《彌生文化的研究》十（金關恕、佐原真編，雄山閣出版）之中。總是保持微笑的國分老師，那個時候用很嚴厲表情瞪著臉。這應該沒什麼用吧？金關恕老師是這麼說的。這張照片，可以傳達國分老師對於遺址的想法，非常的感動且具有衝擊性。

國分老師的綾羅木鄉的調查拋出了許多問題，我還是中學生完全不懂任何專業的事，只記得考古學家一心一意的樣子。

今天的談話也偶爾會聽到總是很溫和的國分老師說出不像您會說的很激動的字眼，見識到了老師燃燒著社會正義的樣子，非常感謝您。

雜誌《Ethnos》與我的夢想[234]

訪問者：村崎真智子、檜垣綠

（村崎）《Ethnos》在一九七四年（昭和四十九年）發行，那個時候我剛好是熊本大學的學生，所以經常在課堂中介紹給我們，請老師說說蘊含在《Ethnos》之中老師的想法。

村崎小姐是我任教於熊本大學時，教授國文學的學生，檜垣小姐畢業於梅光女學院大學，是我的好友檜垣元吉先生的孫女。

我離開東京教育大學之後，為了要成立考古學教室而被邀請來熊本大學，實際上待了二年，大約要結束在那間大學任職，必須要離開熊本大學的初春，新日本教育圖書的社長藤田修司來拜訪，他對於沖繩的民俗有興趣，曾動員沖繩的居民進行民俗採集。他來我這邊問我：「老師，這邊辭掉之後要做什麼？」我說總之這裡沒有放書的地方，我女兒在山口，所以就想回去山口，在她家附近蓋間小屋。

然後他說：「那麼要不要辦個雜誌呢？」我回答：「因為我覺得日本民族文化的形成是在海峽出現後，透過海峽所形成的，所以想要發表像是海峽地帶的作品。但是沒有錢，因此，首先想要做以朝鮮對馬海峽為中心、如同過去曾做過的《民俗臺灣》那種程度的小型雜誌。」聽到我這麼說，他說：「花多少錢都沒關係，我這邊有錢，要出版的話就做跟《太陽》一樣尺寸的雜誌，我對彩色照片有自信所以也放進去吧。」我真的感到很開心，就這樣開始發行這本雜誌了。

「但是，海峽地帶能做的內容十分有限，所以我想要在雜誌裡加進一些依照地區或地區樣貌，也能同時掌握地區文化形成的片段，進而觀察與此周邊世界的關連性這樣的內容。這個計畫你覺得如何？」我跟藤田先生這麼說，他因為聽過早稻田大學的西村朝日太郎老師的課，所以馬上就能了解，我現在很關注沖繩，在臺灣也有分部，所以覺得要出版的話就從南方開始看看吧，創刊號「高砂族的歷史與文化」在一九七四年出版。

「Ethnos」這個書名是在跟金關老師討論的時候，發現希臘文裡有一個字「Ethnos」意思是人種或是民族，他問我用這個字如何？「原來如此，這個不錯。」於是就決定用它了。教授幫忙手寫了「えとのす」但人們看不懂，所以下一期就改用活字印上平假名的「えとのす」。

《Ethnos》以這樣的主旨出版，贊成這本雜誌的明治大學教授，在國際上享譽盛名的民族學家岡正雄老師說我寫的序（刊載於後）「是一篇好文章」，但是我拜託岡教授「寫一篇文章」時，他以他特有的戲謔回覆：「最短的電報是十五個字，只要十五個字的話我就寫。」後來他又說了

234 為方便中文讀者，原文刊名《えとのす》於譯文中以《Ethnos》呈現。

讓人很難過的話，「國分先生，你雖然說要出雜誌，但你在下關這種鄉下地方出，要是能出四次的話我頭給你」，以前有很多只出了三期就廢刊被說是「三期雜誌」的雜誌，但還是讓人感到不愉快。雖然他有「要是能出四次的話我頭給你」這種想法，正因為對方是岡老師，所以我心想：「總之就是要做出來」，用盡全力努力著。

後來出版的第四號，在準備做五號的時候，我寫了一封信給老師「老師，已經出了第四號，也在準備第五號了，有一天我會去取岡老師的項上人頭。」教授完全沒有回應。

雖然曾經發生過這件事，此後也繼續出到三十二號為止，但那時候在銷售方面卻遇到了瓶頸，會這麼說是因為先前曾以同樣的複合式觀點來編輯，在東京出版的《ドルメン（Dolmen）》[235]停刊了。我也感覺到「有危險」所以去問了《Dolmen》的編輯，他說：「只以考古學的觀點來探討與繩文文化相關的主題的話，雜誌還可以做，但除此之外的東西雜誌就會賣不出去，所以停刊了。」「那《Ethnos》呢？」他問，「還在出版中」我當時是這麼回答的……。

然而，問題其實是存在的，《Ethnos》也是刊行考古學相關主題的時候，可以全部賣出去，但是與民族、民俗學相關的時候，就賣不太出去。像是第二十七號做的菲律賓原住民矮黑人的特集，我覺得很有趣，但賣不出去。賣不出去的時候，大概只能賣出一百本左右。因為《Ethnos》有大約一百位左右的訂閱會員。即使是〈超越朝鮮對馬海峽的交流的問題〉（三十號）這樣的主題，我覺得已經非常有意思了，但還是賣不好。所以編輯上村先生的心情越來越差。

這是當然的，很努力地做出一本雜誌，卻只賣了一百本。結果，出版社只剩下堆積如山的庫存和負債，這是無法讓人承擔的事。

如果只考慮到販賣這一點的話，那專出考古學主題就可以了吧，但我認為「只出版考古學相關主題」是違背《Ethnos》本意的，能將「考古學」、「民族學」、「民俗學（Folklore）」還有「文獻史學」這些東西組合起來，將消失的文化再復原（Reconstruction）是我們的理想，我說「如果這個無法做到的話，乾脆就放棄吧！」所以就中斷了。

這就是《Ethnos》運動的始末，但我還是夢想著「如果還能繼續做這樣的作品就好了啊」，所以就把夢想寄託在像你們這樣的年輕人身上了。現在不像從前那樣，是社會受到強烈衝擊的時代，沒有這樣的苦惱，是真正可以純粹過著研究生活的美好時代，所以請你們一定要做一樣重現民族文化的工作，不是被學問所制約的事，真正自由地去發揮。

金關丈夫老師也常常這麼說，不能是「硬邦邦」的考古學家。考古學家常常說「純考古學」，以那樣的形式來做是絕對不行的，因為人類的文化非常複雜，只用考古學應該是無法追蹤的，還有民族學、民俗學的研究也是一樣，要知道事物與時間的深度是非常重要的，從多方面來觀察也是必須的，他認為要在重視與其他相關科學的幫忙或是互助關係的同時來做這個工作。

235 英文 Dolmen 是指巨石所構建的「石棚墓」，主要發現在新石器時代的歐洲與朝鮮半島，這個雜誌以此作為雜誌的刊名，是一九三二—一九三五年間在日本發行的爐邊叢談誌，以介紹考古學、民族學與世界古代文化為主要內容。一九七三年以《季刊ドルメン》復刊至一九八一年停刊。國分先生在本文中所指的應該是《季刊ドルメン》的停刊。

在這裡的村崎小姐的情況是從國語文學進入阿蘇研究，幸好妳看得懂文獻資料，所以我覺得妳從「透過文書或文獻，結合民俗學方面的採集，再重現出來」這樣的工作來漸漸展開研究會更好。

另外，檜垣小姐的話，妳說妳對於民族學（Ethnology）非常有興趣，我非常期待。身為孫女的妳要走這條路，妳的祖父或許會認為：「要走這個方向啊。」

我對於兩位的期待，同樣也會在更年輕的一代上。「不要拘泥在小範圍上」，我覺得這一點很重要，接著請一定要持續追夢。

創刊詞

我們「Ethnos」就是關心全世界的種族與民族的意思。特別是更加關心日本民族與其文化形成的相關議題。因為我們的群島位於歐亞大陸最東邊的位置，所以廣大的大陸上各個種族文化的流動，相對地通過靠近大陸地區的海峽地帶進來的可能性很高。在冰河時期海平面非常低的時候，海峽地帶陸橋化，所以動物及人類會曾通過陸橋移動，不論是冰河期，或是在海峽形成之後，只要曾經有過一次從大陸傳進列島地區，因為茫茫的太平洋會妨礙東進，傳移進來的要素在狹窄封閉性高的列島地區複合交疊，就會形成列島的民族文化。要釐清這些種種要素的組合與複雜的層序並非容易的事，由於哪些因素而在列島上廣泛的範圍裡進行著同質化。因為要解釋我們民族文化的形成過程很不容易，所以我們非常認真，而且開始強烈地重視追求真相的工作，我們民族學界的大前輩岡正雄教授，在戰後發表的《日本民族文化的形成》的論述考察，是教授以在維也納大學所寫下的〈古日本的文化層〉為基礎完成的，這篇文章主張，種族文化是從列島以外的世界傳入，並以複合的方式形成日本民族文化；並且呈現該以什麼方法探究對這個形成層序，這一點不用說具有劃時代的意義。到了今日，我國的學界現在擁有許多優秀的學子要解析這層層重疊的過程。在戰後，開始接連有許多的研究者出發前往列島以外的世界，因此透過廣泛種族與民族文化的研究，為我國民族文化史的研究上帶來一線曙光的機會也增加了。

不論在列島的範圍內或外，有不分晝夜持續進行研究之旅的研究者，即使是這些人員們，我也會想看看他們用抽一根菸的心情，來說出這個研究的意義或展望。

我們「Ethnos」不只是被利用在點香菸的場所吧？抽根香菸同時說說話的事情，就跟種下一粒麥是有同樣的意義。一粒麥子如果掉在了地上，最後會發出很多的芽來。我們的「Ethnos」是完全排除本位主義的，所以只要是跟「Ethnos」的世界有關，不論是屬於研究上的任何領域，不論是學界或是業餘，都衷心地歡迎來參加。

雜誌名為「えとのす」，以西方文字表示時是以「Ethnos in Asia」，這是來自金關丈夫教授與W. Eberhard[236]教授的建議。用「Ethnos in Asia」是為了我們「Ethnos」放在西方的圖書館的時候，

236 Wolfram Eberhard（一九〇九—一九八九），出生於德意志帝國的社會學家，主要研究亞洲的社會文化，對於西亞、中國與東亞的民俗、語言與民間文學特別有研究。

《えとのす（Ethnos）》創刊號與第二十期封面。（邱鴻霖拍攝）

避免跟斯德哥爾摩的民族博物館已經出版了半世紀的「Ethnos」混淆。沒有將「Ethnos in Asia」以希臘文統一為「Ethnos in Asianon」是因為考慮到「in Asia」在我國一般比較容易得到廣大的理解。

最後，封面的題字「えとのす」是由金關丈夫教授執筆，載明於此。（《Ethnos》第一號，新日本教育圖書，一九七四年）

國分直一簡略年表

年	歲	事件
一九〇八年（明治四十一年）	〇歲	四月二十八日在東京都港區芝白金三光町五三一番地出生，父直吉（福島人）、母Tome（靜岡人）的長子。 十月，因父親調職到臺灣打狗（高雄市）的郵局，與母親一起來臺。
一九一五年（大正四年）	七歲	四月，就讀打狗尋常高等小學。
一九一八年（大正七年）	十歲	因父親調職，轉學至臺南州嘉義郡大莆林（大林）小學。
一九二二年（大正十一年）	十四歲	就讀臺南第一中學。
一九二七年（昭和二年）	十九歲	就讀臺北高等學校文化甲類。鹿野忠雄高他一個年級。從鹿野那邊聽到臺灣中央山脈與原住民的故

		事，開始熱衷於登山，加深了對民族學的關心。
一九三〇年（昭和五年）	二十二歲	就讀京都帝國大學史學科，隔年開始專攻國史學。 畢業論文的主題是掌握自前期封建制度社會開始，在後期封建制度社會中重新組織的思想與社會、經濟結構之間的關連。
一九三三年（昭和八年）	二十五歲	三月從京都帝國大學史學科（專攻國史學）畢業 四—八月成為短期代課教師。 開始與京都的少年紅十字運動有關係，翻譯並整理歐洲的來信。 六月，因為在五月文部省強制免職處分京都帝大教授瀧川幸辰，引起法律、經濟學系的教授團與學生的組織抗爭運動，因參加了學生的示威遊行，被京都市下鴨署的特高警察的思想組刑警盯上。 九月，任職臺灣臺南第一高等女學校。
一九三四年（昭和九年）	二十六歲	執筆〈近世初期的精神發展〉（《臺灣教育》第四〇二—四〇三號）。

一九三五年（昭和十年）	二十七歲	三月，與熊本縣的野田兵三與松乃的長女一子結婚。
一九三六年（昭和十一年）	二十八歲	十一月，長女紀子誕生。 執筆〈臺南地區的山丘〉（《臺灣時報》五十七號）。
一九三九年（昭和十四年）	三十一歲	一月發掘高雄州大湖貝塚。移川子之藏、助手宮本延人、金關丈夫南下。貝塚出土的研磨黑色陶器是大陸系黑陶，因為金關而開始注意。從這個調查開始，研讀臺北的金關送來的吳越地史學會的文獻，對華南史前時代產生強烈的興趣。 執筆〈小崗山發現的史前時代遺物〉（翁長林正合著。《民族學研究》第五卷四號）。
一九四〇年（昭和十五年）	三十二歲	執筆〈關於臺南臺地的史前文化遺址　第一報臺南西南邊緣地區的遺址及遺物〉（與金子壽衛男合著。東京考古學會編《考古學》第十三卷十號）。
一九四一年（昭和十六年）	三十三歲	七月《民俗臺灣》由金關丈夫創刊，從那時候開始關心臺灣南部的平埔族社會。 一九三五至四一年之間，深度關切從生物地理學到

		民族學、史前史的鹿野忠雄來臺。前往紅頭嶼（蘭嶼）調查的時候，前後見過幾次面。這件事在形成民族考古學方面的觀點上很重要。
一九四二年（昭和十七年）	三十四歲	執筆〈臺灣南部新石器時代遺址發現的貝環與臺灣南部漁村作為漁具使用的貝環〉（《民族學研究》第八卷第二號）。
一九四三年（昭和十八年）	三十五歲	五月聘用為新制度的臺北師範學校本科教授，這間師範學校的學生有劉茂源（後來的梅光學院大學教授）等人。
一九四四年（昭和十九年）	三十六歲	發行《祀壺之村》（東都書籍）。
一九四五年（昭和二十年）	三十七歲	一月，與金關丈夫發掘臺東市郊外的卑南社地區的巨石遺址。發掘途中，遭到美國海軍 F6F 地獄貓戰機的機槍掃射，仍繼續進行發掘，了解東海岸的巨石遺址一部分的特性。 三月，收到警備召集命令，加入臺灣北部宜蘭濁水溪的雷神部隊。長官是屋良朝苗（後來的沖繩縣知事）。

		八月十五日，在臺北聽天皇的終戰廣播，若是發出自殺的指令，策劃帶領學徒兵逃出中央山脈，但沒有發生任何事情就結束了。 八月二十日，解除召集令。
一九四六年（昭和二十一年）	三十八歲	四月，以教師身分留任於移管至臺灣省的臺北師範學校。 十月，招聘為臺灣省立編譯館編審，同時在編譯館裡有語言學的淺井惠倫和民俗學的池田敏雄。
一九四七年（昭和二十二年）	三十九歲	五—六月，成為以臺灣大學海洋研究所教授馬廷英為團長的蘭嶼科學調查團的團員，與金關丈夫等人一同前往蘭嶼。 七月，招聘為臺灣大學文學院史學科副教授。宮本延人繼承移川子之藏回國後的土俗人種學教室。
一九四八年（昭和二十二年）	四十歲	春，當時的北京大學校長傅斯年上任為臺灣大學校長。另外，安陽發掘調查的指導者李濟帶著發掘資料與成員來到中央研究院任職，翌年，成為考古人

		類學教室的組織者。當時臺灣大學的學生有後來成為教授的陳奇祿、宋文薰等人。
一九四九年（昭和二十三年）	四十一歲	八月，辭去臺灣大學文學院回到日本。
一九五〇年（昭和二十五年）	四十二歲	四月，任用於長野縣飯田高等學校擔任教師。後來成為考古學研究者的神村透在任教的班級裡。
一九五一年（昭和二十六年）	四十三歲	九月，任用於鹿兒島縣指宿高等學校擔任教師，當時認為薩南可作為調查東海北邊的據點。在考古學方面，與寺師見國、三友國五郎、川口貞德、盛園尚孝一起進行調查研究。另外，在民俗學研究方面，創刊《薩南民俗》並發現小野重朗、重九十郎。執筆〈戰後臺灣的史學民族學界〉（《東洋史研究》第十一卷二號）。

一九五二年（昭和二十七年）	四十四歲	執筆〈開聞嶽與開聞神社〉（《薩南民俗》第一號） 執筆〈種子島・屋久島　史前遺址調查報告二　種子島・屋久島發現的石器〉（《鹿兒島縣考古學記要》第二號）。
一九五四年（昭和二十九年）	四十六歲	一月，擔任農林省水產講習所助理教授。 三月，因柳田國男企劃的南島文化綜合調查，參加金關丈夫班。進行琉球群島波照間島下田原貝塚的發掘調查。更加關切與江南、臺灣、菲律賓的南方文化之間的關係。 四月，擔任北九州大學兼任講師（至一九六七年為止）。
一九五五年（昭和三十年）	四十七歲	四月，成為農林省水產講習所教授。在前往講習所上任後馬上開始響灘的海島民俗學的調查。 執筆〈我國古代稻作的系統〉（《農林省水產講習所報告　人文科學篇》第一號）。

一九五七年（昭和三十二年）	四十九歲	執筆〈臺灣東海岸卑南遺址發掘報告〉（金關丈夫合著。《農林省水產講習所報告 人文科學篇》第三號）〈蓋井島村落的歷史、社會構造〉（松澤壽一、中村省吾、植松一郎合著。《農林省水產講習所研究報告人文科學篇》第三號）。
一九五八年（昭和三十三年）	五十歲	執筆〈種子島廣田的埋葬遺址調查概報〉（《考古學雜誌》第五十三卷三號）。
一九五九年（昭和三十四年）	五十一歲	執筆〈種子島廣田遺址調查的結束〉（《每日新聞》九月十二日）。 執筆〈史前時代的沖繩〈（岩村忍、關敬吾編輯《日本的民族文化—日本的人類學研究》講談社）。
一九六三年（昭和三十八年）	五十五歲	三—四月，與攝影師三木淳、住在臺北的劉茂源一起前往蘭嶼。 執筆〈海上的高砂族　巴士海峽的孤島—紅頭嶼〉（《月刊太陽》第四號，平凡社）。

一九六四年（昭和三十九年）	五十六歲	十月，至菲律賓出差，參加日菲合作巴丹島、卡米金島的調查。
一九六五年（昭和四十年）	五十七歲	五月，開始下關市綾羅木鄉鄉臺地遺址搶救發掘，一直到一九六八年為止。
一九六七年（昭和四十二年）	五十九歲	一月，擔任東京教育大學文學部教授。 四月，在東京大學教養部開課。 發行《日本民族文化的研究》（慶友社）。
一九六八年（昭和四十三年）	六十歲	八月，接受臺灣人類學會招聘來臺，與劉茂源一起進行蘭嶼雅美族與曾文溪上游的西拉雅平埔族村落的調查。 發行《臺灣民俗》（岩崎美術社）。
		執筆〈陶塤的發現〉（金關丈夫博士古稀紀念論集《日本民族與南方文化》，平凡社）。
一九六九年（昭和四十四年）	六十一歲	執筆〈東亞的終點站〉、〈咒術—它的功能〉（《大地與咒術》岡本太郎合著，學習研所）。

一九七〇年（昭和四十五年）	六十二歲	夏，首次參加八幡一郎執續展開的。北海道根室半島的調查。 執筆〈臺灣東海岸發現的先陶文化〉（《貝塚》第四號，物質文化研究會）。 執筆〈岡學說與日本民族，現階段的文化系統起源論〉（伊藤幹治、大林太良等其他九名組成的學會整合的作品《從民族學來看日本——岡正雄教授古稀紀念論文集》，河出書房新社收錄）。
一九七一年（昭和四十六年）	六十三歲	兼任鹿兒島大學法文學部講師。兼任拓殖大學講師。 再度參加前一年參加的北海道根室半島調查的夏季調查。走遍道東的鄂霍次克文化遺址，增長見識。
一九七二年（昭和四十七年）	六十四歲	四月，擔任熊本大學法文學部教授。 發行《南島史前時代的研究》（慶友社）。

一九七三年（昭和四十八年）	六十五歲	四月，兼任九州大學文學部講師。兼任鹿兒島大學法文學部講師。 執筆〈佐佐木高明的《稻作以前》（日本放送出版協會，一九七一年）—特指佐佐木的原始刀耕火種作物構成的假設〉（《民族學研究》第三十八卷一號）。
一九七四年（昭和四十九年）	六十六歲	四月，擔任梅光女學院大學教授。 十一月，由新日本教育圖書創刊《Ethnos》，成為編輯主要幹部，目標為追溯日本民族文化形成以及民族史。 執筆〈臺灣史前文化與原住民族文化〉（《Ethnos》第一號，新日本教育圖書）。
一九七五年（昭和五十年）	六十七歲	執筆〈海上之道—海流、季風、動物〉（《Ethnos》第二號）。 發行《倭與倭人的世界》（編者，每日新聞社）。

一九七六年（昭和五十一年）	六十八歲	發行《環東海民族文化考》（慶友社）。 執筆〈在考古學上引用文化人類學〉（江上波夫監修《考古學研討會》山川出版社）。 執筆〈柳田國男與《海上之道》〉（《沖繩文化研究》三，法政大學沖繩文化研究所）。
一九七七年（昭和五十二年）	六十九歲	秋，申請東京教育大學學位。翌年，授與文學博士。
一九七八年（昭和五十三年）	七十歲	獲頒伊波普猷賞（沖繩 Times 主辦）。 金關丈夫發行《南方文化誌》（解說，法政大學出版局）。 發行《海上之道》（編著，大和書房）。
一九七九年（昭和五十四年）	七十一歲	五月，長女紀子去世。 發行《臺灣考古誌》（金關丈夫合著，法政大學出版局）。

		發行《原始日語與民族文化》（村山七郎合著，三一書房）。
一九八〇年（昭和五十五年）	七十二歲	四月，受聘進入臺灣大學文學院考古人類學教室。獲得財團法人交流協會支援旅費、研究經費來到臺灣，開課「東海的考古學」，之後在臺南的成功大學演講「從考古學民族學看到的南部臺灣」。 十月，發行《國分直一博士古稀紀念論文集　日本民族文化與其周邊》全二冊（新日本教育圖書）。 十二月，配合金關丈夫授獎朝日賞，在福岡舉行共同紀念祝賀會。 執筆「李濟博士的逝去」（《Ethnos》第十三號）。 發行《東海之道—倭與倭種的世界》（法政大學出版局）。
一九八一年（昭和五十六年）	七十三歲	十一月下旬—十二月上旬，與文部省科學研究助成國際學術調查同行（團長，熊本大學教授白木原和美）在菲律賓巴丹島進行考古、民族調查。 發行《臺灣考古民族誌》（慶友社）。

一九八二年（昭和五十七年）	七十四歲	發行李濟《安陽發掘》（翻譯，新日本教育圖書）。
一九八三年（昭和五十八年）	七十五歲	二月，金關丈夫去世。 執筆〈彌生社會與蘇塗系信仰─窺探古代日韓關係的一面〉（《韓國文化》韓國文化學院）。 執筆〈金關丈夫教授的半世紀〉（《Ethnos》第二十一號）。 發行F.E.Zeuner《家畜的歷史》（木村伸義共同翻譯，法政大學出版局）。
一九八四年（昭和五十九年）	七十六歲	執筆〈琉球群島的局部研磨石器所見──以高山純對於金關丈夫博士和筆者的批判為主〉（《Ethnos》第二十三號）。 發行《南島雜談─幕末奄美民俗誌》一、二（國分直一、惠良宏校閱，名越左源太著，平凡社）。

一九八五年（昭和六十年）	七十七歲	發行 R. Pearson《東亞古代社會與考古學》（序文，雄山閣）。 執筆〈總論　史前時代的東海〉（《西海的歷史與民俗—九州西岸區域的文化交流史》立平進合著，曉書房）。 執筆〈戰時體制下的《民俗臺灣》運動〉（《民俗臺灣》（再發行），湖南堂）。
一九八六年（昭和六十一年）	七十八歲	十月，在韓國道教學會主辦的國際學會演講「東亞文化與韓國文化」 發行《海上之道—摸索倭與倭的世界》（福武書店）。
一九八七年（昭和六十二年）	七十九歲	四月，發行《Ethnos》第三十二號（特集「古代日向二」），「Ethnos」運動在這一期結束。 九月，旅遊中國絲路。行走天山南路與西域南道，登上天山山脈的雪山。 十二月至翌年一月，再度前往中國旅遊，參觀中原的遺址。

一九八八年（昭和六十三年）	八十歲	執筆〈沖繩學的觀點—特別是文化系統論〉（《日本民族、文化的生成—永井日文教授退休紀念論文集》，六興出版）。 執筆〈東北的海洋、河川與愛奴語族〉（《東北的民俗—海洋、河川與人》高松敬吉共同編輯，慶友社）。 執筆〈栽培植物登場—特指導入稻米、甘薯的途徑之中的問題〉（《齋藤忠教授頌壽紀念論文集　考古學叢考》，吉川弘文館）。 十一月，與劉茂源一同參加西表島學會，發表演說「八重山的古代文化」。
一九八九年（平成元年）	八十一歲	一—二月，參加文部省科學研究助成國際學術研究（團長，山口大學教授鈴木滿男）。與劉茂源一起在中國浙江省、福建省進行民族調查。

一九九〇年（平成二年）	八十二歲	八月，與劉茂源等人參加在中國浙江省舉辦的國際百越學術會議。發表演說「種子島廣田遺址出土之貝符」獲得盛大的回響。 十一月，日本民族學會國分直一教授支持者的社團「請教國分直一教授」參與影片「國分直一教授珍藏的故事」的拍攝。 執筆〈各種職業—以手工業為主體的調查與在現代的意義〉（《山口縣的各種職業》，山口縣教育委員會）。 發行《盃狀穴考——追溯此咒術的造型》（監修，國領駿、小早川成博編輯，慶友社）。 發行 Thor Heyerdahl《海洋的人類誌—初期的航海、探險、殖民》（木村伸義共譯，法政大學出版局）。
一九九一年（平成三年）	八十三歲	八月，與劉茂源參加在中國江西省南昌市舉辦的農業考古學會國際學術會議，發表「日本西南群島栽

培作物起源的路徑」，之後，前往調查江西省內陸與長江上游。
執筆〈鳥居龍藏博士與臺灣的平埔族〉（《刻在感光玻璃板上的世界—鳥居龍藏所看到的亞洲》，東京大學綜合研究資料館）。

一九九二年（平成四年）

八十四歲

四月，獲頒勳三等旭日中綬章
同月，在柳田國男紀念伊那民俗學研究總會上發表演說「民俗學、考古學的世界」。
十月，回歸二十周年紀念沖繩研究國際學會沖繩大會上發表演說「史前時代的琉球—探索東海的道路」。
十一月，與劉茂源參加在中國貴州省凱里市舉辦的國際百越會議。之後在福建省博物館發表演說「日本近代考古學研究的發達與文化財行政的展開」

		發行《日本文化的古代底層—列島在地理上的相位與民族文化》（第一書房）。發行《北之道 南之道—日本文化與海上的道路》（第一書房）。 執筆〈種子島廣田遺址上層的貝符所雕刻之文字的問題—回答新田榮治教授的批判〉（《古代文化》第四十四卷四號，古代學協會）。 發行 **R. P. Hommel**《中國手工業誌》（翻譯，法政大學出版局）。
一九九三年（平成五年）	八十五歲	十月，在學習院大學東洋文化研究所主辦的「亞洲稻作民族的民俗與藝能」討論會上發表演說「亞洲稻作民族的道路」。 執筆〈關於種子島廣田遺址出土貝符上的「山」子雕刻——回答中園聰的批判〉（《古代文化》第四十五卷十二號，古代學協會）。
一九九四年（平成六年）	八十六歲	四月，獲頒第四屆南方熊楠賞。在和歌山縣田邊市舉行授獎儀式與紀念演說「古代的鳥靈信仰—由穀

	一九九五年（平成七年）
	八十七歲
作的過程來看」翌年，刊登在《南方熊楠受獎者紀念演說記錄集》（田邊市，南方熊楠邸保存彰顯會） 六月，在下關市火之山舉行南方熊楠賞獲獎祝賀會。 執筆〈亞洲稻作文化的過程—我國古代文化層的稻作相關民俗的關連〉（諏訪春雄、川村湊編輯《亞洲稻作民族的民俗與藝能》雄山閣）。 執筆〈鳥居龍藏教授與平埔族〉（《鳥居龍藏眼中的臺灣原住民族跨越世系中的影像》，中華民國臺灣原住民博物館）。 執筆〈日本民俗學的回顧與展望—民俗學與考古學〉（《日本民俗學》二百號，日本民俗學會）。	九月，中華民國國師創校一百週年紀念學術演講會的邀請，與梅光女學院大學教授劉茂源等人一同訪臺。在臺北師範學院演說「回憶日據時代的臺灣教會——於臺灣教學一百週年活動」，在實踐設計管理

		學院演說「臺灣文化史的先鋒連雅堂先生與伊能嘉矩先生」。期間至澎湖等地參訪。 十月，在東京舉行「國分直一教授米壽祝賀會」。 發行《東亞地中海之路》（慶友社）。
一九九六年（平成八年）	八十八歲	三月，發行「地區文化研究十一—國分直一教授米壽紀念」（梅光女學院大學）。 同月，發行《驅動滄海—國分直一教授的軌跡》（熊本大學文學院考古學研究室）。 四月，在山口市舉行「國分直一教授米壽祝賀會」。 六月，發行劉茂源編輯《國分直一博士米壽紀念論文集　人、物、語言的人類學》（慶友社）。 執筆〈回憶兩本雜誌——《民俗臺灣》與《Ethnos》運動〉（《驅動滄海—國分直一教授的軌跡》，熊本大學考古學研究室）。

一九九七年（平成九年）	八十九歲	一月，在梅光女學院大學進行文化人類學的最後一堂課「圍繞著民族—民族的成立與形成」。 十月，在熊本市舉辦卒壽祝賀會。 執筆〈何謂《民俗臺灣》運動—以川村湊先生所見論述〉（《月刊Nishika》第八卷第二號，大修館書店）。
一九九八年（平成十年）	九十歲	五月，參加日本民族學會第三十二屆研究大會（九州大學、西南學院大學聯合舉辦），在懇親會上代表致歡迎詞。 十月，一子夫人逝世。
一九九九年（平成十一年）	九十一歲	十二月，參加在九州大學舉辦例行的九州考古學會。 同月，從自行車上跌落，骨折住院。之後，必須開始療養生活。 同年末，執筆〈赤坂憲雄著論述考察「柳田國男與沖繩」（《沖繩文化》第三十四卷一號，一九九八年）當中包含錯誤情報的文章〉（未發表）。

二〇〇〇年（平成十二年）	九十二歲	六月，在奈良縣天理大學舉行的天理臺灣學會上演講，成為最後一場參加的學會及演講。
二〇〇一年（平成十三年）	九十三歲	前一年的公開演講「詢問國分直一教授」（專訪，金關恕）被收錄在《天理臺灣學會年報》第十號（天理臺灣學會）。
二〇〇三年（平成十五年）	九十五歲	執筆種子島廣田遺址的報告〈調查的原委與概要〉（盛園尚孝共著，廣田遺址學術調查研究會編輯《種子島 廣田遺址》鹿兒島縣立歷史資料中心黎明館）。
二〇〇五年（平成十七年）	九十七歲	一月十一日逝世。十三日，在山口市典禮會館舉行盛大的告別葬禮。

*此簡略年表，一九〇八—一九八〇年取自甲元真之〈國分直一博士著作目錄〉、〈國分直一博士簡略年表〉（《國分直一博士古稀紀念論文集：日本民族文化與其周邊》，新日本教育圖書，一九八〇年）；一九八一—一九九五年取自甲元真之、木下尚子〈國分直一老師著作與研究活動年譜〉（《國分直一博士米壽紀念論文集：人、物、語言的人類學》，慶友社，一九九六年），將其去蕪存菁、改寫、補足並加上後期的事蹟製作而成，但因為國分老師長年在許多領域十分活躍，所以有相當多的內容必須割愛。此外，文中省略了敬稱。（簡略年表的文責歸於平川敬治）

後記

這本書是我們十分敬愛的國分直一老師口述自傳的彙編。國分老師歷經七十年以來研究全東亞的考古學、人類學、民族學、民俗學為出發點的臺灣時代，以及其個人充滿魅力的人品，已經由國分老師的生涯導師金關丈夫老師之子金關恕老師撰寫在序文之中。

因此，這裡簡單介紹這本書誕生的經過。

我們真正感受到國分老師自傳的魅力是在一九九〇年。日本民族學會（現在的日本文化人類學會）提案「影像紀錄企劃」要收錄學會長老所講述的內容。其中一位編輯者安溪遊地（時任山口縣立大學教授）計畫要製作國分老師的影像紀錄，向學會提出申請。老師同意拍攝後，一九九〇年十一月，便在山口市內的飯店進行錄影。當時，以擔任訪問者，跟國分老師有六十年的師徒關係的劉茂源老師（當時為梅光女學院大學教授）為首，接受了各方的援助。

這次的錄影是委託專業人士製作，能夠在電視上播出的畫質，由於學會的預算不足，需要加上每位學會會員的捐助，完成了合計約八小時老師講述故事的紀錄。學會以在臺灣學問上的研究以及交流的部分為中心，剪輯成「詢問國分直一教授」特輯進行發表；關於教授幼年期的故事以及在京都、沖繩、山口的經驗，則製作成另一部作品「國分老師珍藏的故事」。

為了這次錄影所作的腳本，是由戰後留在臺灣的日籍研究者們製作，為此我們還瀏覽了數量龐大的《同人回覽雜誌》，國分老師堅持是「自傳性質的故事」，於是以「幼年時代」為開端，「如同絹豆腐一般」受同人所歡迎的筆觸，寫下一頁頁的文字。

這本書是以刊登在《同人回覽雜誌》的文章為中心，以及國分直一老師運用自傳體例，述說他的前半生製作成第一部內容。接著，再加上大約四、五年後老師的錄影紀錄，以及影片的聽打內容製作成第二部。

「國分老師珍藏的故事」的聽打作業，委託了安溪大慧、伊東尚美、平川敬康三位進行。交給學會的〈國分直一教授訪談〉，收錄了中生勝美（大阪市立大學）聽打的一部分內容，非常感謝協助。

國分老師則是準備親自執筆自己在學問這條路的集大成、浩瀚的學問性自傳〈克服閉塞的時代〉，這篇文章的內涵包括了老師常常在課程中說的：「在政治的狀況下無法自由的做學問與研究，我不會讓年輕的你們再度承受這種苦。」但老師因生病而無法看到它的完成，實在是非常遺憾。在這本書收錄的自傳性內容之中，在臺灣時代所發表的文章，害羞的國分老師說是「自傳性質的故事」，但它們毫無疑問是真實故事。當時安溪遊地和安溪貴子用文字編輯機輸入成一冊，再交給老師檢視一遍，老師以目前還不恰當的地方為主，做了一些修正。另外收錄在本書中，補上適當的標點符號並訂正錯別字。

一九八〇年代後期，國分老師與劉老師一同訪問西表島與石垣島的訪問記、與愛貓的一子夫人之間的故事等，對編者來說都能夠想起更多的事，像是這本自傳中沒有收錄的那些回憶，非常期待能再度編寫出猶如文集一般的作品。

國分老師在臺灣時代的學生劉茂源老師，後來留學日本，在熊本大學、九州大學深造中國考古學的研究，在九州大學修得學位後，於梅光學院大學任教，對於國分老師的逝世十分悲痛，在二〇〇五年四月，彷彿是追隨國分老師一般地逝世了。兩位其實有長達六十年以上的交情，在這本書收錄的故事中也能看到，他們總是創造出融洽且溫暖的氣氛，讓在旁邊的我們感到和緩。本來絕對會指導本書編輯的劉老師，現在一定是在另一個世界和國分老師悠閒暢談吧。

老師的遺族伊藤圭一先生，提供了國分老師的照片等貴重的資料。

本書能夠成功出版，是委託了大約在二十年前就跟國分老師說好要寫自傳的福岡市海鳥社。在書桌前貼著國分老師的明信片，很有耐心一直等到現在的西俊明社長與負責編輯的杉本雅子小姐都非常辛苦。

其中一位編者平川敬治（現任日本文化人類學會會員）在國分老師晚年，經常有機會以老師朋友的身分參加學會。不管是在車中或是宿舍都和他講很多話，也聽到了老師的「三個夢想」。

第一，無論如何都想要設立國立考古學博物館。

第二，統合老師長年的畢生成果，以考古學與民族學的手法，創造圍繞著東海的綜合性史前學並公諸於世。

接著最後一個，則是想要寫一本書，能夠生動地將具有夢想的學問世界的魅力，傳達給以考古學或民族學為志的年輕人們。

這讓我們完全想起國分老師像少年一般熱情、持續說話的模樣。我們在老師的靈前宣誓，將與許多被國分直一老師的人品和學問所吸引的人們一起，不會讓永遠都是青年的國分直一老師的夢想就這樣結束，而是盡最大的努力在各個地方延續下去。

二〇〇五年十二月

安溪遊地

平川敬治

群島

遠空：國分直一，跨越時空的回憶與學問探索

遠い空：國分直一、人と學問

2023年6月初版　　定價：新臺幣480元

著者	國分直一
主編	安溪遊地
	平川敬治
譯註	邱鴻霖
特約編輯	謝達文
內文排版	菩薩蠻
封面設計	劉耘桑

出版者	聯經出版事業股份有限公司
地址	新北市汐止區大同路一段369號1樓
叢書編輯電話	(02)86925588轉5319
台北聯經書房	台北市新生南路三段94號
電話	(02)23620308
郵政劃撥	帳戶第0100559-3號
郵撥電話	(02)23620308
印刷者	世和印製企業有限公司
總經銷	聯合發行股份有限公司
發行所	新北市新店區寶橋路235巷6弄6號2樓
電話	(02)29178022

副總編輯	陳逸華
總編輯	涂豐恩
總經理	陳芝宇
社長	羅國俊
發行人	林載爵

行政院新聞局出版事業登記證局版臺業字第0130號

本書如有缺頁，破損，倒裝請寄回台北聯經書房更換。　ISBN 978-957-08-6887-6 (平裝)
聯經網址：www.linkingbooks.com.tw
電子信箱：linking@udngroup.com

國家圖書館出版品預行編目資料

遠空：國分直一，跨越時空的回憶與學問探索/國分直一著．安溪遊地、平川敬治主編．邱鴻霖譯註．初版．新北市．聯經．2023年6月．400面．14.8×21公分（群島）
遠い空：國分直一、人と學問
ISBN 978-957-08-6887-6（平裝）

1.CST：國分直一 2.CST：回憶錄

783.18 112004649